# Das Geschlecht der Jugend

Dokumentation der Vorlesungsreihe
Adoleszenz: weiblich/männlich?
im Wintersemester
1999 / 2000

herausgegeben von
Brita Rang
Anja May

Johann Wolfgang Goethe-Universität
Frankfurt am Main 2001

# Frankfurter Beiträge zur Erziehungswissenschaft
# Reihe Kolloquien

im Auftrag des Vorstandes
des Fachbereichs Erziehungswissenschaften
der Johann Wolfgang Goethe-Universität
herausgegeben von
Frank-Olaf Radtke

© Fachbereich Erziehungswissenschaften der
Johann Wolfgang Goethe-Universität
Frankfurt am Main 2001

Hergestellt: Books on Demand GmbH

Die Deutsche Bibliothek - CIP-Einheitsaufnahme

Das Geschlecht der Jugend: Dokumentation der Vorlesungsreihe Adoleszenz: weiblich/männlich? im Wintersemester 1999/2000 / [Johann Wolfgang Goethe-Universität]. Hrsg. von Brita Rang; Anja May. – Frankfurt am Main : Fachbereich Erziehungswiss. der Johann Wolfgang Goethe-Univ., 2001 (Frankfurter Beiträge zur Erziehungswissenschaft: Reihe Kolloquien; 5)

ISBN 3-9806569-4-2

# Inhalt

## Teil III: Weiblichkeit und Adoleszenz im männlichen Raum

## Teil IV: Adoleszenz im öffentlichen Raum

Brita Rang und Anja May

*Vorwort zur Publikation der Vorlesung:*
*„Adoleszenz: weiblich/männlich? " (WS 1999/2000)*

Veranstalterinnen: Brita Rang, Karin Amos, Rita Casale, Vera Moser
Koordination:        Anja May

Der vorliegende Band der Frankfurter Beiträge zur Erziehungswissenschaft „Adoleszenz: weiblich/männlich?" dokumentiert die gleichnamige Vorlesung, die im WS 1999/2000 an der Johann Wolfgang Goethe-Universität vom Fachbereich Erziehungswissenschaften veranstaltet wurde. Die „Adoleszenz"-Sequenz war Teil der Vorlesungsreihe „Geschlechterdifferenz und Erziehungswissenschaft", die – statusgruppenübergreifend und Teildisziplinen überspringend – seit dem Wintersemester 1996/1997 (Geschlechterdifferenz und Erziehungswissenschaft I) in wechselnder Veranstalterinnenkonstellation regelmäßig stattgefunden hat.

Die Vorlesungsreihe bietet im Rahmen einer Pluralität der Perspektiven Einblicke in erziehungswissenschaftlich relevante Aspekte der Geschlechterdifferenz, die um ein je spezifisches Themenfeld der Erziehungswissenschaft zentriert sind. Bisher wurden die Themen *Zweigeschlechtlichkeit von Kindheit als Thema der Pädagogik (SOSE 1997), Bildung in der Perspektive der Geschlechterdifferenz (WS 1997/1998), Erziehung und Mütterlichkeit (WS 1998/1999), Erziehung und Väterlichkeit (SOSE 1999)* und im Wintersemester 1999/2000 *Adoleszenz: weiblich/männlich?* verhandelt. Im Sommersemester 2000 folgte *Geschlechtsdifferente Übergänge: Pädagogische Räume, Prozesse, Kulturen, Strukturen.* Im Kontext dieser Vorlesungsreihe entstand bereits eine Publikation, eine Einführung in das Wechselverhältnis zwischen Geschlechtertheorie und Erziehungswissenschaft: Barbara Rendtorff, Vera Moser (Hg.): Geschlecht und Geschlechterverhältnisse in der Erziehungswissenschaft: eine Einführung, Opladen 1999.

Die Vorlesung über „Adoleszenz: weiblich/männlich?" konzentrierte sich auf vier Schwerpunkte:

Teil I:   Variationen von Adoleszenz im historischen Raum
Teil II:  Vereindeutigungen von Adoleszenz im theoretischen Raum
Teil III: Weiblichkeit und Adoleszenz im männlichen Raum
Teil IV:  Adoleszenz im öffentlichen Raum

Sie spiegeln die Schwerpunktsetzung der Veranstaltung wider und sind zugleich mit Hilfe eines Begriffs, dem des Raumes, geordnet, der in der jüngeren theoretischen Diskussion in interessant-vielschichtiger Weise diskutiert worden ist. Wir nutzen ihn, um auf die hier präsentierte Verschiedenheit einer "Geographie der Geschlechterdifferenz" (Massey) in der Adoleszenz hinzudeuten. Adoleszenz scheint in besonderer Weise mit der Schaffung von Räumen, mit Aushandlungen und neuen Plazierungen verknüpft und insofern auch eine Schwellensituation (Liminalität), in der virtuelle und reale gesellschaftliche Räume in neuer Weise erfahrbar werden. Die Schaffung eines eigenen Raums hat damit verbundene Verunsicherungen zur Voraussetzung.

Die Beiträge des ersten Teils *Variationen von Adoleszenz im historischen Raum,* die Einführung von Brita Rang und der Beitrag von Marion de Ras zur Geschichte der weiblichen Adoleszenz in Westeuropa reflektieren die Rede von Adoleszenz in historischer Perspektive. Die hier vorgestellten Überlegungen zur „Geburt" des Begriffes, seinem historischen Wandel und den vielfältigen Aspekten seiner Diskursivierung, stecken den thematischen Rahmen ab, der in den folgenden Beiträgen in seinen vielfältigen Facetten beleuchtet und durch verschiedene inner- und interdisziplinäre Perspektiven erweitert und vertieft wird.

Mit *Vereindeutigungen von Adoleszenz im theoretischen Raum* befassen sich die im zweiten Teil versammelten Texte, die zugleich unterschiedliche disziplinäre Zugänge zum Thema repräsentieren: einen soziologisch-textkritischen in der Auseinandersetzung Karola Bredes mit Freuds Fallstudie über Dora im Blick auf weibliche Adoleszenz als Gegenstand der Psychoanalyse und einen soziologischen Beitrag von Vera King über Entwürfe von Männlichkeit in der Adoleszenz. Für eine pädagogische Perspektive stehen die Ausführungen über geschlechtsbezogene Typisierungen in der Gründungsphase der Sozial- und Sonderpädagogik von Vera Moser.

Die Beiträge der Teile III *Weiblichkeit und Adoleszenz im männlichen Raum* und VI *Adoleszenz im öffentlichen Raum* konzentrieren sich auf Inszenierungen von Adoleszenz. Zunächst in traditionell männlichen Sphären wie dem Militär, das im Mittelpunkt von Heidi Kemnitz Überlegungen zu Weiblichkeit im Diskurs um nationale Frauendienste, Wehrerziehung für Mädchen und Frauen in der Bundeswehr steht, der Polizei, die Rafael Behr im Blick auf gefährdete und gefährliche Jugend innerhalb dieser Organisation untersucht und schließlich der Gangkultur. Mit dieser setzt sich Karin Amos, die unterschiedlichen Redeweisen über Geschlecht und Devianz für Bildung und Erziehung fokussierend, auseinander. Im vierten Teil der Publikation werden mediale und ästhetische Inszenierungen von Adoleszenz verhandelt. Helga Cremer-Schäfer betrachtet am Beispiel der öffentlich-medialen Diskussionen um die Jugendfrage Vor- und Nachteile öffentlicher Bedeutungslosigkeit bzw. öffentlicher Aufmerksamkeit für junge Frauen und Männer; die Popkultur, Popsongs als Medium von Ablösungsinszenierungen Jugendlicher aus Immigrantenfamilien sind Gegenstand des Beitrages von Sven Sauter. Im Zentrum des Beitrages von Rita Casale steht die Mode als Vehikel ästhetischer Inszenierung von Adoleszenz.

# Teil I:

# Variationen von Adoleszenz im historischen Raum

Brita Rang

# Übergänge: Jugend und Adoleszenz (weiblich – männlich)

## Eine Einleitung aus historisch-pädagogischer Perspektive

In meinem Beitrag geht es, wie in den folgenden, um Forschungen und Reflexionen zu jenem Lebensabschnitt, in dem ein (m/w) Mensch unter bestimmten kulturellen Verhältnissen biologisch und sozial vom (m/w) Kind zum (m/w) Erwachsenen ‚wird‘. Gegenstand sind damit auch diejenigen, die diese Passage durchlaufen: die Jugendlichen. Der untersuchende Blick richtet sich in diesem Band insbesondere auf Geschlechterverhältnisse und Geschlechterdifferenzen. Welchen Unterschied macht es (hat es gemacht), wenn man als Mädchen und nicht als Junge (oder umgekehrt), diesen Übergang von der Kindheit zur Erwachsenheit durchlebt, und in welchen kulturellen und sozialen Formen findet dabei die *Vergeschlechtlichung* des oder der Einzelnen statt?

Mein *Gegenstand* ist ein *historisch-pädagogischer*. Neben einleitenden Hinweisen auf aktuelle Forschungs- und begriffliche Fragen werde ich mich der *Geschichte* von Jugend und Adoleszenz zuwenden und dabei insbesondere auch auf historische Arbeiten aufmerksam machen, die Unterschiede zwischen weiblicher und männlicher Adoleszenz erforschen und diskutieren. In dem Zusammenhang bin ich an einem analytischen Konzept interessiert, mit dem sich der kulturell variable Charakter von Adoleszenz und Geschlechterdifferenz produktiv beschreiben lässt. Victor Turners Begriff der ‚liminality‘ scheint mir interessante Anknüpfungspunkte zu bieten.

## I. Die Begriffe Adoleszenz und Jugend

Seit dem Ende des 19. Jahrhunderts sind Adoleszenz und Jugend eigene Forschungsgegenstände, die von den damals jungen universitären Disziplinen, der Psychologie, der Pädagogik, der Soziologie bearbeitet wurden. Sehr rasch tauchte in der wissenschaftlichen Beschäftigung neben dem Begriff der Adoleszenz auch der der Jugend auf. Begriffe werden in der Regel nicht zufällig gewählt; sie sind Werkzeugen vergleichbar und insofern häufig entscheidend für die erfolgreiche Bearbeitung des Feldes. Sie müssen *passen*, produktiv für das gewählte Problem sein, um Neues, neue Fragen, neue Gesichtspunkte zuzulassen und alte Vorstellungen zu korrigieren. Wer sich für Adoleszenzforschung interessiert, wird sehr rasch bemerken, dass der Basisbegriff *Adoleszenz* nicht eindeutig und nicht einvernehmlich in den Sozialwissenschaften genutzt wird. Wie auch ich das getan habe, wird dort in einem Atemzug sowohl von Jugend- als auch von Adoleszenzforschung gesprochen, wenn es sich um Forschungen zum Lebensabschnitt, zum Übergang von Kindheit zur Erwachsenheit handelt. Gibt es keinen Unterschied zwischen beiden Termini? Ist *Jugend* aber mit *Adoleszenz* gleichzusetzen?

Beide Begriffe, *Jugend* und *Adoleszenz*, bezeichnen heute einerseits den *Lebensabschnitt*, der sich an die *Abhängigkeit* der Kindheit anschließt und mit der *Autonomie* des Erwachsenseins endet. Andererseits wird der Begriff *Jugend* als *Kollektivsingular* für jene soziale Gruppe genutzt, die kulturell mit dieser Passage in Verbindung gebracht wird. Eine solche doppelte Bestimmung hat eine lange Tradition. Beide Begriffe nämlich kommen aus dem Lateinischen, das auch diesen zweifachen Begriffshorizont kennt: *iuventus* steht erstens für Jugend, Jugendzeit, Jugendalter und zweitens als Metonym für (m/w) Jugend[1]; *Adulescentia* oder auch *adolescentia* ist die Jugendzeit und wird metonymisch für die Jünglinge genutzt. In Deutschland verwenden ForscherInnen den Begriff der Adoleszenz in der gegenwärtigen sozialwissenschaftlichen Forschung häufiger dann, wenn es (auch) um die entwicklungspsychologische, physiologische und prozessuale Seite des Heranwachsens geht. Der Begriff *Jugend* dagegen wird in der Regel von SoziologInnen eingesetzt, wenn die sozial-kulturelle Seite dieser Passage in den Vordergrund gerückt ist und nicht primär der Lebensabschnitt und die physiologischen Veränderungen beobachtet, sondern Jugend als ein bestimmtes soziales Strukturmuster (Münchmeier), als Resultat kultureller Bestimmungen interpretiert wird.[2] Den letzteren geht es also (inzwischen) primär um die gesellschaftliche Konzeptualisierung dieses vielschichtigen Phänomens und um die soziale Gruppe, auf die sie sich beziehen. Psychologen beobachten und reflektieren vorrangig die Dynamik der Adoleszenz, deren mögliche Stadien, deren psycho-soziale und kognitive Dimensionen, deren psychische Konsequenzen. Dabei ist die Pubertät für viele ein wichtiger Fokus.

Trotz solcher Akzentsetzungen gibt es eine durchgängig-präzise begriffliche Unterscheidung in beiden Disziplinen nicht. Auch für die Statuspassage selbst finden sich keine eindeutigen und allgemein geteilten zeitlichen Präzisierungen (etwa: Adoleszenz beziehe sich zeitlich auf die Phase um die Pubertät und ende z. B. mit dem 14. oder 18. Lebensjahr). In der Regel spezifizieren die Wissenschaftler, d. h. Soziologen, Erziehungswissenschaftler und

---

[1]  Offensichtlich waren damit nicht nur die männlichen Jugendlichen gemeint; wie nämlich auch das Wort „iuvenis, -is (m oder f, auch adjektivisch) zeigt, bezeichnet es – abhängig vom Genus – entweder den Jüngling oder die junge Frau. Auch dieses Wort wird im Lateinischen als Kollektiv-Singular, die Jugend, genutzt; adjektivisch mit „anno" (das Jahr) verknüpft bezeichnet er die *Jugendjahre*.

[2]  Vgl. Richard Münchmeier, Jugend als Konstrukt. Zum Verschwimmen des Jugendkonzepts in der ‚Entstrukturierung' der Jugendphase. Anmerkungen zur 12. Shell-Jugendstudie. In: Zeitschrift für Erziehungswissenschaft, 1. Jg. (1998), H. 1, S. 103-118, hier S. 104.

Psychologen (aber auch Literaturwissenschaftler und Historiker) individuell, welches Altersspektrum sie wenn überhaupt in ihren Forschungen zum Gegenstand gemacht haben.[3]

Die hier skizzierte terminologische Offenheit gilt im übrigen ebenso für die internationale Diskussion. Adolescence and youth, jeunesse et adolescence, jeugd en adolescentie werden in der Forschung auch dort nicht trennscharf gegeneinander abgesetzt.[4] In den romanischen Ländern überwiegt der Begriff der Adoleszenz.[5] Im angelsächsischen Gebrauch fällt allerdings auf, dass gerade auch Psychologen Adoleszenz unter den sozialen Vorzeichen (Familie, peer group, Schule, Community) untersuchen, wird also Entwicklung viel stärker als in Deutschland sowohl als ein psycho-soziales als auch ein physiologisch-prozessierendes Phänomen beobachtet und thematisiert.[6] Das hat eine lange Tradition, die in den USA mit Lancasters (1897) und Halls (1904) psychologisch-pädagogischen Arbeiten und einer Zeitschrift wie dem *Journal of Adolescence* (Chicago 1900) begründet wurde.[7] In den Vereinigten Staaten zeigt sich, dass es gegenwärtig eine relativ übergreifende Sprach-Verständigung über das der Adoleszenz zurechenbare Alter gibt. Der Teenager liefert das Muster und so zählt die National Academy of Science die Gruppe der zwischen 10 und 20 Jahre alten Heranwachsenden zur Gruppe der Adoleszenten, wie das im übrigen auch die amerikanische Statistik tut.[8] Die Jugendstudien, die das Jugendwerk der Deutschen Shell seit Anfang der fünf-

---

3   Ein Beispiel etwa ist Helmut Fend, der entwicklungspsychologische Projekte zur Adoleszenz im deutschen Sprachraum ausgewertet hat. Der letzte Band dieser Reihe handelt von den Forschungen zu Eltern und Freunden und diskutiert die ‚soziale Entwicklung im Jugendalter'. Göttingen: H. Huber 1998.

4   Es findet sich im angelsächsischen Sprachraum allerdings das Argument, dass Adoleszenz das Alter von 14 bis 19 Jahre umfasse, während Jugend entsprechend etwa mit 14 bzw. 19 Jahren beginne und bis etwa 25 Jahre reiche: vgl. R.G. Braungart, ‚Youth movements'. In: J. Adelson (ed.) Handbook of Adolescent Psychology, New York 1980, hier S. 561.

5   Das zeigt bereits in den 30er Jahren die vor allem auf literarische Texte sich richtende Studie von Justin O'Brien: The Novel of Adolescence in France: The Study of a Literary Theme. New York: Columbia University Press 1937. Hier: Reprint 1973: Milwood N.Y.: Kraus 1973.

6   Vgl. als Beispiele das Buch von Michael L. Jaffe: Adolescence. New York: John Wiley & Sons 1998, in dem der Autor die psychische, körperliche und sexuelle Entwicklung gerade auch auf die ‚different domains of adolescent development' wie ‚family', ‚peer group', ‚school', ‚community' ausdehnt. Vgl. auch die Untersuchung von Philip Rice: Development, Relationship, and Culture. New York: Prentice Hall 1998. Auch Constance Nathanson: The social Control of Sexuality in Women's Adolescence, Temple University Press 1991 diskutiert das Zusammenspiel von psychischen und sozialen Mechanismen.

7   Gage Ellsworth Lancaster: The Psychology and Pedagogy of Adolescence. Worcester, Mass.: O.B. Wood 1897; Granville Stanley Hall: Adolescence, Appleton, N.Y. 1904.

8   Vgl. National Academy, Board on Children, Youth, and Families (U.S.). Forum on Adolescence (Commission on Behavioral and Social Sciences and Education): Risks and Opportunities, Synthesis of Studies on Adolescence, Washington D. C.: National Academy Press 1999, S. 1.

ziger Jahre herausgab, hatten dagegen zunächst junge Menschen von 15 bis 24 Jahren als zu untersuchende Gruppe ausgewählt, spätere Studien befragten dann die 12- bis 24-jährigen.[9]

Generell aber gilt, dass sich weder in Deutschland noch im romanischen oder angelsächsischen Sprachraum trennscharfe begriffliche Unterscheidungen zwischen Adoleszenz und Jugend in der Forschung finden lassen. Eine solche Unschärfe, die im übrigen typisch für viele soziale Begriffe ist, verlangt nicht nur von den Studierenden, sich die genutzten Termini und deren Bedeutungshorizonte jeweils genau anzusehen, sondern signalisiert auch, dass – worauf ich bereits hinwies – es sich um ein Phänomen handelt, das sich historisch verändert und verändert beobachtet wird.

Das Forschungsfeld ist also begrifflich nicht sehr scharf konturiert und auch sachlich nicht leicht abzustecken. Was wird inhaltlich zum Gegenstand gemacht? Sehr allgemein lässt sich sagen: Erforscht wird der Lebensabschnitt *Adoleszenz* oder *Jugend* unter Gesichtspunkten wie: Sexuelle, geistige, körperliche, emotionale, soziale Entwicklung und deren Zusammenwirken. Eine breit geteilte These lautet, dass der zeitliche Umfang der Adoleszenz sich historisch betrachtet immer weiter ausgedehnt habe. Vor allem Schule und Ausbildung hätten zur Verlängerung, ja, *Verzögerung* der Jugendphase im 20. Jahrhundert beigetragen.[10] Pädagogische und sozial-psychologische Konstruktionen von Jugend begleiteten dieses *Bildungsmoratorium*, das die Jugendlichen entsprechend den gesellschaftlich bereitstehenden Mustern und Bedingungen durchlebten und mitgestalteten.[11] Gesprochen wird aber nicht nur von Verzögerung durch Bildung, sondern auch von Tendenzen einer Beschleunigung, nämlich eines biologisch-frühen und konsumgerichtet-vorverlagerten Übergangs von der Kindheit zur Jugendphase.[12] Beide Bewe-

---

9    Vgl. Zu den frühen Studien und den untersuchten Alterskohorten : Jürgen Zinnecker, Die Jugendstudien von Emnid/Shell 1953-1955. In: Jugendwerk der Deutschen Shell 1985, Opladen 1985, Bd. 3, S. 409-480. Vgl. dagegen die Perspektive auf die 12-24 Jährigen in: Jugendwerk der Deutschen Shell (Hrg.): Jugend 1997. 2 Bde. Opladen 1997.

10   Vgl. dazu u.a. : R. Boyer, A. Green et al. (eds.), La jeunesse scolarisées en Europe. Paris: INPR 1997; Jürgen Zinnecker: Metamorphosen im Zeitraffer. Jungsein in der zweiten Hälfte des 20. Jahrhunderts. In: Levy, Giovanni und Schmitt, Jean-Claude: Geschichte der Jugend. Bd. II : von der Aufklärung bis zur Gegenwart. Frankfurt: S. Fischer 1997, S. 460-505, hier: S. 484 ff..

11   Vgl. hierzu u.a. J. Zinnecker, Metamorphosen im Zeitraffer, Jungsein in der zweiten Hälfte des 20. Jahrhunderts, a.a.O., hier insbes. S. 487 f. Zinnecker argumentiert, dass das ‚Bildungsmoratorium .. keineswegs immer das Ergebnis freier Wahl' sei, ‚sondern vielfach Ausfluss beschränkter Berufszugänge und einer Zwangssituation. Jugendliche Akteure haben innerhalb von wenigen Jahrzehnten eine Reihe von Strategien erlernt, aus der neuartigen Situation das Beste für sich herauszuholen.'(S. 487).

12   Vgl. dazu David Elkind: Das gehetzte Kind. (urspr. The hurried child. Growing up too fast too soon), Hamburg 1991. Dazu auch Zinnecker und Silbereisen in ihrer Übersicht über aktuelle Tendenzen: J. Zinnecker & R. K. Silbereisen, Kindheit in Deutschland. Weinheim 1996.

gungen seien kennzeichnend für den modernen Charakter von Adoleszenz. Vielfach wird das Konfliktträchtige, Krisenhafte der Entwicklung der Jugendlichen hervorgehoben. In der US-amerikanischen Forschung fällt dieser Akzent besonders stark auf. ‚Risk' und ‚adolescence' scheinen fast eine Einheit zu bilden.[13] Intensiv wird zum Beispiel über *teen pregnancy* geforscht.[14]

In Deutschland gibt es seit den 80er Jahren eine explizite Kritik an der Vorstellung, dass Jugend primär als eine Lebensphase oder als ein Prozess biologischer Reifung zu begreifen sei. Der Begriff der Konstruktion spielt dabei eine wichtige Rolle. Gibt es überhaupt *Adoleszenz oder Jugend an sich*, oder sind sie ein Resultat unserer Zuschreibungen? Das Sprechen von einer Phase sei, so wird u.a. in Anlehnung an Foucault argumentiert, eher eine *Erfindung*, um in der Moderne mit Hilfe des Begriffs soziale Disziplinierung effektvoller durchsetzen zu können.[15] Andere Wissenschaftler betonen, dass der Vergesellschaftungsvorgang wichtiger sei als das Lebensalter selbst und dass Jugend durch die gesellschaftlich erzeugten Bilder von der Jugend und von dem Wandel des Jugendalters *erfunden* und bestimmt werde.[16] Eben deshalb gehe es um die Untersuchung solcher Bilder und der mit ihnen verbundenen Zuschreibungen. Diese Argumentation hat eine weitere Zuspitzung erhalten. Mit dem Begriff der ‚Entstrukturierung' der Jugendphase argumentieren Sozialforscher nun, dass das traditionelle Kollektivbild von Jugend und

---

[13] Vgl. die vielzahligen Literaturverweise in: Commission on Behavioral and Social Sciences and Education (National Academies of Sciences): Risks and Opportunities: Synthesis of Studies on Adolescence. National Academy Press 1999; siehe auch Richard M. Lerner & Christine M. Ohannessian (eds.): Risks and Problem Behavior in Adolescence. Garland Publishing 1999. Jonathan Gruber: Risky Behavior among Youths. An Economic Analysis (Conference Report: National Bureau of Economic Research) Chicago: University of Chicago Press 2001. Nanette J. Davis: Youth Crisis: Growing up in the High Risk Society. Westport, Conn.: Praeger Publishing Trade 1999. David Elkind: All Grown Up and No Place to Go. Teenagers in Crisis. Reading, Mass.: Addison Wesley Publ. Company 1997. Anders dagegen diskutiert Lightfoot risk taking als ‚transformative experience': vgl. Cynthia Lightfoot: The Culture of Adolescent Risk-Taking. (Vorwort: J. Valsiner), New York: Guilford Press 1997.

[14] Maris A. Vinovskis: Epidemic of Adolescent Pregnancy. Some Historical and Policy Considerations, Oxford: Oxford University Press 1988. Vinovskis hatte als Berater des Präsidenten (Reagan) zu dieser Frage in den 80ern gearbeitet. Das gilt auch für Rebecca A. Maynard, die die liberalere Politik in der Clinton Ära an leitender Stelle mit diskutierte: Rebecca A. Maynard (ed.): Kids having Kids. Economic Costs and Social Consequences of Teen Pregnancy. Washington D.C.: Urban Institute Press 1997. Jennifer A. Hurley: Teen Pregnancy. San Diego, CA: Greenhaven Press 2000. Sozialwissenschaftliche Beiträge zu dieser Frage kamen in den 90er Jahren von Wolpin & Rosenzweig 1992; Hoffman, Foster & Furstenberg 1993; Bronars & Grogger 1994; Geronimus, Korenman & Hillemeier 1994; Haveman & Wolfe 1994; Ahn 1994.

[15] Trutz von Trotha: ‚Zur Entstehung von Jugend'. In: Kölner Zeitschrift für Soziologie und Sozialpsychologie, 34. Jg. (1982), S. 254-277.

[16] Johannes v. Bühler: Die gesellschaftliche Konstruktion des Jugendalters. Zur Entstehung der Jugendforschung am Beginn des 20. Jahrhunderts, Weinheim: Deutscher Studien Verlag 1990.

Jugendphase selbst fragwürdig geworden sei und ‚zur Disposition steht'.[17] Die Autoren sprechen von der Auflösung einer einheitlichen kollektiven Statuspassage ‚Jugend' (und damit auch eines einheitlichen Konzeptes) und betonen, dass gegenwärtig plurale Verlaufsformen und Zeitstrukturen und damit Unterschiede zwischen den Jugendlichen auch für die Forschung wichtiger werden. Dazu gehört die These, dass die jüngere Generation sich selber zunehmend weniger als jugendlich und abhängig wahrnehme, sondern als gleichberechtigt mit den Erwachsenen.[18] Die Uneinheitlichkeit des Forschungsobjekts ‚Jugend' wird also gegenwärtig hervorgehoben. Nicht dominante Bilder interessieren die avantgardistische Jugendforschung, sondern die Vielzahl der Bilder. In diesem Kontext wird häufiger über Differenzen zwischen männlichen und weiblichen Jugendlichen gesprochen als das in solchen Untersuchungen geschah, die nach einem sozialen Strukturmuster ‚Jugend' unter bestimmten sozialen Verhältnissen suchten und aus dieser Sichtweise eher durchschlagende, d. h. vereinheitlichende Konzepte vermuteten.[19]

## II. Historische Forschungen zu Adoleszenz und Jugend

Jüngere *historische* Forschungen zu Adoleszenz und Jugend legen – wenn das auch die einzelnen Forscher nicht immer explizit beabsichtigen – eine kritische Auseinandersetzung mit sozialwissenschaftlicher Forschung und konstruktivistischen Zuspitzungen nahe. Ihre zum Teil unerwarteten Ergebnisse können insofern bestehende Forschungs- und Theoriepraktiken in Bewegung bringen und nötigen selbst zu Reformulierungen aktuell noch vorherrschender Argumente. Sie legen nämlich nicht nur nahe, die Prozesshaftigkeit des Phänomens Adoleszenz historisch *weiträumiger* wahrzunehmen, sondern bieten im Grunde hinreichenden Anlass, die aktuellen Problemformulierungen zu überdenken. Ein ganzes Bündel Fragen, das durch die Einbeziehung historischer Forschung interessant wird, lässt sich anführen (ich nenne einige davon, ohne das ganze Spektrum auszuloten, geschweige denn selbst beantworten zu

---

17  Walter Hornstein: ‚Strukturwandel der Jugendphase in der Bundesrepublik Deutschland'. In: Ferchhoff, W., Olk, Th. (Hrg.): Jugend im internationalen Vergleich. Weinheim: Deutscher Studienverlag 1988, S. 70-92, hier S. 71; vgl. auch: ders.: ‚Entstehung, Wandel, Ende der Jugend'. In: M. Markefka et al.: Handbuch der Familien- und Jugendforschung. Bd.2, Neuwied 1989, S. 3-18. Diese Argumentation hat auch Münchmeier (1998; vgl. Anm.2) aufgenommen, der den Begriff der Entstrukturierung für diesen Prozess vorschlägt. Hierzu insbesondere auch: Olk, Theodor: ‚Zur Entstrukturierung der Jugendphase', in: H. Heid und W. Klafki: Arbeit – Bildung – Arbeitslosigkeit. Beiträge zum 9. Kongress der Deutschen Gesellschaft für Erziehungswissenschaft. 19. Beiheft der ZfPäd., S. 290-307.

18  I. Behnken & J. Zinnecker, Lebenslaufereignisse, Statuspassagen und biographische Muster in Kindheit und Jugend. In: Jugendwerk der Deutschen Shell. (1992), Bd. 2, S. 127-144. Opladen 1992.

19  Vgl. a.a.O., S. 106.

können): Wie hat sich die gesellschaftliche Wahrnehmung des Lebensabschnitts *Adoleszenz* verändert? Unter welchen Verhältnissen entstehen (bzw. verändern sich) Bilder von Jugend und wann und wie wird das Phänomen selbst analysiert? Lässt sich tatsächlich von einer zeitlichen Ausdehnung der Adoleszenz Ende des 19. und im 20. Jahrhundert sprechen?[20] Oder gab es bereits vergleichbar lange Passagen in früheren Jahrhunderten, die für das Jugendalter standen und die Jugend als eine eigene soziale Gruppierung erkennen lassen?[21] Interessant aber ist auch, ob biologische Reifungsprozesse, z. B. das Eintrittsalter der Menarche, die Zeit der Ausbildung sekundärer Geschlechtsmerkmale historisch konstante physiologische Reifungsvorgänge sind, oder ob auch sie ihre kulturelle Bestimmung, d. h. variable Zeiten kennen? Welche Bedeutung haben und hatten diese körperlichen Veränderungen für die soziale Konzeptualisierung der jungen Generation?

Eine wissenschaftliche Antwort auf diese Fragen setzt voraus, nicht nur vorhandene Bilder zu befragen, sondern mit Hilfe von Quellen Aufschluss darüber zu erhalten, wie die Phase zwischen Kindheit und Erwachsenheit im mittleren Europa oder in den westlichen europäischen Ländern in früheren Jahrhunderten gesellschaftlich ausgestaltet und individuell gelebt wurde und in welchem Verhältnis solche traditionellen Muster zu den dominanten Formen der Adoleszenz in der Gegenwart stehen. In dieser quellenorientierten Perspektive geht es dann nicht nur um die *Veränderlichkeit* der Bedingungen und der Bilder. Vielmehr wird die Frage interessant, ob es im Blick auf die Geschichte vielleicht gerade auch, und zwar seit einigen Jahrhunderten, relativ konstante Konzepte und Merkmale von Jugend gibt.

Es könnte sein, dass auf einem solchen Hintergrund auch jene Fragen tiefenschärfer werden, die künftige Entwicklungen berühren oder die Selbstständigkeit der Akteure in den Blick nehmen: Welche Entwicklungstendenzen lassen sich heute vor diesem geschichtlichen Hintergrund wahrnehmen? Welche Rolle etwa spielen und spielten die Akteure selbst, die Adoleszenten oder Jugendlichen in ihrem Entwicklungsprozess? Was wir in zurückliegenden Jahrhunderten beobachten können, bietet – so meine These – die Chance, Spezifisches und spezifisches Wissen von Adoleszenz und Jugend unserer eigenen Zeit präziser, d. h. auch kritischer in Augenschein zu nehmen und eröffnet damit zugleich, wissenschaftstheoretisch gewendet, die Möglichkeit, über unterschiedliche Entdeckungs- und Begründungszusammenhänge histo-

---

20   Vgl. Ph. Ariès, Geschichte der Kindheit, München 1978, S. 82 u. f.
21   In diesem Sinne hat Natalie Zemon Davis' Forschung zu einer historiographischen Kritik an der These von der prinzipiellen Modernität der Jugendphase geführt: Vg. N. Z. Davis: ‚Die Narrenherrschaft'. In: Dies., Humanismus, Narrenherrschaft und die Riten der Gewalt. Gesellschaft und Kultur im Frühneuzeitlichen Frankreich. Frankfurt: Fischer 1987, S. 106-135.

rischer und sozialwissenschaftlicher Disziplinen nachzudenken.[22] Aus einer solchen reflexiven Wendung können also weitere Fragen entstehen, die ich bereits andeutete: Welche jeweilige Bedeutung kommt den unterschiedlichen Wissenschaften und den Wissenschaftlern für den Kenntnis- und Reflexionsstand, für unser Wissen über Adoleszenz zu? Was sind deren Hintergrundannahmen, was deren kulturelle Agendas? Sind sie vielleicht Mitproduzenten dessen, was wir Adoleszenz bzw. Jugend nennen?

## III. Geschlechterforschung

Die Vorlesungsreihe wird nicht von Adoleszenz und Jugend ,an sich', sondern von männlichen und weiblichen Passagen und Bedingungen des Erwachsenwerdens handeln. Damit ist auch Geschlechterforschung mit im Boot. Sie nämlich ist ja in einer besonderen Weise an den *Prozessen der Vergeschlechtlichung* der Individuen interessiert. Vergeschlechtlichung ist eines der biologisch-kulturellen Scharniere der körperlichen, sexuellen, sozialen, geistigen, emotionalen Entwicklungen in der Adoleszenz.[23] Mann sein, Frau sein steht am Ende des Erwachsenwerdens. Der Prozess ist terminiert, er führt in der Regel zu einem geschlechtlich vereindeutigten Ergebnis. Wie aber findet dieser Wandlungs- oder Werdungsprozess statt? Wie wird man Frau, wie wird man Mann? Ist das primär ein körperlich-sexueller Vorgang und / oder ein kulturell sozialer wie zum Beispiel Margaret Mead in ihrer berühmten Studie aus den 20er Jahren ,Coming to Age in Samoa' sehr wirksam argumentierte?[24] Nicht Adoleszenz oder Jugend ,an sich' ist also das Thema der Geschlechterforschung, sondern männliches und weibliches Heranwachsen in einem bestimmten kulturellen Feld. Auf dem aber sind Männer von Frauen, Mädchen von Jungen in einer westlichen Gesellschaft nicht grundsätzlich separiert, sondern in vielfältiger Weise unter vergleichbaren Bedingungen präsent. Die Differenz ist nicht eindeutig und in ihren Formen nicht ein für alle Mal festgelegt. Beide Geschlechter werden auch in einer zusammenschließenden Perspektive wahrgenommen und als *eine* Gruppe („die Jugendlichen") angesprochen. Geschlechterforschung hat beides in den (einen) Blick zu nehmen: Vereinheitlichungen und Differenzbildungen. Der Blick muss sich insofern auch auf die sozialen Voraussetzungen von beidem richten. Deren kulturelles Schicksal will Geschlechterforschung (empirisch, histo-

---

22  Vgl. dazu: Longino, Helen: Science as Social Knowledge, Princeton: Princeton University Press 1990.
23  Unterstellt wird, dass die Differenz zwischen den Geschlechtern nicht einfach biologische Gegebenheit ist, aber auch nicht einfach ein Effekt von kulturellen Gegebenheiten.
24  Margaret Mead: Coming to Age in Samoa. A psychological Study of Primitive Youth for Western Civilization. New York: Morrow & Comp. 1928. Vgl. dazu auch: Derek Freeman: The fateful hoaxing of Margaret Mead: A Historical analysis of Her Samoan Research. New York: Westwood Press 1999.

risch) beobachten und begrifflich fassen. Wie verändert sich die Differenz zwischen weiblicher und männlicher Adoleszenz, wie und wann stellt sie sich her und wer stellt sie her? Wie einflussreich sind die kulturellen Bedingungen? Was bedingen sie? Was ist die Rolle der Adoleszenten selbst? „Doing adolescence"? Und wo stellt sie sich her, an welchen Orten? In der Freundinnen-, der Freundesgruppe?[25] In der Schule? Durch die Medien, durch Literatur? Welche Rolle spielen die Eltern, die Mütter, die Väter? Gibt es Orte, wo die Differenz unerwünscht ist, wo sie kulturell nebensächlich, unerheblich ist? Gibt es differenzierende, die Geschlechterrolle minimierende oder verstärkende Wirkungen durch andere soziale Faktoren – die jeweilige ethnische Herkunft, die soziale Klasse, der man angehört, das religiöse Umfeld, dem man entstammt, die Region, in der man lebt? Angesichts dieser Fragenhorizonte, zu denen Kulturvergleiche und der Blick auf Geschichte (Entwicklung und Veränderung) gehören, scheint mir (pädagogische) Geschlechterforschung von der oben erwähnten Differenz zwischen historischer und sozialwissenschaftlicher Interpretation nur profitieren zu können. Sie selbst begibt sich mit ihren Frageinteressen ja als eine der Konkurrent(inn)en auf das Forschungsfeld zu *Adoleszenz und Jugend,* und mit ihm wird sie auch Teil der scientific community. Sie versucht durch neue Problemstellungen und Untersuchungsfelder, auch durch begriffliche Kritik, in diese scientific community hineinzuwirken und die Wissensformen über Adoleszenz in der heutigen Gesellschaft zu beeinflussen. Doch ist diese scientific community, das wird aus der angedeuteten Differenz zwischen sozialwissenschaftlicher und historischer Forschung bereits deutlich, kein einheitlicher Block. Im Zusammenhang mit Adoleszenz und Jugend finden sich gerade auch konkurrierende Interpretationen des Sozialen, in und zwischen denen sich heute also auch feministische Erkenntniskritik und -ansprüche auf substantiellem Niveau bewähren müssen.[26]

Geschlechterforschung ist, weil die Prozesse des Werdens und Veränderns so deutlich zu ihren Grundfragen gehören, an historischen (und damit vergleichenden) Perspektiven auf Geschlechter-Differenzen interessiert.[27] Was hat sich im Laufe der letzten Jahrhunderte an männlicher und weiblicher Adoleszenz verändert? Hat sich die Differenz zwischen den Geschlechtern verstärkt, wurde sie vermindert; ist der gemeinsame Begriff ‚Jugend' für diese Altersgruppe selbst ein Kennzeichen der Minimierung oder gar des Ver-

---

25  Vgl. dazu: Vendela Vida: Girls on the Verge: Debutante Dips, Gang Drive-Bys, and other Initiations. St. Martin's Press 1999.
26  Anne Witz: Was tun Feministinnen, wenn sie Soziologie betreiben? In: Feministische Studien, 16. Jg., November 1998, S. 46-61, hier S. 53.
27  Schöne Beispiele sind die Arbeit von Georganne Schreiner: Signifying Female Adolescence. Film Representations and Fans 1920-1950. Westport, Conn.: Praeger 2000 und von Joan Brumberg: The Body Project. An intimate history of American girls. New York: Vintage Books 1998.

schwindens von Unterschieden? Welche sozialen Konsequenzen hat(te) eine sehr weitgehende Differenzierung zwischen Jungen und Mädchen, Männern und Frauen? Und welche Rolle spielt(e) Erziehung und Ausbildung in diesen Prozessen und in dieser Lebensphase? Geschlechterforschung ist insofern auf die reflexive Distanz, die historische (und damit potentiell die komparatistische) Fragestellungen ermöglicht, angewiesen. Deshalb scheint mir Geschlechterforschung von der Differenz zwischen historischer und aktueller Adoleszenz- und Jugendforschung in interessanter Weise profitieren zu können. Auch diese Problematik wird weiter unten erneut aufgenommen.

## IV. Adoleszenz und Jugend in der Geschichte

Ich hatte bereits angedeutet, dass in der Adoleszenz- und Jugendforschung der letzten Jahrzehnte von der Annahme ausgegangen wird, dass beides – die sozial-kulturelle Fähigkeit, jenen Lebensabschnitt, in dem ein Mensch vom Kind zum Erwachsenen heranreift, wahrzunehmen, wie auch das Phänomen Jugend selbst – erst im 19. und vor allem im 20. Jahrhundert entstanden seien.[28] In dieser argumentativen Tradition formuliert der Erziehungswissenschaftler Peter Dudek[29], dass es ‚jugendliche Menschen in der Gestalt des nicht erwachsenen Jünglings beziehungsweise der Jungfrau ... zwar in allen historischen Epochen (gab), aber „Jugend" als soziale Gruppe mit der Zuschreibung gemeinsamer Merkmale, die sie von anderen sozialen Gruppen unterscheidbar macht, ist ein modernes Phänomen, das seit dem Ende des 19. Jahrhunderts aus unterschiedlichen Gründen entstand.'[30] Ähnlich beschreibt auch der Berliner Jugendforscher Münchmeier, der leitend die Shell-Studie

---

28  Vgl. u.a. John R. Gillis: Youth and History: Tradition and Change in European Age Relations, 1770 - Present. New York: Academic Press 1974; Ulrich Herrmann: ‚Was heisst „Jugend"? Jugendkonzeptionen in der deutschen Sozialgeschichte'. In: H.-G. Wehling (Hrg.): Jugend, Jugendprobleme, Jugendprotest. Stuttgart etc. 1982, S. 11-27. John Springhall: Coming of Age: Adolescence in Britain, 1860-1960. Dublin: Gill & Macmillan 1986. Weitere Literatur vgl. Anm. 29.

29  Vgl. Peter Dudek: Jugend als Objekt der Wissenschaften. Geschichte der Jugendforschung in Deutschland und Österreich 1890-1933. Opladen: Westdeutscher Verlag 1990.

30  Vgl. Dudek, Peter: ‚Von der ‚Entdeckung des Jugend' zur Geschichte der Jugend'. In: B. Dietz et al. (Hrg.): Jugend zwischen Selbst- und Fremdbestimmung. Bochum 1996, S. 15-42, hier S. 17. Auch Johannes C. von Bühler hat der Entstehung der Jugendforschung am Beginn des 20. Jahrhunderts eine umfangreiche Arbeit gewidmet. Für ihn entsteht das Phänomen und die Jugendforschung um die Jahrhundertwende. Seiner Argumentation zufolge trifft die Vorgeschichte von Phänomen und Forschung auf männliche Jugend: den Jüngling des ausgehenden 18. Jahrhunderts und den ‚kriminellen' Jugendlichen, denen jeweils die juristisch-staatliche Aufmerksamkeit galt. Vgl. J.-C. von Bühler: Die gesellschaftliche Konstruktion des Jugendalters. Weinheim: Deutscher Studien Verlag 1990. Vgl. zur Tradition dieser Sichtweise auch: T. von Trotha: ‚Zur Entstehung von Jugend'.In: Kölner Zeitschrift f. Soziologie und Sozialpsychologie 84. Jg. (1982), S. 254-277; Lutz Roth: Die Erfindung des Jugendlichen. München 1983.

1997 (‚Jugend 97') mitbetreute, den ‚Erkenntnisstand der Jugendtheorie':
‚Jugend, wie wir sie heute kennen, als eigene Lebensphase zwischen Kindheit
und Erwachsensein, mit eigenen Ordnungen und Aufgaben, ist ein Produkt
und Projekt der europäischen Moderne seit dem Beginn des Industrialisie-
rungsprozesses im 19. Jahrhundert. In jener Zeit beginnend hat sich ein Modell von Jugend zwischen Kindheit und dem ökonomisch und sozial selbst-
ständigen Erwachsenenleben herausgebildet und ist allmählich verallgemeinert worden. Jugend bedeutet in diesem Modell: sich für später zu qualifizieren, sich auf das spätere Leben (vor allem auf Arbeit und Beruf) vorzubereiten, Ziel von Jugend ist vor allem die Herausbildung einer stabilen Persönlichkeit und einer integrierten Identität, um in einer sich individualisierenden,
äußere soziale Kontrollen und festlegende Milieus abbauenden Gesellschaft
bestehen zu können.'[31]

Die Jugendbilder, die sich in der Zeit beginnender sozialwissenschaftlicher Jugendforschung in Deutschland etablierten, hat Peter Dudek systematisch zusammengefasst. Dudeks Argumentationen ist interessant deshalb, weil
er nicht nur von der Entdeckung der Jugend, sondern auch der Pädagogisierung des Jugendalters im 19. und 20. Jahrhundert spricht. In der zeitgenössischen Literatur seit 1880 findet er vier Grundmuster sozialer Konstruktion,
die ihm sowohl bezogen auf die Jugendforschung als auch bezogen auf die
sich entwickelnden Politikformen bedeutsam erscheinen:

1.  gingen alle Jugendbilder ‚von einer relativen Eigenständigkeit des Ju-
    gendalters aus, die in den Jugendbewegungen zum Eigenwert stilisiert'
    worden sei;

2.  habe die Rebellion der bürgerlichen Jugendbewegung die Reformpäd-
    agogen inspiriert. Sie sei von ihnen als ‚Folie ihrer Alternativvorstellun-
    gen' aufgegriffen worden. Jugendprobleme hätten auf diesem Hinter-
    grund weitere Prozesse der Pädagogisierung provoziert: u.a. die Jugend-
    pflege. Jugend sei in dieser Reformphase einerseits zur Metapher für Zu-
    kunft und andererseits zum Objekt pädagogischen Handelns wie zum Ob-
    jekt der Wissenschaften geworden;

3.  dass ‚Jugendlichkeit zur Metapher für Dynamik und Zukunftsoffenheit
    avancierte', habe auch politische Konsequenzen evoziert. Die sich daran
    knüpfende Kritik sei politisch – partiell jedenfalls – als sozialistische Kri-
    tik an den ‚alten' Parteien und Politikformen formuliert worden;

4.  auch Nationalismus und Nationalsozialismus hätten diese Verknüpfung
    von Jugend und Zukunft aufgenommen. Vor allem der
    Nationalsozialismus habe den Jugendmythos genutzt und machtpolitisch
    instrumentalisiert.[32]

---

31  Münchmeier 1998, a.a.O., S. 104f.
32  Dudek 1996, a.a.O., S. 19f.

Die zwanziger Jahre sind für Dudek (aber auch für J.-C. von Bühler) der Zeitraum, ,in dem Medizin und Pädagogik, Psychologie und Psychopathologie endgültig „die Jugend" und ihre Entwicklungsphasen in verschiedenen Theoriemodellen so beschrieben und auf Einheitlichkeit hin entworfen, dass Unterscheidungen nach Geschlecht und Schicht als Differenzierungen innerhalb der jeweiligen Modelle gelesen werden konnten.[33]

Sozialwissenschaftlich wurde Jugend vor allem als Jugendbewegung, als Arbeiterjugend, als verwahrloste Jugend oder als neue Schüler- und Studentengeneration wahrgenommen. Empirische Jugend und Konzept schienen zusammenzufallen.[34] Der heutigen Forschung zufolge lösten die Industrialisierung, der Prozess der Verstädterung, die zunehmende Verschulung der Jugendphase und eine damit einhergehende Refamiliarisierung diesen Prozess aus.[35] Dudek betont, dass die Entwicklungsgeschichten der konkreten Jugendlichen zwar ,weithin uneinheitlicher' waren als die in der damaligen Zeit von Psychologen konstruierten ,Normalbiographien' (z. B. von Arbeiterjugendlichen und Gymnasiasten) erkennen lassen, doch sei die zeitgenössische Forschung zu entsprechenden Differenzierungen analytisch noch nicht in der Lage gewesen.[36]

Dudek hat als Quellen für seine These von der Entstehung der Jugendphase im letzten Jahrhundert insbesondere (pädagogische) Lexika untersucht.

---

33  A.a.O., S. 20.

34  Die Geschichte des von Dudek genannten ,Phänomens' Jugend im 20. Jahrhundert ist in vielfacher Weise untersucht und dargestellt worden. Für Erziehungswissenschaftlerinnen interessant ist sicher die pädagogische Reaktion auf das Phänomen Jugend, die (Sozial-) Pädagogisierung der Jugend. Vgl. Detlef J. Peukert: Grenzen der Sozialdisziplinierung. Aufstieg und Krise der deutschen Jugendfürsorge von 1878-1932. Köln 1986. Ders.: ,Der „verbeamtete" Wandervogel. „Jugend" als Beruf'. In: Deutscher Werkbund e.V. et. al.: Schock und Schöpfung. Jugendästhetik im 20. Jahrhundert. Darmstadt/ Neuwied 1986, S. 342-344. Peukert fand in der Weimarer Republik 1251 staatliche Jugendämter mit 11705 beamteten und angestellten Jugend'pflegern', davon etwa 50 % weiblich. Die pädagogische ,Entdeckung' der Jugend jenseits der Schule lässt sich insofern auch als Prozess, aus dem qualifizierte Arbeitsplätze für Frauen hervorgingen, beschreiben. (Peukert in: Jugend als Beruf, a.a.O., S. 344) – Zum Phänomen ,Jugend' dominieren in der westdeutschen Jugendforschung für die erste Hälfte des 20. Jahrhunderts allerdings vor allem Untersuchungen zu Jugendorganisationen (auch denen des Nationalsozialismus), dagegen wird die Nachkriegsgeschichte von Jungsein und Jugend unter einer Diversität von Gesichtspunkten beobachtet. Wie Dudek sind auch die anderen Jugendforscher der Ansicht, dass das Ende des Zweiten Weltkriegs als Beginn neuer Entwicklungsbedingungen und Erfordernisse in der Geschichte der Jugend zu analysieren ist. (vgl. z. B. J. Zinnecker, Jugendkultur 1940-1985, Opladen 1985, 56ff.) Die ,Bindungslose Jugend' der unmittelbaren Nachkriegszeit (Bondy/ Eyfert 1952) wird als Folge fehlender Arbeit und sozialer Destrukturierungen diagnostiziert, die Scholarisierung der Jugend seit den 60er Jahren als die Hauptbedingung einer Verzögerung (Moratorium) der Jugendphase hervorgehoben (vgl. F. Neidhardt et al.: Jugend im Spektrum der Wissenschaften, München 1970). Dominant werden auch Untersuchungen zum Konsumverhalten von Jugendlichen.

35  Dudek 1996, a.a.O., 22.

36  A.a.O., S. 41f.

Er fragt danach, wann diese den Begriff Jugend aufnahmen. Ab wann finden sich dann die mit Jugend verbundenen Stichwörter, die die Gefährdung der Jugend und die Notwendigkeit pädagogischer Intervention nahelegen? Dudeks Antwort ist, dass dies erst im 20. Jahrhundert, systematischer erst in den zwanziger Jahren geschehen sei.

Diese Argumentation und die mit ihr verbundene Beweisführung verlieren allerdings ihre Überzeugungskraft, wenn die Forschung auf frühere Jahrhunderte ausgedehnt wird.

Schaut man wie Dudek zunächst in ein Lexikon, nun aber in ein frühmodernes Wörterbuch, nämlich in den ‚Adelung', das berühmte Wörterbuch des 18. Jahrhunderts[37], findet man dort den Begriff Jugend und mit ihm explizite Hinweise auf ‚Jugendfehler', die Dudek erst im pädagogischen Lexikon Wilhelm Reins vorfand.[38] Für Dudek steht Wilhelm Reins Aufmerksamkeit für defizitäre Seiten des Jugendlebens für die Absicht, pädagogisierend eingreifen zu wollen. Doch nennt auch Adelung bereits ‚Fehler der Unbedachtsamkeit und des Leichtsinnes', vor allem verweist er auf verschiedene Bedeutungen von Jugend, unter anderem darauf, dass der Begriff ‚figürlich junge Personen beiderley Geschlechtes' umfasse.[39] Er notiert weiter, dass der Begriff Jugend eine lange Geschichte habe, bereits in den vielgenutzten Übersetzungen des Isidors von Sevilla[40] (als ‚jugundhi') und bei Notker (dem Stammler), d. h. im 9. Jahrhundert, in unserer Form (als Jugend) auftauche.

Der Begriff ist also alt, älter als ein Teil der Sozialforscher unterstellt. Hat auch das Phänomen eine längere Geschichte? Und haben sich bereits Pädagogen und die für Erziehung Verantwortlichen vor dem 20. Jahrhundert für es interessiert?

Der Geschichte von Jugend und Adoleszenz in der Frühen Neuzeit, ja auch im Mittelalter sind in den letzten drei Jahrzehnten eine Reihe von Historikern und Historikerinnen nachgegangen.[41] Auf drei Schriften will ich hier

---

37  Johann Christoph Adelung: Grammatisch-kritisches Wörterbuch der hochdeutschen Mundart. 2. Theil von F - L. Hrg. von J.G. Affenheimer, gedr. by A. Pichler. Wien 1808 Erstdruck 1774 ff., Spalten 1445 und 1446.

38  Vgl. a.a.O., Spalte 1446. Unter Jugendfehler notiert Adelung ‚Fehler der Unbedachtsamkeit, des Leichtsinnes, dergleichen man gemeiniglich in der Jugend zu begehen pflegt.'(Spalte 1446). Mit Jugend verknüpft Adelung auch Unerzogenheit und Leichtsinn. (Spalte 1445)

39  A.a.O.

40  A.a.O., Sp. 1446; vgl. Isidor a Sevilla (560-636), De natura rerum.

41  U.a. J. Demos & V. Demos: ‚Adolescence in historical perspective'. In: Journal of Marriage and Family, Jg. 31 (1969), S. 632-638; S. R. Smith: ‚The London Apprentices as Seventeenth Century Adolescents'. In: Past and Present, Jg. 61 (1973), vgl. S. 149. Joseph Kett, Rites of Passage: Adolescence in America, 1790 to the Present. New York: Basic Books 1977; R. Thompson: ‚Adolescent culture in colonial Massachusetts'. In: Journal of Family History, Jg. 9 (1984), S. 127-128. John R. Gillis: Youth and History: Tradition and Change in European Age Relations, 1770 - Present, New York (Academic Press) 1974 (dt. Geschichte der Jugend. Weinheim/ Basel: Beltz 1980. Gillis Argumente wurden als Unter-

näher eingehen und zwar auf solche, in denen Geschlechterverhältnisse und -differenzen mit untersucht werden:

1. auf das Buch von Ilana Krausman-Ben Amos: *Adolescence & Youth in Early Modern England*. New Haven & London (Yale University Press) 1994;
2. auf Barbara Hanawalt: *Growing up in Medieval London*. New York/ Oxford (Oxford University Press) 1995; und
3. auf den ersten Band der *Geschichte der Jugend. Von der Antike bis zum Absolutismus*, herausgegeben von Giovanni Levi und Jean Claude Schmitt. Frankfurt am Main (S. Fischer) 1997. Französische Erstausgabe: Histoire des jeunes en occident. Paris (Editions de Seuil) 1996.

Im Horizont dieser Arbeiten will ich unter anderem die Frage diskutieren, welchen Reflexionsgewinn Geschlechterforschung aus dem historischen Vergleich ziehen kann und mit welcher Begrifflichkeit sich der historisch veränderliche Charakter von Adoleszenz und Geschlechterdifferenz produktiv erschliessen lässt.

## 1. ‚Youth is a long and dynamic phase in life-cycle' (Krausman-Ben Amos)

Ilana Krausman-Ben Amos setzt sich im Blick auf die ‚early modern English society' explizit mit den vorherrschenden Sichtweisen zu Jugend vor der ‚Moderne' auseinander. Sie weist zurück, dass für die Frühe Neuzeit nur von einer sehr kurzen Dauer der Jugendzeit oder selbst einem fehlenden Konzept von Jugend gesprochen werden müsse. Im Gegenteil: ‚Youth is a long and dynamic phase in life-cycle' und zwar bereits im 16. und 17. Jahrhundert.[42] Im Hinblick auf die inzwischen dazu vorliegenden Forschungen führt sie zu dieser Interpretationsperspektive aus:

‚Historians of early modern English society have indeed diverged from the idea of the short duration of youth in the past. They have applied, or tacidly assumed, a model in which emphasis is placed on the longevity and extension of that stage in the life cycle. They all stress that in early modern English society full participation in adult life was retarded, and

---

stützung von Ariès Konstruktion von Kindheit und Jugend gelesen; Keith Thomas: ‚Age and Authority in early modern England'. In: Proceedings of the British Academy, vol. LXII (1977), hier S. 214. Thomas sprach für die Frühe Neuzeit von einer ‚extension of puberty'; Michael Mitterauer & R. Sieder: The European Family: Patriarchy to Partnership from the Middle Ages to the Present. Oxford: Oxford University Press 1982, hier S. 95 ff. Paul Griffiths: Youth and Authority: Formative Experiences in England 1560-1640. Oxford: Oxford University Press 1996; Glenn Wallach: Obedient Sons: The Discourse of Youth and Generations in American Culture, 1630-1860. Amherst: University of Massachusetts Press 1997.

42  Krausman-Ben Amos, a.a.O., S. 8.

legal, social and economic rights and obligations were recorded to the young only many years after they had reached puberty.'[43]

Drei Forschungsstrategien haben ihrer Ansicht nach den Weg zu dieser unter Historikern inzwischen breit geteilten Erkenntnis geebnet: Erstens habe die historische Demographie Einsichten über die Familienstruktur in der Vergangenheit zu Tage gebracht, die sichtbar machten, dass in England und dem übrigen Westeuropa generell relativ spät geheiratet wurde. Männer heirateten zwischen 27 und 29, Frauen etwa im Alter von 26 Jahren. Eben diese Konstellation habe die Jugendzeit ausgedehnt. Zweitens sei durch Historiker wie Alan Macfarlane, Linda Pollock, Keith Wrightson, Ralph Houlbrooke und andere deutlich geworden, dass beides, elterliche Zuneigung wie paternalistische Verantwortlichkeit der Lehrherren (in loco parentis), zur Herausbildung einer längeren Jugendphase beitrugen. Die Distanz zum Erwachsenenstatus wurde damit strukturell und emotional begründet und legitimiert. Drittens schließlich hätten uns jene Historiker zum Umdenken über die Dauer der Adoleszenz gebracht, die über Jugendkultur in der Frühmoderne u.a. in Auseinandersetzung mit den Thesen von Ariès gearbeitet haben. Hier sei besonders Natalie Zemon-Davis Artikel über the ,Reasons of misrule' wegbereitend gewesen.[44] Zemon-Davis hob darin die spezifische soziale Rolle von Jugend-Gruppen, den sogenannten ,abbeys' und ,kingdoms', in der französischen Gesellschaft des *ancien régime* hervor; Gruppenbildungen, die mit eigener Jurisdiktion, Hierarchie und Permanenz einhergingen. Die Eigenheit dieser Gruppen habe sich in religiösen, in politischen Aktivitäten manifestiert und sich in einem besonderen Freizeitverhalten der Jugendgruppen niedergeschlagen.

Die Forschung sei sich, so Krausman-Ben Amos, inzwischen einig. Die Frühe Neuzeit kannte nicht nur das Phänomen Adoleszenz und Jugend, diese erstreckte sich auch im Vergleich zur Gegenwart auf keine kürzere Zeit des Übergangs zwischen Kindheit und Erwachsenheit: ,It was a long transition which extended for twelve, thirteen or more years, and which covered a substantial part of human life.'[45]

Die Autorin findet in ihren Quellen diesen Stand der Forschung bestätigt. Aus ihnen geht hervor, dass die Jugend im England des 16., 17. und frühen 18. Jahrhunderts Züge zeigte, die sie deutlich von den Erwachsenen und Kindern unterschieden. Viele von ihnen waren Dienstboten. In vielfältiger Hin-

---

[43] Krausmann-Ben Amos, a.a.O., S. 5; vgl. bereits Keith Thomas in: ,Age and Authority in Early Modern England'. In: Proceedings of the British Academy, vol. LXII (1977), S. 214. Siehe auch Michael Mitterauer und R. Sieder, The European Family. Oxford: Oxford University Press 1982, S. 95 ff.

[44] Natalie Zemon-Davis: ,The reasons of Misrule: Youth Groups and Charivaris in Sixteenth Century France. In: Past and Present, Jg. 50 (1971). Reprint in: Society and Culture in Early Modern France. Stanford: Stanford University Press 1975, S. 97-123.

[45] Krausman-Ben Amos, a.a.O., S. 237.

sicht unterschieden sie sich von der jüngeren und älteren Bevölkerung. Sie waren sichtbar: auf den Straßen, in den Bierhäusern, auf den Jahrmärkten. Sie waren mobiler als der Rest der Bevölkerung. Ihr sexuelles Verhalten, ihre religiösen Einstellungen, ihr Alltagsbenehmen irritierte manche Zeitgenossen, führte bei anderen aber auch zur Wahrnehmung, dass hier offensichtlich eine eigene Kultur, ein eigenes ‚age of men' sichtbar werde. Doch sieht sie deutliche Unterschiede zwischen jugendlichen Männern und Frauen.

‚Social expectations regarding the roles and skills of young women were manifestly different from those of young males. While men were expected to make choices between various occupations during there teens, women were allocated to a more restricted set of opportunities and skills.'[46]

Die Wahlmöglichkeiten waren für sie im Blick auf schulisches Lernen und berufliche Ausbildungswege erheblich eingeschränkt, wenn auch für englische Mädchen prinzipiell galt, was generell von männlichen Jugendlichen in England erwartet wurde, nämlich Mobilität. Auch Mädchen verließen mit etwa 14 Jahren die eigene Familie, wurden in anderen Familien, vielfach als Dienstboten, weiterqualifiziert, weniger häufig als männliche Jugendliche allerdings gingen sie dabei auch formell ein Ausbildungsverhältnis ein. Doch betont Krausman-Ben Amos, dass junge Frauen ‚still acquired a range of skills even in towns, and, no less important, in the course of their teens they exercised a measure of autonomy and independence in their decisions and actions.'[47] Die erstaunliche räumliche Mobilität englischer Jugendlicher ist aus der heutigen Sicht sicher das auffälligste Merkmal dieser Altersgruppe im 16. und 17. Jahrhundert.[48] Auf der Basis von Quellenmaterial vergleicht die Autorin Lehrverhältnisse für weibliche und männliche Jugendliche, sie vergleicht die beiden Geschlechter im Kontext des ‚family shop as a unit of production' und sie vergleicht die Erfahrungshorizonte, die sich Mädchen und Jungen während ihrer langen Abwesenheit von zu Hause eröffneten. Mädchen hatten zeitweise gute *Ausbildungschancen* im Textil- und Tuchgewerbe, abhängig allerdings vom Arbeitskräftemarkt, abhängig aber auch von der sozialen Herkunft. So wurden zu Beginn des 16. Jahrhunderts in Bristol gerade Töchter von Gentlemen und Yeomen in Ausbildungsverhältnisse aufgenommen, die vielfach aus weiter Ferne dort anreisten. Zu Anfang des 17. Jahrhunderts finden sich in Bristol ebenfalls viele junge Frauen als Lernende und zwar in den meisten Zünften (wie die adoleszenten Männer), doch selten waren sie, wie bereits erwähnt, in formelle Ausbildungsverhältnisse eingebunden. Kaum verwundert, dass neue Zünfte im 17. Jahrhundert wie die der Tabakpfeifenmacher, weil die zunächst Mühe hatten, männliche Mitglieder zu

---

46  A.a.O., S. 133.
47  A.a.O., S. 134.
48  Vgl. auch M. Ingram: Church, Courts, Sex and Marriage in England, 1570-1640. Cambridge: Cambridge University Press 1987, S. 354 und S. 365.

finden, sich auch in größerem Umfang Frauen öffneten. Bis zur Heirat standen Mädchen (und junge Männer) unter der rechtlichen Vormundschaft des Vaters oder seines Stellvertreters. Durch die lange Abwesenheit von der eigenen Familie entstand für viele junge Frauen der Zwang, Verhältnisse selbstständig zu ordnen und häufig auch weitgehende Entscheidungen zu treffen. Auch für Mädchen galt, dass sie ‚in the course of their teens were bound to develop a great deal of flexibility in their actions and habits.'[49] Ja, die Autorin betont, dass gerade junge Mädchen die weiten Wege zu den größeren Städten auf der Suche nach Ausbildung und Arbeit in Kauf nahmen, auch wenn dort ‚throughout the period, women had far fewer opportunities then men for entering a wide range of skills and occupations.'[50] Für die Schwierigkeiten, mit denen Jugendliche in diesen Jahren fertigwerden mussten, hat Krausman-Ben Amos viele Belege aufgespürt. Es gab diejenigen, die ‚mammy-sick' wurden[51] und die die Einsamkeit an den neuen Orten oder in fremden Haushalten nur schwer ertragen konnten und ihren Eltern mitteilten.[52]

Für beide, junge Männer und Frauen, hebt die Autorin nicht nur die lange Phase der Adoleszenz und Jugend hervor und des Fehlens von ‚clear cut transformations in the form of a single rite of passage', sondern macht aufmerksam auf einen Aspekt, der auch heutiges Charakteristikum der Jugendphase ist: die *Gleichzeitigkeit des Ungleichzeitigen*.[53] Es fehlte historisch im England des 16. und 17. Jahrhunderts für beide Geschlechter so etwas wie eine Synchronisation zwischen den verschiedenen Reifekriterien. Ein Jugendlicher konnte in verschiedener Hinsicht als erwachsen gelten, während er in anderer Hinsicht mehr die Position eines Kindes einnahm. Als junger Dienstbote zum Beispiel musste er oder sie wie alle Erwachsenen seine oder ihre Pflichten gegenüber der Kirche erfüllen, war aber zugleich den Anweisungen des Meisters oder der Meisterin unterworfen; oder ,...he was already highly skilled, but did not have full control of his wages; he could inherit land, but, if an apprentice, still not be allowed to marry'. Ein junger Mensch konnte von seiten staatlicher Verwaltung oder der Eltern mit 16 Jahren als ökonomisch selbstständig betrachtet werden; er konnte mit 19 oder 20 als Tutor für jüngere Kinder verantwortlich sein; mit 22 oder 23 auch komplizierte Geschäftsaktionen tätigen, dennoch durfte er in diesem Alter nicht Mitglied in einer Gilde werden oder einen eigenen Haushalt gründen.[54] Diese Ambiguität, diese Inkongruenz, wurde sichtbar in der Erwartungshaltung gegenüber den Heranwachsenden: ‚the one stressed the deference and submission the young owed their parents and masters, and the other encouraged their early indepen-

---

49  Krausman-Ben Amos, a.a.O., S. 242.
50  Ibid., S. 241.
51  Ibid., S. 238.
52  Ibid., S. 240f.
53  Ibid., S. 237.
54  Ibid. (Übers. B. R.).

dence.'[55] Krausman-Ben Amos sieht in diesem Spannungsverhältnis auch die Ursache für die Ängstlichkeit und Abwehr, mit der Erwachsene auf Ungeregeltheiten und das Aus-der-Rolle-fallen von Jugendlichen reagierten, beziehungsweise das sie als Charakteristikum von Jugendlichen antizipierten.

## 2. ,The dominance of social over biological puberty in medieval London' (Hanawalt)

Barbara Hanawalt, eine bekannte amerikanische Mediävistin, hat Kindheit und Jugend in der vorausgegangenen historischen Phase im großstädtischen Umfeld, d. h. im spätmittelalterlichen London untersucht. Auch für sie ist diese Zeit mit Konzepten von Jugend und vielgestaltiger Jugendzeit verbunden. Die große Stadt des ausgehenden Mittelalters mit einer zwischen 40 und 60 Tausend schwankenden Bevölkerungszahl ist der Bezugshorizont der von ihr untersuchten Kinder und Jugendlichen. Doch hatten nicht alle von ihr ermittelten und mit Hilfe von Quellen beobachteten Jugendlichen ihre Kindheit in der Metropole verbracht, sondern waren zum Teil aus der ländlichen Umgebung zugewandert, wie das bereits Krausman-Ben Amos für die folgenden Jahrhunderte thematisierte. Viele der Jugendlichen kamen aus kleinen Ortschaften in die große Stadt, um dort Lehrverhältnisse zu beginnen.[56] Hanawalt bezieht deshalb auch die Kinderzeit der Jugendlichen Londons im 14., 15. und 16. Jahrhundert in ihre Untersuchungsperspektive ein. Dazu gehört die Frage nach den Überlebenschancen. Größere Datensätze fand sie zu Waisenkindern. Von den registrierten starb etwa ein Drittel und zwar in jenem Alter, das bereits der sensibelsten Phase im Hinblick auf die Überlebenschancen, der Zeit der Geburt und des ersten Lebensjahres, folgte. Geschlechterdifferenzen machten offensichtlich einen deutlichen Unterschied. Die Zahl der verwaisten Mädchen war generell geringer als die der Jungen, variierte aber im Verlaufe des 14. und 15. Jahrhunderts beträchtlich. Zwischen 1399 und 1448 waren 22 % weniger Mädchen als Knaben in den Waisenhäusern untergebracht, während in der folgenden Jahrhunderthälfte die Differenz sich auf 2% verminderte. Hanawalt sieht die gesellschaftlich höhere Anerkennung der Knaben im Vergleich zu den Mädchen als ursächlich für die bessere Ernährung der Ersteren. Mädchen und uneheliche Kinder seien die besonderen Risikogruppen gewesen und hätten geringere Überlebenschancen gehabt als ehelich geborene Kinder und Jungen.[57] Doch sieht sie generell das Leben der Kinder in der Stadt als weniger risikobehaftet als das der Kinder auf dem Land an. Die Zahl der Kinder in der Stadt London war, relativ jedenfalls, im Verhältnis zu der der Erwachsenen klein. Die Bevölkerungszahl Londons wuchs in der von ihr untersuchten Periode nicht und stabilisierte sich auch

---

55  Ibid., S. 238.
56  Hanawalt, a.a.O., S. 14 ff.
57  A.a.O., S. 58f.

nicht über die Anzahl der dort geborenen Kinder. In der Regel belegen die Quellen, dass die Situation der jüngeren Kinder (bis zum siebten Lebensjahr) durch das Faktum bestimmt war, dass ,parents, godparents, family, servants, apprentices, and neighbours ...looked after the welfare of the children. Friends and family mourned and buried those who died, but they trained, played with and materially rewarded the ones who survived.'[58] Für das 15. Jahrhundert findet Hanawalt eine Vielzahl von Quellen, die das Interesse an ,schooling', am Schul- und Unterrichtsbesuch von älteren Kindern dokumentieren. Schulen für Elementarunterricht und die Anfänge in ,commercial literacy' sind seit dem frühen 16. Jahrhundert an dem beträchtlichen Handel mit Schulbüchern sichtbar. Die Gilden und der Handel verlangten Lese- und Schreibfähigkeit von den Lehrlingen. Da auch Frauen selbstständig handeln konnten und Witwen von Handwerkern den Betrieb weiterführen durften, finden sich auch Mädchen in die Bildungsbemühungen integriert. Hanawalt vermutet sie selbst mit den Jungen in denselben Schulen, auch dann, wenn es um eine ,höhere' Schulbildung ging: ,Their education might have been at grammar schools along with boys, but at least one schoolmistress is mentioned in a bequest, so they may have had separate schooling.'[59]

Hanawalt ist also eine Historikerin, die Geschlechterdifferenzen in der Phase des Aufwachsens in der spätmittelalterlichen Gesellschaft mitthematisiert. Für beide Geschlechter sieht sie die Grenze zwischen Kindheit und Adoleszenz weniger deutlich definiert als die zwischen Adoleszenz und Erwachsenheit. Das ist im übrigen eine Beobachtung, die auch Krausman-Ben Amos in den Quellen des 16. und 17. Jahrhunderts macht. Wie diese findet sie die Unterschiede zwischen den Geschlechtern in der Adoleszenzperiode nicht eindeutig festgelegt. Es habe sich eher um graduelle als um grundsätzliche Differenzen gehandelt. Für beide Geschlechter habe gegolten, dass die biologischen Veränderungen und die soziale Wahrnehmung von Adoleszenz und Jugend nicht eindeutig zusammenfielen. Dennoch gelte für das späte Mittelalter, dass die Londoner das ,coming of age for females more closely (linked) to biology than they did for males'.[60] Das Eintreten der Menstruation allerdings habe keine signifikante Bedeutung für die Heiratsfähigkeit oder andere auf Frauen bezogene Rituale gehabt. Auch für die jungen Männer gelte, dass der Eintritt der Geschlechtsreife nicht eine ,rite de passage' zur Folge hatte.

Vom 12. Lebensjahr an waren beide Geschlechter, Jungen und Mädchen, strafrechtlich voll verantwortlich. Sie waren nicht mehr Kinder. Doch gab es andere gesetzliche Bestimmungen, die die Phase zwischen Kindheit und Erwachsensein an ganz anderen Stellen markierten. Erbberechtigt wurden junge

---

[58]  A.a.O., S. 67.
[59]  A.a.O., S. 83.
[60]  A.a.O., S. 111.

Männer und Frauen erst mit 21 Jahren. Für viele Londoner galt, dass der Eintritt in ein Lehrverhältnis – und das war im 14. Jahrhundert etwa mit vierzehn Jahren der Fall – den eigentlichen Übergang in die Adoleszenz signalisierte. Im 15. Jahrhundert, mit der Ausdehnung von Unterricht, begann die Lehrzeit jedoch in der Regel erst später, nämlich am Ende des 15. oder im 16. Lebensjahr, ja selbst im 18. Lebensjahr.[61] Für Hanawalt ist diese Veränderung ‚a dramatic argument for the dominance of social over biological puberty in medieval London.'[62] Ursache dafür war unter anderem das Faktum, dass etliche Gilden eine bereits abgeschlossene Schulbildung vor der Lehre verlangten. Für Mädchen sah die Situation allerdings etwas anders aus. Der Unterschied ist historisch jedoch nicht eindeutig zu ermitteln. Hanawalt schließt, dass Mädchen, weil sie nicht unbedingt ihre Lehre, wohl aber einen Dienst als Hausmädchen häufig in jüngerem Alter antraten, auch bereits in jüngerem Alter (also mit 13/14 Jahren) als Adoleszente wahrgenommen wurden.

Von einer Jugendkultur (youth culture) im spätmittelalterlichen London zu sprechen, scheint ihr nicht durchgängig angemessen. Zwar finden sich Jugendliche vermehrt bei ‚Aufständen' oder zeigen ungebührliches Verhalten. Jugend und Aufsässigkeit bildet auch den Moralisten zufolge eine Einheit. Doch meldet die Autorin Zweifel an, ob damals mit der gleichen Eindeutigkeit wie heute über *die* Jugend gesprochen worden sei. Die Quellen belegten zwar, dass Eltern, Lehrfrauen und -herren diese Altersgruppe von den Kindern und den Erwachsenen deutlich unterschieden, dass Erwachsene sich vielfach über ungehöriges Verhalten von Jugendlichen aufregten und davon sprachen, dass jenen die richtigen Vorbilder fehlen. Doch lasse sich deshalb noch nicht von einer alle Jugendlichen umfassenden Kultur sprechen, wie die heutige Jugendforschung das für die Jugend des 20. Jahrhunderts nahelege. Soziale Differenzen und Geschlechterdifferenzen hätten die Heranwachsenden im ausgehenden Mittelalter zu einer heterogenen Jugendgruppe gemacht.[63] Die vor ihr beobachtete Vielfältigkeit lässt sie also zögern. Ihre ausformulierten Zweifel an einem *generellen* Muster für die Jugend des Mittelalters betrachte ich als einen wichtigen analytischen Schritt. Begründet er eine Differenz zwischen Mittelalter und Moderne oder macht er auf Differenzen der Wahrnehmung und Interpretation aufmerksam? Erst in einigen jüngsten Untersuchungen ist für die Gegenwart das Interesse an Unterschieden artikuliert worden und deutet sich in Begriffen wie ‚Entstrukturierung der Jugendphase' oder in Hinweisen auf ein sehr unterschiedliches Umgehen mit dem Bildungsmoratorium eine Ablösung vom großen Konzept Jugend an.[64]

---

61  A.a.O., S. 113.
62  Ibid.
63  A.a.O., S. 128
64  Vgl. R. Münchmeier 1998, a.a.O., S. 117; Zinnecker, Metamorphosen 1997, a.a.O., S. 486 f..

Was Hanawalts und Krausman-Ben Amos Untersuchungen nahelegen, sind darüber hinaus deutliche Zweifel an einem ‚linearen' Konzept der Geschichte der Jugend. Die These von der Entstehung der Adoleszenz, der Jugend und der Jugendzeit in der Moderne, verbunden mit einer zunehmenden Ausdehnung von Schul- und Ausbildungszeiten im 20. Jahrhundert, wirkt auf dem Hintergrund der hier vorgestellten historischen Forschung wie ein kurzsichtiger Mythos. Ein Mythos ist offensichtlich auch die Annahme, dass uns Geschlechterdifferenzen in der Vergangenheit sehr viel eindeutiger begegnen als in der Gegenwart. Anders auch als die Jugendforschung mehrheitlich nahelegt, führt der Rückgang in der Zeit nicht zur Beglaubigung von Unterscheidungen: Die moderne Gegenwart der Jugend ist nicht das grundlegend Andere der europäischen Geschichte. Im Gegenteil; auf einer bestimmten Ebene der Abstraktion wird jeder Leserin vieles sehr bekannt vorkommen. Die Adoleszenzphase war auch im England des ausgehenden Mittelalters und der Frühen Neuzeit durch ungenaue Grenzen charakterisiert und zeitlich sehr ausgedehnt. Ein moralisch gestimmtes Misstrauen der Erwachsenen begleitete die Jugendlichen. Die Unterstellung, dass die Jugend erziehungsbedürftig sei, zu leicht über die Stränge schlage, finden wir vielfach genannt. Und interessant, dass der zeitlichen Beweglichkeit der Adoleszenzphase auch eine erstaunliche Beweglichkeit im kulturellen Raum entsprach. Die Jugendlichen waren (und sollten) auf der Suche nach Ausbildungsplätzen räumlich sehr mobil (sein). Die Jugendbewegung des 20. Jahrhunderts mit ihrem Fahrtenmythos erscheint als ein Freizeitunternehmen, gemessen an den historischen Bedingungen jahrelanger Ortsveränderung in jenen frühen Jahrhunderten. Ein anderes Muster, das die Vergangenheit nicht völlig von der Gegenwart trennt, ist das Verhältnis der Geschlechter in diesem Kontext. Mädchen und junge Frauen waren nicht gänzlich von der Bewegungsfreiheit und -notwendigkeit ausgeschlossen. Auch für sie spielten Arbeits- und Ausbildungserfahrungen in der Fremde eine gewichtige Rolle, wenn auch häufig mit eigenen Logiken. Es sind graduelle, nicht grundsätzliche Unterschiede, die die Geschlechter und ihre Handlungsspielräume und konkreten Optionen bestimmten. Die Geschlechterdifferenz ist also nicht eine einfache Gegebenheit gewesen, wir finden sie weder biologisch noch sozial eindeutig festgeschrieben.

Jugend und Adoleszenz können wir also nicht schlicht als ein Resultat der Industrialisierung und der sozialen Wissenschaften beschreiben. Eine lineare Geschichte, die in die Gegenwart einmündet, lässt sich auf dem Hintergrund der historischen Forschung nicht konstruieren. Müssen wir deshalb das Bild einer Kugelgestalt der Zeit[65], einer steten Wiederkehr des Ähnlichen, als Beschreibungsmuster wählen? Oder geht es eher darum, präziser über die

---

[65] Den Begriff der ‚Kugelgestalt der Zeit' hat meines Wissens zuerst der Schriftsteller J.L. Borges benutzt.

spezifischen Bedingungen von Jugend und Adoleszenz in der Gegenwart und damit auch der Geschichte zu sprechen?

## 3. ‚Der liminale Charakter der Jugend' (Levi und Schmitt)

Eine Chance, neue Gesichtspunkte für eine solche reflektiertere Diskussion zu finden, bietet die 1995 von Giovanni Levi und Jean-Claude Schmitt in französischer Sprache herausgegebene zweibändige Geschichte der Jugend. Es sind nicht so sehr die einzelnen Beiträge, als vielmehr die vorangestellte konzeptuelle Diskussion, die diese andere Perspektive eröffnet.

Zentral für Levis und Schmitts Argumentation ist der Begriff der *Liminalität*. Das per se transitorische Lebensalter Jugend bringen sie in Verbindung mit kulturanthropologischen Überlegungen zu Phänomenen vielfältig kultureller Übergänge, wie sie Victor W. Turner in seinem Buch *The Ritual Process. Structure and Anti-Structure* 1969 vorstellte.[66]

Jugend hat in Schmitts und Levis Augen jenen liminalen Charakter, weil sie sich zwischen den beweglichen Rändern der Abhängigkeit des Kindes und der Autonomie des Erwachsenen ohne festliegende Grenzen erstreckt.[67] Jugend ist eine Phase, die in dieser Perspektive nichts als Übergang ist, die an der Nahtstelle zwischen sexueller Unreife und sexueller Reife liegt, die zwischen Ausbildung der geistigen Fähigkeiten und ihrer Entfaltung, zwischen Mangel an Autorität und dem Erwerb von Kräften ihren Platz hat.[68] Jugend sei ein ‚Phänomen, das per definitionem transitorisch, ja ungeordnet und chaotisch wirkt.'[69]

In eben diesen Überlegungen schließen sich die beiden Autoren sehr eng an Turner an. Turner verstand unter einem liminalen Moment eine kurze Phase kategorialer Konfusion und kultureller Offenheit. Für ihn beginnt jeder Übergang mit einem Bruch: Die alte Struktur (structure) werde durch eine Anti-Struktur (anti-structure) abgelöst, die er – auf das lateinische Wort *limen*, die Schwelle, zurückgreifend – als Schwellensituation beschreibt. *Limen* ist für Turner ‚a no-man's land betwixt- and-between ...a fructile chaos, a fertile nothingness, a storehouse of possibilities, a striving after new forms and structures. ‚Liminality is fluid, open, unfixed, inclusive and diverse.'[70] Liminalität ist eine Zeit der extremen Reaktionen und zugleich der erweiterten Möglichkeiten. Sie ist aber auch die Zeit der Unentschiedenheit, der schließ-

---

66  Victor W. Turner: The Ritual Pocess. Structure and Anti-Structure. (With a foreword by Roger D. Abrahams ) New York: Aldine de Gruyter 1995; (1. Ausg. London: Routledge 1969; dtsche Ausg. 1989).
67  A.a.O., S. 9.
68  A.a.O., S. 10.
69  Ibid.
70  Turner 1985, a.a.O.

lich wieder eine Struktur folgen wird, aber zunächst einmal schafft Unentschiedenheit die Möglichkeit, potentielle Alternativen zu denken.[71]

Fügt man Jugend in einen solchen Gedankengang ein, wird sichtbar, dass sich auch für sie keine eindeutige Definition mit festen zeitlichen oder sachlichen Eckpunkten finden lässt. Das Flüchtige, das Transitorische, die Unentschiedenheit steht im Vordergrund. Verständlich auch, dass Gesellschaft auf diesen Status nur mit einer ambivalenten Mischung aus Argwohn und Erwartung reagiert. Für Levi und Schmitt lassen sich aus dieser Perspektive zwar stets strukturelle Ähnlichkeiten zur Situation und Konstruktion von Jugend in der Geschichte auffinden, aber keine Homogenität sozialer und kultureller Verhältnisse finden, unter denen ihre spezifische Gestalt sich entwickelt. Stattdessen sehen sie mit der Vielfalt der Dimensionen und der historiographischen Präsentation der *longue durée* die Chance gegeben, die Vielfalt des Problems sichtbar werden zu lassen.[72] Liminalität sei allerdings nicht nur auf Jugend als Gruppe und als kollektive Passage beziehbar, sondern auch im Hinblick auf das einzelne Individuum erklärungskräftig. Die kritische Zeit der Formation und Transformation jedes und jeder Einzelnen, die Veränderung von Körper und Geist lasse sich in diesem begrifflichen Rahmen überdenken. Grundsätzlich aber seien die charakteristischen Merkmale für die Jugend im Grenzbereich zwischen biologischen Realitäten, sozialen Rollen und symbolischen Bezügen zu suchen. Jedes dieser Merkmale differenziere: biologisch-soziales Geschlecht, soziale Klasse, historische und kulturelle Symbolik, und biete in der Kombination mit den anderen eine stärkere oder schwächere Komponente. Die beiden Bände der Geschichte der Jugend differenzieren zwischen historischen Zeiten: Von der Jugend in der griechischen Polis bis zur Jugend des 20. Jahrhunderts reicht der zeitliche Spannungsbogen. Auch sozial-kulturell wird die Vielfalt jugendlichen Lebens sichtbar: Jüdische Jugend und junge Adlige, Ritter, Schüler, junge Rebellen und Revolutionäre werden als ,zügellose Jugend', als ,erregte, als laute Gesellschaft', als ,gefährliche Jugend', gar als ,fleißige Jugend' vorgestellt. Doch die Chance, die Differenz der Geschlechter in ihrem möglichen historisch-unterschiedlichen ,state of being on the threshold' zu beobachten, wird von den Autoren nicht systematisch wahrgenommen.

Als Desiderat dieser Geschichte der (primär männlichen) Jugend erscheint also eine solche Geschichte der Geschlechterverhältnisse und Geschlechterdifferenzen im Kontext von Jugend. Verknüpfen wir diese Frage mit Turners Gedanken vom ,no man's land betwixt-and-between', des ,fructile chaos', des ,storehouse of possibilities', dann entsteht allerdings die Frage, wie festgelegt und wie festlegbar wir uns die Geschlechterdifferenzen in die-

---

[71] Vgl. dazu auch: Marvin Carlson: Performance: A Critical Introduction. London/New York: Routledge 1998, S. 3: ,Anti-structure represents the latest system of potential alternatives from which novelty will arise'.

[72] Vgl. Levi/Schmitt, a.a.O., S. 12.

ser Übergangsphase vorstellen müssen. Vielleicht bewegt sich ja auch die Frage der Geschlechterdifferenz selber unter den Bedingungen der Adoleszenz ‚on the threshold'. Ich vermute, dass sich gerade auch im begrifflichen Kontext von Liminalität die Frage nach den Geschlechterverhältnissen diskutieren lässt. Dafür stehen im Grunde Judith Butlers Konzeptualisierungen der Geschlechterdifferenz. Geschlechterdifferenz ist für sie eine ‚Grenzvorstellung', ein liminales Konzept also, das den Zwischenraum zwischen psychischen, somatischen und sozialen Dimensionen besetzt.[73] Sie ist ‚kein Ding, keine Tatsache, keine Vorannahme, sondern vielmehr ein Verlangen nach erneuter Artikulation, das niemals zur Gänze verschwindet, aber das sich ebenso wenig jemals zur Gänze zeigen wird.'[74] Geschlechterdifferenz ist in Butlers Augen keine einfache Gegebenheit, aber genauso wenig ist sie ein Effekt von Gegebenheiten. Sie ist einerseits unhintergehbar, aber ihre je spezifische Gestalt ist ein historisches Produkt. Wir können sie nicht einfach an sich wahrnehmen, sondern nur in den Formen, die sie jeweils unter spezifischen Bedingungen erhält.

Gehen wir von den Bedingungen aus, die Krausman-Ben Amos und Hanawalt nachzeichnen, dann lag in der Tat die Differenz zwischen den Geschlechtern gerade in dieser entscheidenden Phase körperlicher und kultureller Entwicklung nicht einfach fest. Sie war beweglich, differenziert, nicht ausschließlich als duales Konzept präsent. Um dies präziser zu untersuchen, bedarf es weiterer (historischer) Forschung. Die Vorlesung sehe ich als einen wichtigen transdisziplinären Schritt an, um Fragestellungen und vorliegende Ergebnisse arbeitsteilig zu sichten und gemeinsam zu diskutieren.

---

[73] A.a.O., S. 36.
[74] Judith Butler: Das Ende der Geschlechterdifferenz? In: Jörg Huber und Martin Heller (Hg.): Konturen des Unentschiedenen (Interventionen 6). Basel/Frankfurt: Stroemfeld; Zürich: Museum für Gestaltung 1997, S. 32.

Marion E. P. de Ras

# The life phase of female youth

## Discursive constructions 1600 – 2000

'What have you made of our daughters, oh morality. You force them to lie and to pretend. They are not allowed to know what they know, not to desire what they desire, not to feel what they feel. You tell them: "Girls do not act like that. Girls do not say such things. Girls do not ask for such things. Girls do not speak like that!"
There you have the warp and woof of upbringing. And when such a poor swaddled girl believes this, succumbs, obeys... when, subdued, she has spent the entire sweet season of her blossoming in clipping and pruning, smothering and violating every inclination of mind and heart ... when, well and truly distorted, crumpled, wasted, she has shown herself to be a *good* girl – for that is what morality calls *good*! – then some lout or other may reward her for her 'goodness' by making her the warden of his linen cupboard, the one and only being certified to perpetuate his lineage. It is indeed a great honour!' (Multatuli, alias Eduard Douwes Dekker, 1862)

Both the history of Western girls and contemporary analyses of girlhood and girls existence are still largely dominated by a narrow pedagogical and educational perspective. The concept of socialization, of upbringing, of educating girls and preparing them for womanhood and for their role as adult female 'subjects' is central to this perspective. In spite of the innovative ideas which have been forthcoming from such new branches in academia as cultural studies and women's or gender studies, the history of female youth is – with few exceptions – still focussed primarily on that which is seen as primary to her existence: the 'small' world of family, school, community, peers, and youth culture (De Ras, 1993).

What I feel is lacking here is a broader perspective on 'girls'. A perspective which includes the social, cultural, historical and – not least – mental and physical processes which have shaped the life phase of female youth itself.

The construction of the life phase known as female youth is the theme of my research. I am specifically interested in the relationship between, on the one hand, the long-term historical processes and, on the other hand, the development of female youth in Western Europe from the fifteenth century on (Goudsblom, 1988; Elias 1976). The questions I intend to address are as follows.

-   At what moment in history and under what historical and social conditions did female youth become a specific life phase, with a culture and discourse of its own?

- To what extent is this process of specification related to other historical processes, and to the changing power relations between men and women, and between generations?
- What is the influence of these processes and power relations on the biological, psychological and sexual development of the life phase of female youth, and vice versa?
- And finally, how do biological, psychological and sexual premises regarding female puberty and adolescence acquire social and cultural significance through such processes and power relations?

On a more general level, I will examine such cultural and historical questions as: Do we see ruptures and dominant trends in the construction of the female youth phase, and if so, how do these relate to specific social, national and cultural developments? What is the Dutch context of this history, in comparison with other European countries such as France, Germany and England? In other words, how is the construction of female youth in the Netherlands related to such specific Dutch cultural expressions as the culture of domesticity, early embourgeoisement, Calvinist and Catholic morality, and the general pillarization of Dutch society?

To find answers to such questions, one must in effect examine the broad history of girls and girlhood throughout Western Europe. To reduce the scope of this history to proportions which are manageable, but which nevertheless allow us to distill major trends and developments, I will focus on three separate research projects. The first deals with the history of words, specifically the etymology of the words 'daughter', 'girl', and 'young woman', as well as other notions associated with the life phase of female puberty and adolescence. Another project centers on two dominant discourses concerned with female youth: namely the medical and the pedagogical. A third project is concerned with the sociocultural and juridical history of female majority and the age of consent.

I will begin with a brief overview of the more general findings.

*Periods in the development of the life phase 'female youth'*

I situate the early development of the social and cultural category 'female youth' in the Early Modern era. In comparison with the preceding period (the late Middle Ages), the 15th and 16th centuries – which encompassed both the Renaissance and the emergence of Humanism – form a historical rupture (Bange et al. 1985).

The late-medieval existence of girls in the countries of Northwest Europe was determined largely by social systems and forms of governance. It was built on kinship and religious precepts (both Christian and pagan residues of Germanic laws and customs), and dictated by societies which were rooted in feudalism, militarism and agriculture. The existence of girls was dependent on birth, milieu and class. It began with servitude to parents, followed by servitude to kin, lord, master, husband or the convent, effectively forming a continuum of tutelage. Daughters were a vital link in the forging of social, economic and political ties, the provision of services and labour, the settlement of debts, and the preservation of tradition, honour and faith. Anthropologically speaking, girls functioned as a gift. And it was as such that they were married off, exchanged, marketed and sold. In a society in which kinship and blood ties were bound up with servitude, loyalty, political power and property, this function was indispensable (Nierop 1990; Wack 1990; Elias 1976; Diederiks 1987; Bange et al. 1985).

At this point in history there was no specific pedagogy or philosophy concerned with the existence of daughters or girls, thus no discourse encouraging specific girl-focussed sentiments or a girl-focussed rationalized education. The treatment of girls and the prevailing notions concerning their lives were imbedded in a society which was based on kinship, feudalism and religion, and was 'regulated' by codes, rituals, rules of conduct and manners. The life phases of girls came to be marked by bodily and social factors such as the possession or loss of an intact hymen, the first menstruation (the menarche), the first pregnancy and childbirth, and the death of a husband: in other words, the states of daughter, wife, mother, and widow. In medieval society bodily processes were endowed with cultural value, meaning and significance. As a rule, no differentiation was made between the various life phases of a woman. When a girl started to menstruate, she was 'ready' for marriage, if not already promised (as among the nobility). Once married, she was regarded as an 'adult', even though she had not yet attained majority (de Ras 1993; Laqueur 1990).

During the 15th and 16th centuries the society of the Low Countries underwent a transformation that irrevocably changed the lives of girls and thus the general understanding of the group as a whole. Several interlocking processes contributed to this transformation, the most important of which were the Reformation, Humanism, urbanization, the development of overseas trade, the commercialization of the agrarian sector and the wave of immigration from the southern regions. These processes coincided with the fairly early development of embourgeoisement and the emergence of a class of high bourgeoisie or 'nobility', which in turn fostered the development of a distinct urban culture (Diederiks et al. 1987; van Nierop 1990; de Jong 1987; Schotel 1868). This urban culture, the existence of a high bourgeoisie, and the relative prosperity of the citizens during the Golden Age in the Netherlands are all well documented in the work of 17th-century Dutch masters (De Jongh 1976; Schama 1988). Immigration from the southern regions led to an increase in the number of marriageable young girls in the cities, and also helped to explain the growing differentiation in education and schooling. This was reflected in the creation of so-called 'French' schools, which focussed on practical skills such as reading, writing and arithmetic, which were useful in industry, trade and manufacturing (Brandenbarg et al. 1988; Riemens 1919).

The fact that girls were no longer automatically destined for the convent, as well as the waves of immigration and the 'late' age at which they now married, resulted in a surplus of daughters of marriageable age, especially in the urban regions. Girls and young women began to enter new areas of the labour market, going into manufacturing, small businesses and the fish industry, as well as crafts and trade (Schuurman 1991; van Woude 1980). The upcoming middle classes – the traders, merchants and craftspeople – began to send their daughters as well as their sons to the new French schools.

It was around this time that philosophers, moralists and medical men began to turn their attention to women in general, and girls in particular. From the 16th century on medical doctors, philosophers and pedagogues had displayed an interest in the constitution, nature and pathology of female youth, initially focusing on puberty, sexuality and menstruation (the menarche) (Laqueur 1990; de Ras 1993, de Ras 1997, Schumann 1973; Loudon 1984, Ackerknecht 1986; Beverwijck 1642; Liébault 1632; Diepgen 1963). When they had gained some understanding of the period between the menarche and the loss of virginity (marriage), the discourse on this 'new' female life phase commenced. The humanist philosopher and pedagogue Juan Luis Vives made use of medical knowledge in his tract on the education of girls from the nobility. But what was more important, his treatise was not the customary formulation of behavioural codes and etiquette, but rather consisted of a philosophy and a moralistic explanation of pedagogical goals. As such, it was the first treatise in history which attempted to specify the major 'characteristics' of girlhood and female youth (Vivés 1554).

These social, economic, mental and discursive developments had repercussions on 16th- and 17th-century manners and conventions between the sexes and between the generations. In the Republic, a culture of courting and marriage developed in which the relationship between parents and daughters depended on maintaining a precarious balance between existing Calvinist ideals and changing bourgeois attitudes. This meant that, on the one hand, broad layers of the population no longer demanded that their daughters marry the man chosen for them, while on the other hand, the reformative discourse, encouraged by 17th-century moralists such as Jacob Cats, emphasized that marriage ought to be the ultimate goal of every girl (Cats 1976; Bange et al. 1985; van Boheemen 1989). In the midst of this tension between conflicting expectations, codes and moral views, a culture of courting and marriage developed which combined domesticity with a degree of freedom which allowed girls to appear in public places such as markets, gardens, playgrounds, courtyards and plazas. This relative freedom and the growing practice of marrying 'late' – the age at which girls married was highest among farming folk, followed by the bourgeoisie and the nobility – did not, however, lead to a culture of premarital sex. Sources indicate that the percentage of illegitimate children remained quite low, despite such typically Dutch – and German – practices as 'night courting' (Dupuis 1987; Kooy et al. 1985; Haks 1982, Schuurman 1991).

However, in view of the pervading 'Low Countries mentality', the emergence of the courting culture, and the visibility of groups of unmarried girls and young women in the cities, on the trade and labour market, in households and on the so-called 'female courtship market' was not without problems. Seventeenth-century prints and paintings, as well as the plays and burlesques of the day, ridiculed, criticized and satirized domineering housewives, premarital sex and – above all – pregnancy and the marriage trap into which young male suitors fell. In short, the whole relationship between the sexes (van Boheemen 1989; de Jongh 1976; Brandenbarg et al. 1988).

All these changing perspectives on girls and girlhood were reflected in the language. In the 16th century a new word emerged which referred to youngsters of the female sex. That word was 'meisje', which means 'girl'. It differed from the former terms – which signified 'daughter', 'maiden' or 'virgin' – in that it referred to an autonomous category, an identity. The notion 'girl' was also new because it was no longer directly linked to those categories which were embedded in the notions 'daughter' and 'maiden' and 'virgin', namely birth, kinship, and sexual virginity. The notion 'girl' referred to a social state in its own right: that of female non-adulthood. At almost the same time a similar process was taking place in other European countries. What was typical of the Low Countries, however, was the emergence not only of the concepts 'meisje' and 'young daughter', but also the notion 'spinster'/ Freierin / vrijster (De Ras 1993). This referred – for the first time in history – to a new life phase in girlhood, namely puberty and adolescence, a period of sexual ripening, during which a girl entered the matrimonial market. This period of female 'jonckheit' – the Dutch word for youth – was dominated by the search for a future husband.

Through the discursive transformation from 'daughtership' to 'spinstership', and the recognition of female sex as well as female generation, this period was marked by two processes: not only were girls and young women becoming increasingly visible in a public sense, a social and cultural discursive visualization of female youth as a life phase was also taking shape. A life phase characterized by tutelage, the absence of any power of decision, and the conception of girls as 'gifts' gradually made way for negotiation between daughters and parents, and between female and male lovers (Elias 1976).

At the end of the 18th century, bodily and health aspects of female youth, influenced by the increasing respectability and institutionalization of medical science, became part of regular scientific discourse. Such vague ailments as lovesickness and morbus virgeneus – the disease of virgins – were given new and more specific definitions. Ailments became more closely linked to menstruation and the uterus, and were increasingly recognized as belonging to the female sex, specifically to girls (de Ras 1993; de Ras 1997, Laqueur 1990, Kniebiehler 1983; Loudon 1980). The notion of lovesickness, which was common in the 16th and 17th centuries, was now rarely used (Wack 1990). At the end of the 18th century the preferred term was 'chlorosis' or 'green sickness', which had a more scientific ring to it. At the same time, enlightened pedagogical theories based on rational arguments were put forward, which differentiated between the various female life phases. What was emerging was a notion of difference: the female character, or femininity, came to be equated with 'naturalness' (de Ras 1993, de Ras 1997, Laqueur 1990). Rousseau's call for naturalness in girls was frequently echoed by Dutch moralists. They were expected to be simple and natural – as opposed to artificial and pretentious – because this represented 'true beauty' (Wollzogen Kühr 1920; Brandenbarg et al. 1988; Rang 1985).

The 'female nature' was linked to the ability to bear children, and a woman's 'being' was identified with motherhood and mothering. It was for this reason that those two patriotic and enlightened ladies Aagje Wolff and Betje Deken were critical of the 18th-century upbringing of girls. It was not that they believed that girls were entitled to an education on grounds of equality. Rather, they felt that all traditional education led to a state of 'idleness' and vanity, and did not adequately prepare girls for the grand task of bearing and rearing children. A new bourgeois ideal was emerging: that of the woman as a rational and emotionally mature governess of her household and her family (Wollzogen.Kühr.1920).

It was not only under the influence of these enlightened ideals that 'spinsterhood' made way for a focus on motherhood. In the late 18th and early 19th centuries – known as the French period – during which the Netherlands developed into a unified state, the economy began to decline. The price of food and goods rose faster than wages, and unemployment was on the rise in industry, manufacturing and the fishing industry. Because of these and other factors, the age at which girls married began to rise again. However, sexual intercourse before marriage was now a good deal more common than in previous periods, and the number of illegitimate children was on the increase, along with the number of paternity suits (Haks 1982; Schuurman 1991; Kooy 1985). In the relationship between the generations, there was a shift in the precarious balance between, on the one hand, parental authority and the marriage plans of parents and relatives, and on the other hand, the conviction that youngsters should be free in their choice of a partner, provided, of course, that the boundaries based on religious milieu, class and background were respected. The increased interaction – including sexual interaction – between the sexes and the rise in the number of unwanted pregnancies were placing new demands on the morality of girls and making them responsible for a pedagogical interaction with children and an emotional interaction with a husband. Both the focus on the family and the privatization of the family sphere were intensified, while a further differentiation was seen in the various layers of class within the bourgeoisie (Boogman 1988; Kooy 1985).

Language reflected these changes and differentiations. Words like 'juffer', 'juffrouw' and 'mademoiselle' – all signifying 'miss' – emerged, reflecting the growing importance of distinguishing between gradations within the bourgeois classes. A female servant preferred to be called 'juffrouw' in order to distinguish herself from a housemaid, and the posh young ladies from the higher bourgeois French-speaking circles wished to be called 'mademoiselle', in order to distinguish themselves from a 'lady's maid'. The disappearance of the notion of a spinster as a female lover reflected the decline of the 17th- and 18th-century culture of courtship. The term 'spinster' or 'old maid' became popular, but was now pejorative, referring to the state of women who remained unmarried (De Ras 1993).

From 1870 on, girls were admitted to institutions of higher learning. Youth psychology, youth pedagogy and youth movements all emerged around this time (De Ras 1988). Sport and the culture of the body entered Western society. Body culture and the portrayal of healthy bodies became increasingly common, although the Netherlands lagged behind Germany, England and France in embracing these fashionable new trends. In the Netherlands of the late 19th and the early 20th century the depiction of the human body during sunbathing and sports was still perceived as indecent (De Ras 1988). No doubt this had to do with the country's relatively late industrialization, the rise of the welfare state, and the emergence of religious 'pillars'. In medicine, the concentration on the female youngster was fostered by two important medical events. Around the middle of the nineteenth century an epidemic of chlorosis subsided when the disease was found to be caused by an iron deficiency. At the same time, a new disease was receiving more and more attention in the medical journals: anorexia nervosa (De Ras 1997; Loudon 1980).

Under the influence of Freud and psychoanalysis, there was renewed interest in the sexuality of girls. It is worth noting that the newly discovered ailment was not called simply 'anorexia', but rather 'anorexia nervosa'. Everything from fainting fits, discontentment and rebellion, to masturbation was interpreted as hysteria, neurasthenia – in short, as some form of mental disorder. The new female life phase was further specified by the Freudian differentiation between two types of female orgasm: the clitoral orgasm was seen as characteristic of puberty, adolescence, girlhood and non-mature femininity. The vaginal orgasm, by contrast, was experienced by the mature heterosexual woman who had successfully completed her oedipal phase (De Ras 1997).

At the turn of the century scientists, doctors, and pedagogues were becoming increasingly concerned about female adolescence. At a time when the Netherlands was undergoing the effects of increasing modernization, urbanization, and industrialization, a new object of concern emerged for pedagogues, emancipation movements, Church and State: working girls, especially those with a job in the big city. The central question now was whether it was possible to combine decency, domesticity and future motherhood with paid employment. Although most lower-class girls and those with an agrarian background had always worked, a large proportion of the new group consisted of girls from bourgeois families. It was this which triggered a stream of detailed reports by pedagogues and psychologists. At the same time, the pillarized institutions attempted to incorporate these girls into political, church, labour, youth, and women's movements. The government organized conferences and published reports in which concern was expressed about the health of these young working women, the danger of delinquency, and their ability to run a household in which money was scarce in a rational and economical fashion (Kruithof et al. 1985; Brandenbarg et al. 1988; van Essen 1990; van Drenth 1991).

The focus on motherhood did not disappear, but the attention devoted to the psyche, social position and well-being of girls spurred further interest in this life phase on the part of both science and society. The concept of the 'female adolescent' made its appearance in Dutch society and Dutch culture. The 'girls' world' emerged: girls' schools, girls' movements, girls' magazines, girls' books, and girls' culture. Psychology invented new psychosocial life phases: the pubescent girl, the adolescent girl, the teenager, the flapper, and the 'mass girl' (Du Bois-Reymond et al. 1998).

From the mid-seventies on, the sexual revolution and the advent of the contraceptive pill, together with a stable welfare state and a flourishing economy, all had their own influence on the relationship between parents and daughters, resulting in a further 'loosening' of ties (du Bois-Reymond et al. 1998). In the eighties, as the economic situation worsened and the labour market found itself in need of cheap – i.e., female – labour, a new wave of concern about girls emerged. Doctors and psychologists focussed their attention on so-called 'girls' diseases', in particular anorexia nervosa, and there was renewed social and sociological concern about girls' sexuality, and the dangers represented by incest, sexual abuse, prostitution, pregnancy, drug use and crime. These topics were the subject of books, articles, reports, and even legislation. A new law was passed according to which girls became 'independent' at the age of 18, and were no longer able to apply for welfare or depend on a working partner.

This process, too, is also reflected in the language. The word 'meisje' underwent a second major transformation – the first was from 'daughter' to 'maid' to 'girl'. Now 'meisje' became 'meid', which refers not to a housemaid but to an 'adult' form of 'meisje'. The diminutive disappears, signalling a new phase in the state of girlhood: girls have grown up.

## *Preliminary conclusions: major trends*

This process, by which the life phase which encompasses female puberty and adolescence has been specified, reveals a number of important shifts throughout history. The first was concerned with those who have authority over this life phase: the power of parents, relatives, masters and the Church. A shift in favour of those who regard themselves – and who are increasingly regarded – as experts on this life phase: physicians, philosophers and pedagogues. This shift is paralleled by a shift from the authority of parents and relatives to the authority of the State. This process also involves a loosening of the ties of kinship: daughtership shifts towards female courtship, and girlship towards maidenship – here 'maiden' is used in the 1980s sense: a responsible, grown-up girl.

The relationship between the generations, between parents and daughters, and between adults and girls has changed from a self-evident and unquestioned power relationship to a philosophically argued relationship of authority and power. The relationship between the sexes has also changed: the former marriage partner has become a courtier and the courtier/lover has become a peer and possible partner, within a culture of coeducation and coexistence, of youth culture and youth movements.

Despite the fact that girls are expected to be adults, the primary concern is still their bodies and their sexuality. True, important shifts have taken place: virginity, menarche and menstruation are no longer taboo, and concerns about decency and domesticity have given way to concerns about teen pregnancies, safe sex, drugs, and prostitution. This life phase of girls is still seen as a precarious biological, sociological and psychological balancing act. It is a phase in which much can go 'wrong' – at least in comparison with the life phase of a boy! Perhaps that is why this life phase of girls is seen as a field to which many 'experts' have access, including the right to speak. This had led to endless discourses of concern held by governments and policy makers, academics, scientists, welfare workers, activists, feminists, the media, popular culture, and ... the girls themselves. They have become the spokeswomen of their own life phase.

To sum up: the increasing attention devoted to the life phase known as female youth; the loosening of ties between parents and daughters, adults and youngsters, girls and boys; the growing opportunities for choice and negotiation; the emergence of social, cultural and tasks and duties, the increasing individualization; and finally the development of a discourse which underscores the precariousness of female puberty and adolescence – all these factors have culminated in the current ethics and the demand for self-control on the part of girls with respect to their individual, social, bodily and sexual potential.

It is the paradox of Western civilization that increasing attention, concern and self-liberation have all contributed to a life phase which, while it allows for a degree of independence, has considerably increased the responsibilities and burdens associated with the existence of girls.

*References:*

Van Andel, M.A.: Chirurgijns, vrije meesters, beunhazen en kwakzalvers. Den Haag, 1981.

Ariès, Ph.: L'enfant et la vie familiale sous l'Ancien Régime. Du Seuil, 1973.

Bange, P. et al.: Tussen heks en heilige. Het vrouwbeeld op de drempel van de moderne tijd, 15/16de eeuw. Nijmegen, 1985.

Boogman, J.C. et al.: Geschiedenis van het moderne Nederland. Politieke, economische en sociale ontwikkelingen. Houten, 1988.

Brandenbarg, T. et al.: Vijf eeuwen gezinsleven. Liefde, huwelijk en opvoeding in Nederland. Nijmegen, 1988.

Brown, C.: ... Niet ledighs of ydels ... Nederlandse genreschilders uit de zeventiende eeuw. Amsterdam, 1984.

Cats, J.: Het Spaens Heydinnetje. In: Klassieken der Nederlandse Letterkunde. Culemborg, 1976.

Dasberg, L.: Grootbrengen door kleinhouden als historisch verschijnsel. Meppel, 1984.

de Jong, J.: Een deftig bestaan. Het dagelijkse leven van regenten in de 17de en 18de eeuw. Utrecht/Antwerpen, 1987.

de Jongh, E.: Tot lering en vermaak. Bekentenissen van Hollandse genrevoorstellingen uit de zeventiende eeuw. Amsterdam, 1976

de Ras, M.E.P.: Körper, Eros und weibliche Kultur. Mädchen im Wandervogel und in der Bündischen Jugend. Pfaffenweiler, 1988.

de Ras, M.E.P.: An iconography of Dutch girlhood. In: de Ras, M.E.P. en Mieke Lunenberg (eds): Girls, Girlhood and Girls Studies in Transition. Amsterdam, 1993, pp. 337-356.

de Ras, M.E.P.: Maiden diseases and the Pathologising of Female Puberty and Adolescence. In: de Ras, M.E.P. and Victoria Grace (eds). Bodily Boundaries, Sexualised Genders and Medical Discourses. Palmerston North, 1997, pp 110-123.

Diederiks, H.A. et al.: Van agrarische samenleving naar verzorgingsstaat. Groningen, 1987.

Diepgen, P.: Frau und Frauenheilkunde in der Kultur des Mittelalters. Stuttgart, 1963.

Drenth, A. van.: De zorg om het Philipsmeisje. Fabrieksmeisjes in de elektrotechnische industrie in Eindhoven (1900-1960). Walburg Pers, 1991.

du Bois-Reymond, M, et al.: Jongeren en hun keuzes. Bussum, 1998.

Dupuis, H. et al.: Een kind onder het hart. Verloskunde, volksgeloof, gezin, seksualiteit en moraal vroeger en nu. Amsterdam, 1987.

Elias, N.: Über den Prozeß der Zivilisation. Soziogenetische und Psychogenetische Untersuchungen. Frankfurt am Main, 1976.

Essen, M.: Opvoeden met een dubbel doel. Twee eeuwen meisjesonderwijs in Nederland. Amsterdam, 1990.

Gillis, J.R.: Youth and history. Tradition and change in European age relations 1770-present. New York/London, 1974.

Goudsblom, J.: Lange-termijnprocessen in de mensheidsgeschiedenis. Amsterdams Sociologisch Tijdschrift, 1: 5-25, 1988.

Haks, D.: Huwelijk en gezin in Holland in de 17de en 18de eeuw. Processtukken en moralisten over aspecten van het laat 17de- en 18de-eeuwse gezinsleven. Assen, 1964.

Knibiehler, Y.: La femme et les médecins. Hachette, 1983.

Kooy, G.A. et al.: Gezinsgeschiedenis. Vier eeuwen gezin in Nederland. Assen/Maastricht, 1985.

Kruithof, B.: Zonde en deugd in domineesland. Nederlandse protestanten en problemen van opvoeding zeventiende tot twintigste eeuw. Groningen, 1990.

Kruithof, B., J. Noordman en P. de Rooy (eds).: Geschiedenis van opvoeding en onderwijs. Nijmegen, 1985.

Laqueur, T.: Making sex. Body and gender from the Greeks to Freud. Cambridge/London, 1990.

Liébault, J.: Trois livres appartenant aux infirmitez et malades des femmes. Paris, 1632.

Loudon, I.: Chlorosis, anaemia, and anorexia nervosa. In: British Medical Journal 281: 1669-75.

Loudon, I.: The diseases called chlorosis. In: Psychological Medicine 14: 27-36

Multatuli. Ideeën van Multatuli. Amsterdam (1862), 1988.

Rang, B.: Am Rande des Wahnsinns. Pädagogische und Medizinische Kritik Weiblicher Gelehrsamkeit im Zeitalter der Aufklärung, in Traditio Campadis. Das Versöhnende dem Zerstörenden Abtrotzen, Liechtenstein: Topos Verlag, 1985.

Riemens, K.J. : Esquisse historique de l'enseignement du Français en Hollande du 16e au 19e siècle. Leiden, 1919.

Schama, S.: Overvloed en onbehagen. De Nederlandse cultuur in de Gouden Eeuw. Amsterdam, 1988.

Schotel, G.D.J.: Het Oud-Hollandsch Huisgezin der zeventiende Eeuw. Haarlem, 1868.

Schuurman, A.J.: Historische demografie: bevolkings- en gezinsgeschiedenis. Zutphen, 1991.

van Boheemen, P.: Kent, en versint Eer datje mint. Vrijen en trouwen 1500-1800. Zwolle, 1989.

van Nierop, H.F.K.: Van ridders tot regenten. De Hollandse adel in de zestiende en eerste helft van de zeventiende eeuw. Amsterdam, 1990.

van Woude, A.M.: Demografische ontwikkelingen van de Noorderlijke Nederlanden 1500-1800. In: Algemene Geschiedenis der Nederlanden V: Nieuwe Tijd. Haarlem, 1980, pp. 102-168.

Vivés, J.L.: Die institutie ende leeringe van een christelijcke vrouwe. Antwerpen, 1554.

von Wollzogen Kühr, S.I.: De Nederlandsche vrouw in de tweede helft der 18de eeuw. Leiden, 1920.

Wack, M.F.: Lovesickness in the Middle Ages. The Viaticum and its commenatries. Philadelphia, 1990.

# Teil II:

# Vereindeutigungen von Adoleszenz im theoretischen Raum

Karola Brede

# Freuds Fallstudie über Dora

## Beitrag zur Historisierung der Weiblichkeitstheorie

Im letzten Quartal des Jahres 1900, etwa ein Jahr nach der Veröffentlichung der „Traumdeutung" (1900[1]) behandelte Freud die 18jährige Dora[2], die ihre Analyse am 31. Dezember gemäß ihrem zunächst verheimlichten Vorsatz abbrach. Unmittelbar darauf legte Freud den Hergang der Behandlung schriftlich nieder. Die Fallstudie erschien 1905 unter dem Titel „Bruchstück einer Hysterie-Analyse".

Eine Art von Gesamteindruck wiedergebend, schreibt Freud im Januar 1900 über Dora, nachdem er sie gut zwei Jahre zuvor bereits einmal gesehen hatte:

Dora war unterdes zu einem blühenden Mädchen von intelligenten und gefälligen Gesichtszügen herangewachsen, das ihren Eltern aber schwere Sorge bereitete. Das Hauptzeichen ihres Krankseins war Verstimmung und Charakterveränderung geworden. Sie war offenbar weder mit sich noch mit den Ihrigen zufrieden, begegnete ihrem Vater unfreundlich und vertrug sich gar nicht mehr mit ihrer Mutter, die sie durchaus zur Teilnahme an der Wirtschaft heranziehen wollte. Verkehr suchte sie zu vermeiden; soweit die Müdigkeit und Zerstreutheit, über die sie klagte, es zuließen, beschäftigte sie sich mit dem Anhören von Vorträgen für Damen und trieb ernstere Studien. Eines Tages wurden die Eltern in Schreck versetzt durch einen Brief, den sie auf oder in dem Schreibtisch des Mädchens fanden, in dem sie Abschied von ihnen nahm, weil sie das Leben nicht mehr ertragen könne. Die nicht geringe Einsicht des Vaters ließ ihn zwar annehmen, daß kein ernster Selbstmordvorsatz das Mädchen beherrsche, aber er blieb erschüttert, und als sich eines Tages nach einem geringfügigen Wortwechsel zwischen Vater und Tochter bei letzterer ein erster Anfall von Bewußtlosigkeit einstellte, für den dann auch Amnesie bestand, wurde trotz ihres Sträubens bestimmt, daß sie in meine Behandlung treten solle (Freud 1905a, S. 101).

Es ist kennzeichnend für Freuds Mißtrauen gegenüber Dora, daß er die Vermutung anmerkt, sie habe den Eltern den Brief mit der Mitteilung von ihrem Selbstmordvorsatz „selbst in die Hände gespielt" (ebd., Fn. 1). Der Zweifel an Doras Glaubwürdigkeit durchzieht den gesamten Text der Fallstudie, das eine Mal – seltener – veranlaßt durch offen normative Urteile zu Doras Nachteil, das andere Mal als Neutralität, in der sich eine kaum merkliche negative Parteilichkeit verbirgt. So zieht Freud in dem Zitat oben die Ernsthaftigkeit

---

1    Die Auslieferung des Werks erfolgte noch 1899.
2    Dora wurde am 1. November 1900, also während der Behandlung 18 Jahre alt (vgl. Decker 1991, S. xi).

von Doras Selbstmordabsicht in Zweifel, indem er des Vaters „nicht geringe Einsicht" anführt, um sich selber dessen Urteil anzuschließen.

Die Verschränkung von normativen und nicht-normativen Urteilen über Dora wirft die Frage auf, welcher Einfluß von Doras Behandlung auf die Erkenntnisse ausging, die Freud in der Fallstudie mitteilt. Dieser Frage will ich im folgenden nachgehen. Wenn ich hierbei auf Freuds Beziehung zu seiner – aus späterer Sicht adoleszenten[3] – Patientin Dora eingehe, lasse ich mich von einer zweiteiligen These über die Ausführungen leiten: (1) An der Fallstudie können Aussagen mit – wenngleich nicht überhistorischem, so doch – nachhaltigem Erkenntniswert von normativen Aussagen unterschieden werden, die ausgeprägt zeitgebunden sind. Erstere ergeben sich aus der vorbehaltlosen, vom Forscherinteresse angetriebenen Deutung zweier Träume Doras. Wo unzulässige Aussagen gemacht werden, dominiert eine Urteilsweise, die Freud als befangen in den kulturell verankerten Normen über den Unterschied der Geschlechter in seiner Zeit zeigt. (2) Dora, die Patientin, bricht ihre Analyse zu einem Zeitpunkt ab, da Freud eine Akzentverschiebung am geschlechtsbezogenen Charakter seiner Beziehung zu ihr vornimmt. Freud berichtet diese Akzentverschiebung, ohne daß erkennbar ist, ob er sie reflektiert hatte. Sie scheint aber sein therapeutisches Handeln beeinflußt zu haben, und zwar dahingehend, daß er Dora psychologisch als Frau anerkennt. Es ist jedoch Doras – nicht Freuds – Auseinandersetzung mit der Fremdverfügung über ihre Handlungsspielräume, die zu ihrem willentlichen Abbruch der Behandlung führt. Der Abbruch bezieht sich auf ein Kernstück des Geschlechterverhältnisses, die Wahl eines Mannes durch – statt für – Dora.

Ich rechne bei meinen Überlegungen also mit einer deutlichen Beeinflussung des Behandlungsgeschehens durch zeitgenössische Vorstellungen von der Beziehung der Geschlechter zueinander und von der sozialen Position, die den Frauen aufgrund dieser Vorstellungen zugewiesen wurde. Diesem Einfluß nachzugehen ist wichtig, weil er über Freuds Rolle als Therapeut in die innerpsychische Auseinandersetzung Doras mit ihrer Identität als Frau hineinreicht. Auch sind die Erkenntnisse, die Freud der Behandlung abgewinnt, von diesem Einfluß nicht frei. Sie sind aber in Abhängigkeit vom Wahrheitsstreben des Autors Freud selbst da dokumentiert, wo Freud ihrer in selbstreflexiver Einstellung nur begrenzt habhaft wird.[4]

---

3  Freud spricht an keiner Stelle von einer Jugendphase, in der sich Dora befunden habe.

4  Thomas Mann als dem Schriftsteller fiel es wohl leichter als einer Leserschaft, die konventionell-objektive Wissenschaftlichkeit gewohnt ist, auch in befremdenden Äußerungen „die Liebe zur Wahrheit" des Autors Freud zu erkennen. Freud verfügte über einen „Wahrheitssinn, eine Empfindlichkeit und Empfänglichkeit für diese Reize und Bitterkeiten, der Wahrheit, welche sich hauptsächlich als psychologische Reizbarkeit und Klarsicht äußert, bis zu dem Grade, daß der Begriff der Wahrheit fast in dem der psychologische Wahrnehmung und Erkenntnis aufgeht" (Mann 1936, S. 71).

In einem ersten Schritt werde ich die Befangenheit in normativen Einstellungen zu Dora zeigen, die Freud als Autor über sich als Therapeut zu erkennen gibt. In einem zweiten Schritt trage ich anhand von Episoden, die im Rahmen der Deutung zweier Träume Doras thematisch werden, Anhaltspunkte zusammen, die auf die erfolgreiche Seite des Behandlungsergebnisses hinweisen. Schließlich wird über den Blick, den der Autor Freud auf Dora freigibt, zu zeigen sein, wie bereits diese vergleichsweise frühe Studie den Konservativismus vorbereitete, der Freuds Theorie der Weiblichkeit trotz radikaler Bekämpfung der zeitgenössischen, viktorianischen Sexualmoral kennzeichnet.

Insgesamt werde ich von der Annahme ausgehen, wonach das Scheitern der Behandlung – insoweit Dora sie abrupt beendete – mit Freuds zwiespältiger Verinnerlichung des kulturellen Ideals der Wahrheitsfindung und sexualmoralischer Normen zusammenhängt. In dem Versuch, diese beiden Orientierungen zu verknüpfen, gelangt Freud an die Grenze des in seiner Zeit Reflektierbaren.

## Die Fallstudie

Wie die eingangs zitierte Passage besagt, wurde – vom Elternhaus her, so ist anzunehmen – „bestimmt", daß Dora in Freuds „Behandlung treten solle", nachdem bei ihr Selbstmordgedanken und eine Ohnmacht aufgetreten waren. Dora litt an einer Reihe konversionshysterischer Symptome, Stimmlosigkeit (Aphonie), nervösem Husten (tussis nervosa), Nachziehen des rechten Fußes und mehr. Freuds Diagnose lautete auf eine Petite hystérie.

Die folgenden Beziehungskonstellationen in Doras Leben sind Gegenstand der Gespräche zwischen Freud und ihr. Der Vater hatte sich von Freud wegen der Auswirkungen einer Geschlechtskrankheit erfolgreich behandeln lassen, und Freud vermutet, daß er sich einen vergleichbar durchschlagenden Erfolg für die Behandlung seiner Tochter versprach. Zu Doras Familienkreis gehören neben ihm die unter dem Zwang zur Reinlichkeit stehende Mutter und ein Bruder. Zu ihm stand Dora zeitweise in enger Beziehung. Dora und ihr Vater pflegten Kontakt zu der Familie K., die Herrn K., Frau K. und deren zwei Kinder umfaßt. Der Vater hat, woran Freud keinen Zweifel aufkommen läßt, ein Verhältnis mit Frau K.. Herr K. umwirbt und nähert sich Dora. Zwei Szenen zeugen hiervon: ein „Liebesantrag", den Herr K. Dora, als sie 16 Jahre alt war, während eines Seeausflugs machte, und eine Umarmung, bei der Herr K. der 14 jährigen Dora einen Kuß auf die Lippen drückte – so lautet Freuds Formulierung (vgl. ebd., S. 103 u. 105).

Diese Sachverhalte sind Freuds Darstellung des Behandlungsgeschehens zu entnehmen. Abgesehen vom Vorwort, in dem er seine Fallstudie wissenschaftlich einordnet, gliedert Freud die Darstellung der Behandlung in zwei

Teile. Der erste ist dem Krankheitszustand – Symptomen und Befindlichkeiten – und Doras Verwicklungen im Kreis um ihre Familie gewidmet. Der zweite etwa gleich lange Teil setzt die Auslegung zweier Träume zu Doras Symptomen und deren Verknüpfung mit den Beziehungskonflikten ins Verhältnis. In einem Nachwort spricht Freud die Bedeutung der „Übertragung" an, die Dora an Freud vornimmt, und berichtet von einem Besuch Doras bei ihm 15 Monate nach dem Abbruch der Behandlung.

Freuds Einstellung gegenüber Dora scheint negative Züge zu tragen. Diese liegen aber, wie schon Freuds Schilderung des Gesamteindrucks von ihr zeigt, nicht immer auf der Hand. Einzelnen entwertenden Ausdrücken[5] steht eine Darstellung der eigenen Therapeutenrolle gegenüber, wonach Freud sich zu moralisch gravierenden Konflikten in dem Beziehungsgeflecht, in das Dora eingespannt ist, *neutral* verhält und keine tendenziösen Urteile äußert. Eine folgenreiche Ausnahme hiervon bilden Freuds normative Erwartungen an Doras sexuelle Ansprechbarkeit auf die Werbung von Herrn K. um sie.

In dieser, der Reihe nach zweiten, der Zeit nach früheren (Kuß- K.B.) Szene ist das Benehmen des 14jährigen Kindes bereits ganz und voll hysterisch. Jede Person, bei welcher ein Anlaß zur sexuellen Erregung überwiegend oder ausschließlich Unlustgefühle hervorruft, würde ich unbedenklich für eine Hysterika halten, ob sie nun somatische Symptome zu erzeugen fähig sei oder nicht. ... Anstatt der Genitalsensation, die bei einem gesunden Mädchen unter solchen Umständen gewiß nicht gefehlt hätte, stellt sich bei ihr (Dora – K.B.) die Unlustempfindung ein, welche dem Schleimhauttrakt des Einganges in den Verdauungskanal zugehört, der Ekel (ebd., S. 106).

Freud fällt ein Normalitätsurteil über ein „gesundes Mädchen" zur Sexualität, das wenige Zeilen zuvor noch als Kind firmiert hatte. Er trägt an es eine männliche Erwartung von weiblicher Reaktion auf die körperlich-sexuelle Annäherung eines Mannes heran[6]. Er stellt sich Herrn K.s Verhalten durch die Schilderung von Dora hindurch – also, so ist anzunehmen, gegenläufig zu der Bedeutung, die die Schilderung für sie selber hatte – als statthafte sexuel-

---

5   Als tendenziös müssen Äußerungen angesehen werden, in denen Freud Doras Verhalten bzw. das, was sie darüber erzählt, entwertend darstellt und eine negative Einstellung zu Dora bei der Leserschaft fördert. Beispielsweise nennt Freud Doras Übermittlung des Selbstmordvorsatzes an die Eltern eine „Selbstmordkomödie" (ebd., S. 110, Fn.). Die Darstellung einer mit dem Statusunterschied zu einer Gouvernante in Zusammenhang stehende Kränkung begründet er mit Doras „Hochmut". Marcus stellt Freuds Vorwurf an Dora heraus, sie benutze ihre Krankheit, um Macht über die Eltern zu gewinnen (vgl. Marcus 1974, S. 67f.; Freud, S. 118).

6   Ein ähnlich irritierendes Normalitätsurteil gibt Freud in Verbindung mit dem zweiten Traum ab. Er schließt aus der Tatsache, daß Dora ihren Eltern, nachdem einige Tage verstrichen waren, von dem Vorfall am See berichtet, auf „krankhafte Rachsucht". „Ein normales Mädchen wird, so sollte ich meinen, allein mit solchen Angelegenheiten fertig" (ebd., S. 163). Auch dieses Urteil Freuds stand unter dem Einfluß der Parteinahme für Herrn K., der sich „keine(s) leichtsinnigen Verführungsversuch(s)" schuldig gemacht habe (vgl. ebd.).

le Annäherung dar. Sie hätte, so seine Sicht, bei Dora eine lustvolle sexuelle Reaktion auslösen sollen, die der von Herrn K. komplementär gewesen wäre. Statt dessen empfindet Dora Ekel. Freuds lebenspraktisch nachvollziehbare Erwartung hatte offenbar auf seine wissenschaftliche Wahrnehmung der Patientin ausgegriffen.

Freud nimmt an Dora eine *logische* Gleichsetzung von weiblicher mit männlicher Sexualität vor; alles, was er über die weibliche sexuelle Reaktion sagt, ergibt sich aus Aussagen über die Sexualität des Mannes. Der Frau teilt er von dieser Sexualität den Status als Objekt und die Passivität zu. Einer solchen sexuellen Reaktion Doras würde Freud Normalität zugesprochen haben. Auf diese Weise stellt er den männlichen Charakter von Sexualität mit Sexualität überhaupt gleich. Die Sicht auf Dora als sinnlich-sexuelles, passives Objekt wird verallgemeinert und die Verallgemeinerung biologisch und medizinisch untermauert. Aus deren vermeintlich übergeschlechtlicher Qualität leiten sich Freuds Urteile über weibliche Normalität her. Tatsächlich sind sie geschlechtstendenziös.

Freuds männliche Einstellung begünstigt die Koalition mit dem Mann. Die wie eine Hypothese daher kommende Aussage – Hysterie ist das erwartungswidrige Hervorrufen von Unlust anstelle von Lust – deckt zu, daß die Reaktion des Ekels, die Herrn K.s sexuelle Annäherung bei Dora ausgelöst hatte, zur Festigung der Bande von Männern untereinander führt. Was der sozialen Form nach als legitim gilt – die Unterwerfung weiblich sexuellen Verhaltens unter Kriterien männlicher Sexualität –, darf bei den Frauen keinen Widerwillen auslösen. Denn dann würde der hegemoniale Charakter des Geschlechterverhältnisses insgesamt fragwürdig.

Folgt man dieser Überlegung, dann ist Freuds Bereitschaft, für Herrn K. zu bürgen, ohne weiteres nachvollziehbar, allerdings nicht ihrem wissenschaftlichen Gehalt nach, sondern als Koalitionsbildung. Sie gilt einem Geschlechtsgenossen, der offenbar auch den Mann in Freud libidinös anzusprechen vermocht hatte.

Akzidentelle Ursachen hatte der Ekel Doras bei diesem Kusse sicher nicht, diese wären unfehlbar erinnert und erwähnt worden. Ich kenne zufällig Herrn K.; es ist dieselbe Person, die den Vater der Patientin zu mir begleitet hat, ein noch jugendlicher Mann von einnehmendem Äußern (ebd., S. 106, Fn. 3).

Doch Freud kennt das Kritikable der sozialen Form, in der die Geschlechter zu seiner Zeit miteinander verkehrten. Er weiß, daß sie es den beiden Männern Herrn K. und Doras Vater ermöglicht, sich ohne viele Worte ihr sinnlich sexuelles Interesse an zwei Frauen zu konzedieren, denen sie zugleich als Ehemann resp. Vater verpflichtet sind. Und dennoch sah er in Doras Empörung über dieses Arrangement eine „Übertreibung", derer Dora sich „schuldig gemacht hatte" (ebd., S. 111).

Einen förmlichen Pakt, in dem sie (Dora – K.B.) als Tauschobjekt behandelt worden, hatten die beiden Männer natürlich niemals geschlossen; der Vater zumal wäre von einer solchen Zumutung entsetzt zurückgewichen. (...) Es war aber in Wirklichkeit so gekommen, daß jeder der beiden Männer (also Doras Vater und Herr K. – K.B.) es vermied, aus dem Benehmen des andern jene Konsequenz zu ziehen, welche für seine eigenen Begehrungen unbequem war (ebd.).

Indem Freud die Übertreibung an dem Vorwurf herausstreicht, den Dora gegen ihre Behandlung durch die beiden Männer erhebt, billigt er doch, was er durchschaut: den stillschweigenden ‚deal‘, Tochter und Gattin betreffend. Ich nehme daher an, Freud schloß sich der hohen Akzeptanz an, die auch damals fragwürdige Varianten der Durchsetzung männlicher Sexualität gegenüber Frauen besaß. Faktisch handelt es sich indessen um eine neutralisierende Umschreibung des Tatbestands doppelter Moral.

Freud legitimiert seine neutrale Art, in der Behandlung sexuelle Vorgänge und Konflikte zu thematisieren, mit einer wissenschaftlichen Objektivität, die verbirgt, daß seine Perspektive faktisch geschlechtsparteiisch ist. Er ist Normen verpflichtet, die ihn übersehen lassen, daß die Unterschiedenheit der Frauen von den Männern sich benutzen läßt, ihre Ungleichheit festzuschreiben mit Folgen, wie sie ihm in Gestalt des hysterischen Leidens seiner Patientinnen entgegentraten. Für die Gleichsetzung männlicher mit allgemeinmenschlicher Sexualität wissenschaftliche Objektivität in Anspruch zu nehmen[7] verleiht männlicher Sexualität unwillkürlich eine Dignität, die es scheinbar unumgänglich macht, weiblich-sexuelle Reaktionen an männlicher Sexualität zu messen; ihre Mangelhaftigkeit ist die logische Folge des Maßnehmens an der eigenen, männlichen Sexualität. Noch Freuds Neutralität ist daher auf dem Gebiet der Sexualität, auf das er als Forscher seine Aufmerksamkeit richtet, nicht frei von dem Einfluß kultureller Selbstverständlichkei-

---

[7] So wenig sich Georg Simmel vom ideologischen Charakter lösen konnte, der das Verhältnis der Geschlechter zueinander um die Jahrhundertwende prägte, so klarsichtig war doch der Ausgangspunkt seiner Argumentation. „Nennen wir solche als absolut auftretenden Ideen einmal das Objektive schlechthin, so gilt im geschichtlichen Leben unserer Gattung die Gleichung: objektiv = männlich" (Simmel 1911a, S. 52; s. a. unten, S. 53, Fn. 11).

ten[8]. Psychische Abwehr innerhalb der Rolle des Forschers und Grenzen des Erkenntnisfortschritts konvergieren[9].

Diesen Eindruck stützt, daß Freud seine Überzeugung von der Wahrhaftigkeit der Gefühle Herrn K.s für Dora nicht revidiert, als er von einem Vorfall erfährt, bei dem dieser eine fragwürdige Haltung eingenommen hat. Dora hatte ihren Eltern berichtet, Herr K. habe ihr einen Liebesantrag gemacht.

Der Beschuldigte (Herr K. – K.B.), beim nächsten Zusammentreffen von Vater und Onkel zur Rede gestellt, leugnete aufs Nachdrücklichste jeden Schritt seinerseits, der solche Auslegung verdient hätte, und begann das Mädchen zu verdächtigen, das nach der Mitteilung der Frau K. nur für sexuelle Dinge Interesse zeige und in ihrem Hause am See selbst Mantegazzas *Physiologie der Liebe* und ähnliche Bücher gelesen habe. Wahrscheinlich habe sie, durch solche Lektüre erhitzt, sich die ganze Szene, von der sie erzählt, „eingebildet" (ebd., S. 103).

Freud macht diesen Vorfall für die Rachsucht verantwortlich, die auf Doras Verhalten Einfluß gewann, wie er durch die Deutung ihrer Träume herausfand. Zwar erwägt er ausführlich mögliche Bedeutungen, die die Situationen gehabt haben können, welche Dora zu ihrer Verweigerung, ihrem Protest und zur Heftigkeit ihrer Reaktion – ein Schlag in K.s. Gesicht – veranlaßten. Übrig bleibt aber nur das Motiv der Rachsucht. Im Verhältnis zu ihm fällt Herrn K.s fragwürdige Haltung nicht ins Gewicht. Freud kann Dora daher nicht zugestehen, daß Herr K. sich ins Unrecht gesetzt hat. Darüber hinaus hätte die Rachsucht sich an Herrn K.s aggressiv und libidinös motiviertem Verhalten *unterschiedslos* entzündet haben müssen, um in diese Schlüsselstellung zu gelangen. Das hieße aber auch, daß es letzten Endes gleichgültig wäre, wie sich Herr K. Dora zuwandte. Doras Rachsucht hätte sich blind wie ein Trieb gegen die Schattierungen herausgebildet, die an den Objekten aufgrund ihrer Stellung in der sozialen Wirklichkeit haften.

---

8  Marcus weist darauf hin, daß das vielfach aufgelegte Lehrbuch William Actons „The Functions and Disorders of the Reproductive Organs" aus dem Jahr 1857 „ausschließlich von Männern und männlicher Sexualität" handelt (vgl. Marcus 1964, S. 30). „My Secret Life", ein mehrbändiges Werk, das die Darstellung des Geschlechtslebens seines anonymen Autors enthält und 1888 erschien, gibt zu erkennen, der Autor glaubte, daß Frauen ejakulieren. ... wenn wir am Schluß seiner Beichte, nachdem er mit mehr als tausend Frauen sexuell verkehrt hat, hören, daß er diese Vorstellung noch immer für bare Münze nimmt, dann sind wir gehalten, nicht nur den Wert seiner Erfahrung in Zweifel zu ziehen, sondern das Wesen von Erfahrung überhaupt. Wir begreifen, wie einschneidend sie von unseren Bedürfnissen, davon, wie wir die Erfahrung haben möchten, konditioniert sein kann" (Marcus 1964, S. 120).

9  Diesem Gesichtspunkt der Abwehr ist eine Reihe psychoanalytischer Auslegungen der Fallstudie über Dora gewidmet. Die Arbeiten weisen auf die verkannte Gegenübertragung Freuds hin und schränken hiermit indirekt die Gültigkeit der Erkenntnisse ein, die Freud mitgeteilt hat (vgl. Glenn 1986, S. 524; Jennings 1986; Kanzer 1980). In ihnen ist vernachlässigt, daß Freuds Fallstudie nicht mehr entnommen werden kann, als in ihr ausgesagt ist. Dieser Einwand gilt nicht, so meine ich, für Lacan (1952).

Neutralität ist ‚in Wirklichkeit' von männlichen Interessen geprägt. Sie gibt sich wissenschaftlich objektiv und benutzt die privilegierende Nähe zur „objektiven Kultur" (Georg Simmel), um die vermeintlich einseitig sinnlichsexuelle Beziehung des Mannes zur Frau unangreifbar zu machen. Simmel führt das, was er objektive Kultur nennt – Kunst, Literatur, Wissenschaft, Recht und Religion, aber auch die symbolische Dimension der Warenwelt – auf geistige Leistungen zurück, die die Domäne der Männer seien[10]; „objektiv = männlich"[11] heißt es zu Beginn des Essays über „Das Relative und das Absolute im Geschlechter-Problem" von 1911. Diese Gleichung wird jedoch falsch, wenn man, wie Freud, ihre Seiten vertauscht und umgekehrt ‚männlich = objektiv' setzt. Freuds Beschränkung normativer Urteile auf die Objektivität, die der Sexualität selbst anhaften soll, wie auch seine eigene Objektivität als „ärztlicher Beobachter" (Freud 1905a, S. 95) erweisen sich daher als angreifbar. Seine Theorie der Weiblichkeit leidet unter dieser Angreifbarkeit. In Freuds Urteilen über Dora kündigt sie sich an.

Demgegenüber will ich nun zeigen, daß Freud durch die Fallstudie über Dora doch auch zu neuen Einsichten in die psychische Konfliktdynamik gelangte. Die Fallstudie regte die Formulierung folgenreicher Erkenntnisse vor allem bezüglich der „Übertragung" an. Freuds Auslegung von Doras Träumen, die in dem erworbenen Können der „Traumdeutung" ihre solide Grundlage hat, enthält eine Objektivität, die in der Lage ist, sich von der männlichen Einfärbung des Wahrnehmens und Denkens zu lösen und ihren übergeschlechtlichen Geltungsanspruch zu erweisen. Insoweit die Befangenheit in einer geschlechtsspezifischen Wahrnehmung von sexuellen Sachverhalten aufgelöst werden kann, müßte der Erkenntnisgewinn dann aber auch Dora zugute gekommen sein. Ihr müßten sich Anregungen und Hinweise zur Verfügung gestellt haben, mit denen sie sich gegen die Vertreter aus der Welt der Männer ihrer Zeit, die ihr zusetzten, behaupten konnte.

## Der Beitrag der Traumdeutungen

Die Auslegung von Doras psychischen Konflikten im ersten Teil weckt Zweifel daran, daß der Therapeut Freud, der auf den Krankheitsverlauf seiner Patienten durch Gesprächsteilnahme Einfluß gewinnen will und sich hierbei auf psychosexuelle Konflikte konzentriert, erfolgreich sein kann. Zu viel

---

10  Über objektive als unterschieden von subjektiver Kultur vgl. Simmel 1900, S. 617ff.; Simmel 1911b.

11  Vgl. Simmel 1911a, S. 52; das Komplizierte des „Geschlechter-Problems", das sich hinter dieser Gleichung verbirgt, erläutert Simmel folgendermaßen:„... aus der Relativität oder gegenseitigen Bestimmtheit, in der das männliche und das weibliche Wesen sich darbietet, (rückt) das erstere in die Kategorie des Absoluten auf (...) und (beherrscht) so seinerseits die ganze Relativität ..., von der es selbst ein Glied ist" (Simmel 1911a, S. 76).

geben seine Urteile über Dora von seiner Befangenheit in kulturell verbindlichen Normen des Geschlechterverhältnisses zu erkennen, als daß man einen Behandlungserfolg erwarten würde. Wie wird es also möglich, daß die Befangenheit Freuds in normativen Orientierungen, die das Geschlechterverhältnis zu seiner Zeit prägten, im Handeln des Therapeuten Freud zurücktreten und Dora schließlich einen annehmbaren Zugang zu konflikthaften inneren Vorgängen bei sich erhält? Immerhin urteilte Freud in einem Nachtrag, den er vor der Veröffentlichung 1905 angefügt haben muß, wie auch in einer Fußnote aus dem Jahr 1923, daß Doras Behandlung über drei Monate hinweg zu einer „großen Besserung" geführt und den Konflikt damals erledigt habe (vgl. ebd., S. 184; s.a. S. 93 Fn.).

Doras Behandlung hatte rund ein Jahr nach der Veröffentlichung der „Traumdeutung" (1900) stattgefunden. Die Verwendung der Erkenntnisse über den Traum im Zusammenhang einer therapeutischen Behandlung bildete den neuen Schritt, über dessen Erfolg Freud in der Fallstudie berichtet. Diesen neuen Schritt unternimmt er im zweiten Teil der Fallstudie über Dora. Mit ihm geht eine Veränderung der Darstellungsweise gegenüber dem ersten Teil einher. Freud setzt den Dialog als Stilmittel ein, um sein Vorgehen wiederzugeben.

Freud verändert, so möchte ich behaupten, unter dem Einfluß der Deutung der beiden Träume seine Einstellung zu Doras innerem Konflikt. Die Entfaltung einer Vielzahl an unbewußten Bedeutungen, die die Auslegung der Träume zum Vorschein bringt, eröffnete Möglichkeiten, die im Rahmen der Darstellung des Krankheitszustands und der Symptome gar nicht ins Blickfeld geraten waren. Dora bot die Arbeit an der Traumerzählung die Chance, Erinnerungen mitzuteilen, die vormals der Zensur unterworfen waren. Es kommen wichtige Zwischenglieder im Ablauf von Ereignissen zum Vorschein, beispielsweise die Bedeutung, die der Schlag hat, den Dora Herrn K. ins Gesicht versetzt hatte. Ähnlich verhält es sich mit Symptomen, die aufgrund von zusätzlichen Erinnerungen in ihren früheren Vorstellungszusammenhang eingegliedert werden können, wie ein eigentümliches Husten Doras (vgl. ebd., S. 151f.). Über diese Auflösung einzelner unerklärlicher Vorgänge hinaus ließen sich, von den Träumen ausgehend, auch komplexere Zusammenhänge rekonstruieren, wie dem zwischen der Masturbation in der Kindheit und dem Bettnässen oder dem zwischen dem Vater, der sich, um Dora vor dem Einnässen zu bewahren, nachts über das Bett des Kindes gebeugt haben mag, und Herrn K., der sich über sie beugte, als sie einmal schlief.

Zur Zeit der Behandlung von Dora scheint Freud Vorstellungen, Phantasien und Affekten, die, wie die aufgeführten, durch Rekonstruktion gewonnen waren, den Status von sprachlich faßbaren Beiträgen zu intentionalen Handlungen zugewiesen zu haben. So bezeichnet er Doras Spielen mit einem „zweiblättrigen Täschchen", „ihr Öffnen und Fingerhineinstecken" als „eine recht ungenierte ... Mitteilung" (ebd., S. 147). Es bleibt undurchschaubar, in welchem Umfang Freud solche Elemente aus einer Konstruktion – hier der kindlichen Masturbation – über unbewußten Sinn in die Ebene von Tatsachen gehoben hat, die Dora hätte registrieren sollen. Daß dieses Vorgehen nichts fruchtet, dürfte unbestreitbar sein. „'Warum soll ich nicht ein solches Täschchen tragen, wie es jetzt modern ist?'" (ebd.), fragt Dora Freud nicht zu Unrecht.

Freuds Rolle als Therapeut gerät ins Getriebe seiner Aktivität als Forscher. Für dessen Erkenntnisdrang war Rücksichtnahme hinderlich. Seine Deutungsleidenschaft[12] mag Dora zu dem Entschluß bewogen haben, die Behandlung bei Freud abzubrechen. Steven Marcus hat diesen Mangel an Rücksicht eindringlich beschrieben. Als Autor und Erzähler verhalte sich Freud gegenüber sich selbst wie der Schriftsteller gegenüber einer Romanfigur, deren Handlungsweise er nicht zu verantworten habe (vgl. Marcus 1974, S. 66). Die Romanfigur, die er verkörpert, ist die des „Wahrheitsfanatikers" (ebd., S. 69), der auf der Suche nach Bausteinen ist, die es ermöglichen, sein Bild vom Ganzen eines neuen Erkenntnisgebäudes zu vervollständigen.

Auch das ist der Freud des Falles Dora, der ruhelose Forscher, der rücksichtslos vorwärtsdrängt. Wir haben einen dämonischen Freud vor uns, einen Mann, der seinem *Daimon* dient. Der *Daimon*, in dessen Dienst Freud keine Grenzen kennt, ist der Geist der Wissenschaft, die Wahrheit, die „Realität" – für ihn sind sie identisch (ebd., S. 71).

Indessen vermute ich, daß Freuds Mitteilungen an Dora, soweit sie sich nahe an der Auslegung der Träume bewegten, der Imagination einen Rahmen zur Verfügung stellten, der das außerhalb Angesiedelte – Doras manifeste Ekelreaktion, ihre handfeste Empörung, ihr Kuppelei-Verdacht – berechtigt bleiben ließ. Dora konnte daher im Umfeld der Traumauslegung für die Aufklärung selbstverborgener Regungen zugänglich bleiben, ohne daß sie mit dem Verlust des Anrechts auf Protest bezahlen mußte.

Die Deutung des zweiten Traums bildet, so möchte ich behaupten, den Ausgangspunkt für Doras veränderte Wahrnehmung der Beziehung zwischen ihr und Herrn K. Dora hatte Freuds Vermutung zurückgewiesen, in ihre Beziehung zu Herrn K. seien seit langem auch libidinöse Wünsche eingegangen[13]. Diese Möglichkeit lehnte sie zunächst auch im Zusammenhang der Deutung des ersten Traumes ab. Freud hatte ihr, so schreibt er, gesagt, sie fürchte sich vor sich selber, vor ihrer Versuchung, Herrn K. nachzugeben.

---

12  David und de M'Uzan sprechen von einer „Gegenübertragung, die von einer Deutungstrunkenheit, an der die Patientin selbst in gewissen Augenblicken teilhat, geprägt ist" (David u. de M'Uzan 1968, S. 910).

13  „Aus ihrem Benehmen gegen die Kinder (...) ergab sich dieselbe Folgerung wie aus ihrer stillschweigenden Einwilligung in den Verkehr des Vaters mit Frau K., nämlich, daß sie all die Jahre über in Herrn K. verliebt gewesen war. Als ich diese Folgerung aussprach, fand ich keine Zustimmung bei ihr" (ebd., S. 113; s.a., S. 114).

„Sie bestätigen also dadurch (daß Sie die alte Liebe zum Papa wachrufen – K.B.), wie intensiv die Liebe zu ihm war" (ebd., S. 141)[14].

In der mittleren der drei letzten Sitzungen, die alle dem zweiten Traum gewidmet waren – er spielt auf die Szene am See an (vgl. ebd., S. 162) –, erhob Dora bei einem erneuten Vorstoß keinen Einspruch mehr (ebd., S. 170). Schließlich, zum letztmöglichen Zeitpunkt vor der Trennung, scheint Freud eine Formulierung gelungen zu sein, die an Doras heftiger aggressiver Reaktion die libidinöse Bedeutung aufgreift. Er habe zu ihr gesagt:

Es mußte also eine schwere Enttäuschung für Sie sein, als anstatt einer erneuten Werbung[15] das Leugnen und die Schmähungen von seiten des Herrn K. der Erfolg Ihrer Anklage wurden. Sie gestehen zu, daß nichts Sie so sehr in Wut bringen kann, als wenn man glaubt, Sie hätten sich die Szene am See eingebildet. ... die Werbung sei ernsthaft und Herr K. werde nicht ablassen, bis Sie ihn geheiratet (ebd., S. 174).

Freud hatte an Doras Wut immer den Ausdruck zurückgewiesener Liebe zu Herrn K. nachvollziehen können und daraus auf Rachsucht geschlossen. Indem er nun aber das Verbotene der Hoffnung in Gestalt des Mitgefühls für ihre „schwere Enttäuschung" zuläßt und so einen Einstellungswechsel vornimmt, findet eine Bedeutungsverschiebung von der Bloßlegung des Verbotenen weiblichen Begehrens zu seiner Akzeptanz statt. Diese Bedeutung war zuvor in der Fallgeschichte nicht vorgekommen.

Eine weibliche Tragik wird sichtbar: Herr K. hatte seine Liebeswerbung damit begründet, daß er nichts an seiner Frau habe (vgl. ebd., S. 166). Dora weist diese auf die sexuelle Objektwahl zielende Begründung, die sie mit einem Schlag in Herrn K.s Gesicht unterstreicht, zurück. Indem sie sich auf diese Weise verhält, handelt sie nicht nur aggressiv, sondern auch gemäß moralischen Erwartungen. Diese kulturelle Folgsamkeit trägt ihr jedoch den Verlust von Zärtlichkeit ein, deren Zuwendung sie sich, so sei vermutet, ebenfalls erhofft hatte. Ihr Verhalten bringt Dora ein, daß sie am Ende weder auf die eine noch auf die andere Weise, an K. etwas hat'[16].

---

14  Ich vernachlässige Doras unbewußte libidinöse Neigung zu Frau K.. Sie gibt der Beziehung zu K. eine weitere Bedeutung bei und verlangt, deren negative affektive Tönung noch einmal anders einzuschätzen.

15  Zum besseren Verständnis weise ich darauf hin, daß Dora ihre Eltern von der Liebeswerbung unterrichtet hatte und, so vermutet Freud realistisch, darauf gehofft hatte, K. werde, wenn er herbeizitiert würde, seine Werbung – trotz des Schlags ins Gesicht, den sie ihm versetzt hatte – wiederholen. Daß er statt dessen unter schweren Anschuldigungen Doras moralische Integrität bestritt, mußte Bestätigung für die Seite in ihr sein, die K. abgeneigt war (s.o., S. 53).

16  Mit dieser Unterscheidung lehne ich mich an spätere Ausführungen Freuds an. In „Über die allgemeinste Erniedrigung des Liebeslebens", dem zweiten der „Beiträge zur Psychologie des Liebeslebens" aus dem Jahr 1912 heißt es auf die psychische Impotenz auf den Mann bezogen: „Es sind hier zwei Strömungen nicht zusammengetroffen, deren Vereinigung erst ein völlig normales Liebesverhalten sichert, zwei Strömungen, die wir als die zärtliche und die sinnliche voneinander unterscheiden" (Freud 1910/12, S. 79). Hier trifft

## Dora

Das Vorgehen bei der Deutung der Träume macht Freuds Einsichten von ihrer männlichen Herkunft unabhängig und kommt der Frau Dora zugute. Doras Reaktion auf die letzte wiedergegebene Deutung scheint dies zu bestätigen.

Sie hatte zugehört, ohne wie sonst zu widersprechen. Sie schien ergriffen, nahm auf die liebenswürdigste Weise mit warmen Wünschen zum Jahreswechsel Abschied und – kam nicht wieder (ebd., S. 174).

15 Monate später stattete Dora Freud nochmals einen Besuch ab. Sie hatte, so vermute ich, ihren Gesprächen mit Freud entnommen, was ihrer inneren Auseinandersetzung dienlich sein konnte, und vernachlässigt, was sie für unzutreffend hielt. Diese innere Auseinandersetzung könnte sich jenseits des Vorbehalts gegenüber dem Therapeuten Freud abgespielt haben, weil dessen Gründlichkeit und Methodik trotz der Befangenheit in seiner männlichen Rolle ihr Anregungen bot, mit denen sie nur gewinnbringend umzugehen brauchte. Die Abbruchhandlung spricht für diese Vermutung, insofern die Art ihrer Ausführung – Dora hatte sie 14 Tage zuvor beschlossen[17], so sagt sie – auf ihre Fähigkeit schließen läßt, Distanz zur Behandlungssituation herzustellen. Erikson hebt aufgrund ähnlicher Überlegungen Doras „Bestehen auf der Aktion" (Erikson 1964, S. 155) hervor[18].

Freud erfährt von Dora, daß sie aus Anlaß der Versterbens eines Kindes der K. sich mit dem Ehepaar ausgesöhnt habe. Dora berichtet Freud, sie habe korrigierend, klärend und sich entlastend auf das Beziehungsgeflecht Einfluß genommen, in dem über sie verfügt worden war und unter dem sie gelitten hatte. Er schreibt:

Der Frau sagte sie: Ich weiß, du hast ein Verhältnis mit dem Papa, und diese leugnete nicht. Den Mann veranlaßte sie, die von ihm bestrittene Szene am See zuzugestehen, und brachte diese sie rechtfertigende Nachricht ihrem Vater. Sie hat den Verkehr mit der Familie nicht wieder aufgenommen (Freud 1905a, S. 185).

---

der Bannstrahl des Normalitätsurteils den Mann, der in einer Weise umfassend liebesfähig sein soll, die jedenfalls Simmel von vornherein ausschließt. Simmel zufolge besteht die *soziale* Normalität des Mannes darin, sich zwei attraktive Prioritäten zu erhalten: die sinnliche Beziehung zur Frau und die Leidenschaft für seine Betätigung als Kulturträger (vgl. Simmel 1911a; s.a. Freud 1905b, S. 101).

17  Diese Auslegung betont den sozialen Charakter der Beziehung Doras zu Freud. Sie ist durchaus mit der von Freud vereinbar, wonach Dora ihn wie die Gouvernante behandelt und fristgerecht kündigt, indem sie den Entschluß zum Behandlungsabbruch 14 Tage zuvor trifft.

18  „Freuds Bericht zeigt also, ... daß sich Dora nicht nur mit der Erkenntnis, sondern auch mit dem offiziellen Zugeständnis der historischen Wahrheit befaßte, während ihr Arzt auf der psychischen Realität *hinter* der historischen Wahrheit bestand: denn seiner Ansicht nach konnte nur ihr eigener Konflikt zwischen Liebe und Abgestoßensein das Wesen ihrer Symptome erklären" (Erikson 1964, S. 154).

Dora setzt sich gegen Leugnung, Lüge und Unaufrichtigkeit zur Wehr, Verhaltensweisen, deren Fragwürdigkeit durch Konvention abgeschwächt zu sein schien. Sie verändert durch diesen Schritt die Beziehungen, die alle Beteiligten zueinander unterhalten hatten. Freud gibt sie auf diese Weise zu erkennen, worauf seine Neutralität sich hätte hinbewegen können. Der durch die Behandlung gewonnene Spielraum stärkt sie als Akteurin.

Freuds Fallstudie zusammen mit meiner Auslegung vermittelt den Eindruck, Dora habe sich kulturell normierten Erwartungen entziehen wollen, die sich bezüglich ihres weiteren Lebens an sie richteten. Um eine solche Absicht in eine bestimmte Lebensweise zu überführen, hätte Dora über Spielraum verfügen müssen, sich diesen Erwartungen zu entziehen. Kulturell bot Wien um die Jahrhundertwende zweifellos eine Vielzahl an Anregungen. Der Vater war vermögend, die Familie gehörte dem aufgestiegenen jüdischen Bürgertum an, Bildung wurde geschätzt. Auch die persönlichen Grundlagen scheinen nicht gefehlt zu haben, wie die Schilderung eingangs und eine Reihe eher beiläufiger Angaben nahelegen: Dora „beschäftigte ... sich mit dem Anhören von Vorträgen für Damen und trieb ernstere Studien" (s.o., S. 47). Sie hatte intellektuelle Interessen, die zunächst die Nähe zum Bruder mitbegründet haben könnten, der später eine bedeutende Rolle in der sozialistischen Bewegung Österreichs spielte. Auch Hinweise darauf, daß Forderungen der Frauenbewegung auf fruchtbaren Boden hätten fallen können, gibt es. Doch standen die Chancen Doras, ihrem Leben auf der schmalen Grundlage, die die Behandlung geschaffen hatte, eine Wende zu geben, nicht gut. Mächtige institutionelle Hürden, denen sich Frauen gegenübersahen, wären zu überwinden gewesen. Das Versprechen von Sicherheit, das die institutionalisierte Verlaufsform für das Leben einer Frau wie Dora bot, darf nicht unterschätzt werden, ebensowenig der Schutz, den der jüdische Lebenszusammenhang gegen den massiven Antisemitismus in Wien geboten haben mag (vgl. Decker 1991, S. 14ff.). Dann, als Doras viertes Lebensjahrzehnt anbrach – sie war inzwischen verheiratet und hatte einen Sohn –, kam der Erste Weltkrieg, und ihr Mann erlitt eine ihn lebenslang beeinträchtigende Kriegsverletzung. Der Verfolgung durch die Nationalsozialisten konnte sie sich durch Emigration entziehen. Sie starb 1945 in New York[19].

## Baustein der Weiblichkeitstheorie

Daß die therapeutischen Möglichkeiten nicht ausgeschöpft werden konnten, weil Dora die Behandlung abbrach, hat Freud darauf zurückgeführt, daß er die „Übertragung" nicht erkannt habe, die Dora an ihm vornahm und die ein

---

[19]    Vgl. die ausführliche und sorgfältige Darstellung von Doras Leben in seinen kulturellen, sozialen und historisch-politischen Zusammenhängen bei Decker 1991.

Verhalten betrifft, das ‚eigentlich‘ an Herrn K. und ihren Vater hätte gerichtet sein sollen[20]. Eine solche übertragungstechnische Präparierung der Gespräche zwischen Freud und Dora fand nicht statt. Jedoch bin ich der Auffassung, auch die ausdrückliche Handhabung der Übertragung hätte der Selbstverborgenheit von Motiven nicht umfassend Herr werden können, auf die sich die Beziehungen zwischen den Geschlechtern zu Freuds Zeit stützten. Diese Motive waren unter Umständen selbst gegen korrigierende Erfahrungen resistent. Sie gewannen Einfluß auf Freuds Theorie der Weiblichkeit.

Die Fallstudie zeigt zwar – nicht zuletzt durch die Thematisierung der Sexualität –, daß die bürgerlich-viktorianische Sexualmoral ihre Selbstverständlichkeit zu verlieren begann. Aber die inhaltliche Ausführung des Themas spricht dafür, daß Veränderungen, als sie denkmöglich geworden waren, von Freud eher als Bedrohung des gesellschaftlichen Zusammenhalts eingeschätzt wurden, selbst wenn sie einzelnen Patientinnen bzw. Frauen Spielräume verschafft haben mochten, ihr Leben selbstbestimmt zu führen. Für diese Vermutung spricht der Einfluß, der von den wissenschaftlichen Erfahrungen bei der Behandlung Doras für die weitere Entwicklung von Freuds Theorie der Weiblichkeit[21] auch dann noch ausging, als die regelmäßige therapeutische Handhabung der Übertragung zum festen Bestandteil von Freuds klinischer Arbeit geworden war, aber keine Korrektur der frühen Vorurteilsbefangenheit erwirkte.

Freud emanzipierte sich zwar von der engen Sexualmoral seiner Zeit und nennt ‚die Dinge‘ Dora gegenüber beim Namen. Auf das unaussprechlich Heikle dieses Vorgehens spielt er mit dem französischen Ideom an: „J'appelle un chat un chat" (Freud 1905a, S. 123). Ich hatte gezeigt, daß sich in der Nüchternheit, die hierin auch zum Ausdruck kommt, weiterhin verinnerlichte moralisch-normative Urteile über Doras Ekelreaktion auf Herrn K.s Annäherung verbergen. In ihnen ist eine Gleichsetzung von männlicher mit allgemein menschlicher Sexualität enthalten. Diese Äquivokation bildet den unhaltbaren Kern von Freuds Weiblichkeitstheorie, die im Laufe der Zeit immer wieder Anstoß erregt hat[22]. Ausdrücklich vertritt Freud diese Position zuerst in den

---

[20]  Freud benutzte den Begriff der Übertragung im Nachwort zu „Bruchstück einer Hysterie-Analyse" bekanntlich zum ersten Mal als Fachterminus. Er verstand darunter „eine ganze Reihe früherer psychischer Erlebnisse", die „nicht als vergangen, sondern als aktuelle Beziehung zur Person des Arztes wieder lebendig (wird)" (Freud 1905a, S. 180).

[21]  Freud entwickelte seine Theorie der Weiblichkeit außer in den „Drei Abhandlungen ..." (1905b) zwischen 1923 und 1932 (vgl. Freud 1923; 1924; 1925; 1931; 1932, S. 119ff.). Auch kulturanalytische Aussagen und Urteile über die Frau standen unter dem Einfluß der Weiblichkeitstheorie (vgl. Freud 1908, S. 151; 1918, S. 159ff.;1930. S. 463).

[22]  Einstieg in die Thematik und Überblick gewähren Rohde-Dachser 1991; Mitscherlich-Nielsen u. Rohde-Dachser 1996; Fast 1984.

„Drei Abhandlungen zur Sexualtheorie" (vgl. Freud 1905b, S. 120), zuletzt in der „Neuen Folge der Vorlesungen ..." von 1932[23]

Es gibt nur eine Libido, die in den Dienst der männlichen wie der weiblichen Sexualfunktion gestellt wird. Wir können ihr selbst kein Geschlecht geben; wenn wir sie nach der konventionellen Gleichstellung von Aktivität und Männlichkeit selbst männlich heißen wollen, dürfen wir nicht vergessen, daß sie auch Strebungen mit passiven Zielen vertritt. Immerhin, die Zusammenstellung 'weibliche Libido' läßt jede Rechtfertigung vermissen (Freud 1932, S. 141).

Da für ihn Sexualität ausschließlich männlich ist, stellt sich Freud das Problem, Weiblichkeit so zu erklären, daß männliche Sexualität in ihr vorausgesetzt bleibt. Die Fallstudie enthält zwei Erwägungen, in denen eine Lösung hierfür vorbereitet ist. Nach der einen findet in der Entwicklung der Frau ein Geschlechtswechsel[24] der Sexualität statt:

In gewissem Sinne war es auch eine „Deckerinnerung", wenn sie aussprach, bis zu der ersten Krankheit habe sie mit dem Bruder Schritt halten können, von da an sei sie im Lernen gegen ihn zurückgeblieben. Als wäre sie bis dahin ein Bub gewesen, dann erst mädchenhaft geworden. Sie war wirklich ein wildes Ding, vom „Asthma" an wurde sie still und sittig. Diese Erkrankung bildete bei ihr die Grenze zwischen zwei Phasen des Geschlechtslebens, von denen die erste männlichen, die spätere weiblichen Charakter hatte (Freud 1905a, S. 151 Fn.).

Nach der anderen Erwägung löst sich ein Teil, der aus zwei Komponenten besteht, vom gesamten Komplex männlicher Sexualität ab. Wie ich gezeigt habe, sieht Freud als diesen Teil Doras Reaktivität und Passivität an. Auf ihn will er Dora festlegen. Er kehrt später in der Kennzeichnung des Weiblichen durch „das Objekt und die Passivität" wieder. Er bleibt der Frau nach dem Abschluß der Pubertät überlassen und bestätigt scheinbar, daß bei der Weiblichkeit „die Natur ihren Ansprüchen weniger sorgfältig Rechnung trägt als im Falle der Männlichkeit" (Freud 1932, S. 141).

Erst mit der Vollendung der Entwicklung zur Zeit der Pubertät fällt die sexuelle Polarität mit *männlich* und *weiblich* zusammen. Das Männliche faßt das Subjekt, die Aktivität und den Besitz des Penis zusammen, das Weibliche setzt das Objekt und die Passivität fort. Die Vagina wird nun als Herberge des Penis geschätzt, sie tritt das Erbe des Mutterleibes an (Freud 1923, S. 297f.).

---

23 Mitscherlich-Nielsen weist auf eine einschlägige Bemerkung von Freud im Brief vom 14.11.1897 an Fliess hin (vgl. Freud 1985; Mitscherlich-Nielsen 1975, S. 75).

24 „Ist die Übertragung der erogenen Reizbarkeit von der Klitoris auf den Scheidengang gelungen, so hat damit das Weib seine für die spätere Sexualbetätigung leitende Zone gewechselt, während der Mann die seinige von der Kindheit an beibehalten hat. In diesem Wechsel der leitenden erogenen Zone sowie in dem Verdrängungsschub der Pubertät, der gleichsam die infantile Männlichkeit beiseite schafft, liegen die Hauptbedingungen für die Bevorzugung des Weibes zur Neurose, insbesondere zur Hysterie. Diese Bedingungen hängen also mit dem Wesen der Weiblichkeit innigst zusammen" (Freud 1905b, S. 123).

Zeitraum der endgültigen Entwicklung der Sexualität zur Weiblichkeit ist mithin die Pubertät, wenn die Geschlechtsreife erlangt wird. In diese Zeit fielen auch die Konflikte, die Thema von Doras Behandlung waren. Erfolgreich abgeschlossen ist diese Phase, wenn die heranwachsende Frau die Vagina als vorrangige erogene Zone genitaler Befriedigung akzeptiert hat. Es nimmt daher nicht wunder, daß Freud sich alle weiter reichenden Lebensbezüge auf diese Lösung zugeschnitten denkt, wenn aber auch die Umkehrung dieses Satzes zutrifft: Mit Hilfe der Naturalisierung des Primats vaginaler Befriedigung läßt sich das – männlich-konservative – Interesse an der „Hörigkeit" der Frau, an ihrem „Besitz" und ihrer Treue im Einzelfall wie auch kulturell durchsetzen; das Männliche wäre nicht nur wissenschaftlich, sondern auch in Gestalt der Institutionalisierung von Reaktivität und Passivität in der monogamen Ehe das Objektive. Das Mittel ist die Virginität, ein kostbares, wohlgehütetes Gut, über das der Wert der unverheirateten jungen Frau gesichert wird (vgl. Pollak 1992, S. 212ff.).

Wer zuerst die durch lange Zeit mühselig zurückgehaltene Liebessehnsucht der Jungfrau befriedigt und dabei die Widerstände überwunden hat, die in ihr durch die Einflüsse von Milieu und Erziehung aufgebaut waren, der wird von ihr in ein dauerndes Verhältnis gezogen, dessen Möglichkeit sich keinem anderen mehr eröffnet. Auf Grund dieses Erlebnisses stellt sich bei der Frau ein Zustand von Hörigkeit her, der die ungestörte Fortdauer ihres Besitzes verbürgt und sie widerstandsfähig macht gegen neue Eindrücke und fremde Versuchungen. (...) Ein solches Maß von sexueller Hörigkeit ist in der Tat unentbehrlich zur Aufrechterhaltung der kulturellen Ehe und zur Hintanhaltung der sie bedrohenden polygamen Tendenzen, und in unserer sozialen Gemeinschaft wird dieser Faktor regelmäßig in Anrechnung gebracht (Freud 1918, S. 161f.).

Was wir heutzutage Adoleszenz nennen, umfaßte, so kann man aus Freuds Ausführungen schließen, zur Zeit der Behandlung von Dora eine vergleichsweise kurze, kulturell unbestimmte Zeitspanne des Heranwachsens zwischen sexueller Reife und Verehelichung. Adoleszenz war als entwicklungspsychologische Phase nicht vorgesehen. Entsprechend verhielt sich Freud als Therapeut, und argumentierte er als Autor. Möglicherweise aus Mangel an einem passenden Begriff für die Altersphase, in der Dora sich befindet, schwankt er, in Dora das Kind, das Mädchen oder die sexuell reife, weibliche Erwachsene zu sehen. So betrachtet, nimmt die Fallstudie über Dora die kulturanalytische Auslegung vorweg, nach der sich die Hochschätzung der Virginität zu Zwecken sozialisatorischer Kontrolle des weiblichen Entwicklungswegs und Adoleszenz als „zweite Chance" (im Sinne Mario Erdheims) bzw. als Zugangstor zur nicht-familialen Welt gegenseitig ausschließen.

Mit der Vernachlässigung der Adoleszenz entfallen reale Entwicklungsschritte in der weiblichen Sozialisation auch zu Doras Zeit nicht. Es kann aber auch nicht einfach unterstellt werden, Freud habe diesen Tatbestand vernachlässigt. Denn dann würde einer Auslegung seines Textes Raum gegeben, die sich eines entwicklungspsychologischen Wissens bedient, dessen Kulturgebundenheit an unsere Zeit offensichtlich ist[25]. Wahrscheinlicher ist, daß die Darstellung bezeugt, wie die motivationalen Resultate einer veränderten psychischen Entwicklung bei heranwachsenden Frauen gehemmt und unterdrückt wurden, während es jungen Männern gelang, mit ihren Vätern zu ringen und auch offen gegen Konventionen zu rebellieren (vgl. Csáky 1986, S. 142ff.). Die soziale Entität, die zur Domäne der Frau wird, die Familie, vollendet für sie eine biologische Teleologie des Weiblichen. Sie fügt die junge Frau „rückläufig", d.h., sie an Formen der Liebeszuwendung in der Kindheit verweisend, in ihren Rahmen ein (vgl. Freud 1905b, S. 127); das Rebellische bleibt im Griff männlicher Macht. Dora nützt es nichts, daß sie „sich gar nicht mehr mit ihrer Mutter (vertrug), die sie durchaus zur Teilnahme an der Wirtschaft heranziehen wollte" (s.o., S. 47).

Dora problematisiert diese in kulturellen Vorstellungen ihrer Zeit begründete Normalität, als sie für Freud fraglose Geltung besaß, bereits als schweres Hemmnis ihrer Verfügung über sich und ihre Möglichkeit, selbst ihr Leben zu entwerfen. Sie fördert die konservative Einstellung Freuds zu tage, von der dieser nicht ablassen wird. Die Weiblichkeitstheorie des späteren Werks wird noch zu Freuds Lebzeiten von der wissenschaftlichen Kritik erfaßt. Nicht von ungefähr waren Freuds Ausführungen über Weiblichkeit ab 1923 Repliken auf – vorwiegend weibliche – Kritiker, die selber die Sache der Psychoanalyse verfochten (vgl. Fliegel 1973).

Freuds Weiblichkeitstheorie ist vielfach kritisiert worden und hat keinen Bestand mehr. Mir kam es darauf an zu zeigen, daß sie mit Freuds klinischem Denken als Therapeut eng verknüpft ist. Die Fallstudie über Dora aber ist durch das leidenschaftliche Wahrheitsstrebens ihres Autors noch heute attraktiv, auch wenn sie historisiert werden muß. Es wäre ein Fehler, aufgrund der Relativierung gegen ihre Zeit auch ihre Geltung in Frage zu stellen. Andere Teile, wie Doras unbewußte homosexuelle Hinwendung zu Frau K. (vgl. de Lauretis 1994, S. 45ff.), operieren mit unverändert gültigem wissenschaftlichen Wissen, das aus dem Interpretationsmuster des Ödipuskomplexes schöpft, auf das ich aber nicht eingegangen bin. Weiterhin wird die Entdeckung der Übertragung mitgeteilt. Und nicht zuletzt wird die Fallstudie als geeignete Darstellungsform für wissenschaftliche Erkenntnisse eingeführt (vgl. Brooks 1984, S. 273; Brede 2002). Die Kriterien, nach denen sich die Gültigkeit der psychoanalytischen Fallstudie aber bemißt, harren noch heute genauerer Untersuchung.

---

[25] Diese kritische Anmerkung erfaßt nicht ausreichend die erkenntnispsychologische Untersuchung, die Vera King vorgelegt hat. In ihr wird Freuds Theorieentwicklung als strukturanalog zur Adoleszenzentwicklung von Dora behandelt (vgl. King 1995, insbesondere S. 248ff.). Bei King findet sich auch weitere einführende Literatur zu Doras Adoleszenz.

# Literatur

Brede, Karola (2002), Freud als Beobachter. Die Fallstudie „Bruchstück einer Hysterie-Analyse" von 1905, in: Psyche 56, 1

Brooks, Peter (1984), Reading for the plot. Design and intension in narrative, Oxford: Clarandon, 1992

Csáky, Moritz (1986), Die sozial-kulturelle Wechselwirkung in der Zeit des Wiener fin de siécle, in: Peter Berner, Emil Brix u. Wolfgang Mantl (Hrsg.), Wien um 1900. Aufbruch in die Moderne, München: Oldenbourg, S. 139-151

David, Christian, u. Michel de M'Uzan (1968), zusammen mit Pierre Marty u. Michel Fain, Der Fall Dora und der psychosomatische Gesichtspunkt, in: Psyche 33, 1979, S. 888-925

Decker, Hannah S. (1991), Freud, Dora, und Vienna 1900, New York: Free Press

Erikson, Erik H. (1964), Einsicht und Verantwortung. Die Rolle des Ethischen in der Psychoanalyse, Stuttgart: Klett, 1966

Fast, Irene (1984), Gender identity. A Differentiation Model, Hillsdale, N.J.: Analytic Press

Fliegel, Zenia Odes (1973), Freuds Theorie der psychosexuellen Entwicklung der Frau, in: Psyche 29, 1975, S. 813-834

Freud, Sigmund (1900), Die Traumdeutung, GW, Bd. 1/2, Frankfurt a. M.: S. Fischer, 1961

Freud, Sigmund (1905a), Bruchstück einer Hysterie-Analyse, in: ders., Studienausgabe, Bd. 6, Hysterie und Angst, Frankfurt a. M.: S. Fischer, 1971, S. 83-186

Freud, Sigmund (1905b), Drei Abhandlungen zur Sexualtheorie, GW, Bd. 5, Frankfurt a. M.: S. Fischer, 1968, S. 27-145

Freud, Sigmund (1908), Die „kulturelle" Sexualmoral und die moderne Nervosität, GW, Bd. 7, Frankfurt a. M.: S. Fischer, 1972, S. 141-167

Freud, Sigmund (1912), Beiträge zur Psychologie des Liebeslebens, II, Über die allgemeinste Erniedrigung des Liebeslebens, Frankfurt a. M.: S. Fischer, GW, Bd. 8, 1964, S. 78-91

Freud, Sigmund (1918), Beiträge zur Psychologie des Liebeslebens, III, Das Tabu der Virginität, GW, Bd. 12, Frankfurt a. M.: S. Fischer 1966, S. 159-180

Freud, Sigmund (1923), Die infantile Genitalorganisation, in: GW, Bd. 13, Frankfurt am Main: S. Fischer, 1967, S. 291-298

Freud, Sigmund (1924), Der Untergang des Ödipuskomplexes, GW, Bd. 13, Frankfurt a.M: S. Fischer, 1967, S. 393-402

Freud, Sigmund (1925), Über einige psychische Folgen des anatomischen Geschlechtsunterschieds, GW, Bd. 14. Frankfurt a. M.: S. Fischer, 1968, S. 17-30

Freud, Sigmund (1930) Das Unbehagen in der Psychoanalyse, GW, Bd. 14, Frankfurt a. M.: S. Fischer, 1964, S. 419-506

Freud, Sigmund (1931), Über die weibliche Sexualität, GW, Bd. 14, Frankfurt a. M.: S. Fischer, 1964, S. 515-537

Freud, Sigmund (1932), Neue Folge der Vorlesungen zur Einführung in die Psychoanalyse, GW, Bd. 15, Frankfurt am Main: S. Fischer, 1967

Freud, Sigmund (1985), Briefe an Wilhelm Fliess 1887-1904, hrsg. v. Jeffrey M. Masson, Frankfurt a. M.: S. Fischer, 1986

Glenn, Jules (1980), Freud's adolescent patients: Katharina, Dora and the „Homosexual Woman", in: Mark Kanzer u. Jules Glenn (Hrsg.), Freud and his Patients, New York: Jason Aronson, S. 23-47

Glenn, Jules (1986), Freud, Dora und das Kindermädchen. Eine Untersuchung der Gegenübertragung, in: Psyche 43, 1989, S. 522-534

Jennings, Jerry L. (1986), Die „Dora-Renaissance": Fortschritte in psychoanalytischer Theorie und Praxis, in: Psyche 44, 1990, S. 385-411

Kanzer, Mark (1980), Dora's imagery: The flight from a burning house, in: ders. u. Jules Glenn (Hrsg.), Freud and his Patients, Bd. 2, New York: Aronson, S. 72-82

King, Vera (1995), Die Urszene der Psychoanalyse. Adoleszenz und Geschlechterspannung im Fall Dora, Stuttgart: VIP

Lacan, Jacques (1952), Intervention on transference, in: Charles Bernheimer u. Claire Kahane (Hrsg.), In Dora's Case. Freud – Hysteria – Feminism, New York: Columbia Univ. Press, 1985, S. 92-104

Lauretis, Teresa de (1994), Die andere Szene. Psychoanalyse und lesbische Sexualität, Frankfurt am Main: Suhrkamp, 1999

Mann, Thomas (1936), Freud und die Zukunft (8. Mai 1936), in: ders. (1991), Freud und die Psychoanalyse. Reden, Briefe, Notizen, Betrachtungen, Frankfurt a. M.: S. Fischer TB, S. 68-91

Marcus, Steven (1964), Umkehrung der Moral. Sexualität und Pornographie im viktorianischen England, Frankfurt a. M.: Suhrkamp, 1979

Marcus, Steven (1974), Freud und Dora. Roman, Geschichte, Krankengeschichte, in: Psyche 28, S. 32-79

Mitscherlich-Nielsen (1989), Teil 1: Psychoanalyse und Feminismus – Widerspruch oder Ergänzung, Teil 2: Psychoanalyse der Aufklärung – nur für Männer?, in: Karola Brede (Hrsg.), Was will das Weib in mir?, Freiburg (Breisgau): Kore, S. 177-231

Mitscherlich-Nielsen, Margarete (1975), Psychoanalyse und weibliche Sexualität, in: dies. u. Christa Rohde-Dachser (Hrsg.), Psychoanalytische Diskurse über die Weiblichkeit von Freud bis heute, Stuttgart: Klett, 1996, S. 71-92

Pollak, Michael (1992), Wien 1900. Eine verletzte Identität, Konstanz: UVK, 1997

Rohde-Dachser, Christa (1991), Expedition in den dunklen Kontinent. Weiblichkeit im Diskurs der Psychoanalyse, Berlin: Springer

Simmel, Georg (1900), Philosophie des Geldes, Frankfurt a. M.: Suhrkamp, 1996

Simmel, Georg (1911a), Das Relative und das Absolute im Geschlechter-Problem, in: Philosophische Kultur. Über das Abenteuer, die Geschlechter und die Krise der Moderne. Gesammelte Essais (1923), Berlin: Wagenbach, 1983, S. 52-81

Simmel, Georg (1911b), Der Begriff und die Tragödie der Kultur, in: Philosophische Kultur. Über das Abenteuer, die Geschlechter und die Krise der Moderne. Gesammelte Essais (1923), Berlin: Wagenbach, 1983, S. 183-207

Vera King

# Entwürfe von Männlichkeit in der Adoleszenz

## Wandlungen und Kontinuitäten von Familien- und Berufsorientierungen[1]

Es liegt noch nicht allzulange zurück, dass in entwicklungspsychologischen oder jugendsoziologischen Schriften die Herausbildung einer stabilen ,Geschlechtsidentität' als eine Entwicklungsaufgabe der Adoleszenz formuliert wurde – ohne dabei die mit der herrschenden Ordnung und sozialen Konstruktion der Geschlechter verbundenen Machtbeziehungen differenziert einzubeziehen. Erst die Kritik und Analyse dieser tradierten Geschlechterordnungen durch die Frauen- und Genderforschung und insbesondere durch die Studien und Forschungen zur weiblichen Adoleszenz haben deutlich gemacht, dass die Herausbildung einer ,Geschlechtsidentität' unter den Bedingungen konventioneller Polarisierungen von ,Männlichkeit' und ,Weiblichkeit' die Ein- oder Unterordnung in eng gefasste und hierarchische Verhältnisse bedeuten kann, so dass sich aus dieser Perspektive die adoleszenzsoziologischen und -psychologischen Leitfragen verändern und erweitern müssen. Die Fragerichtung kann sich nicht mehr allein darauf beschränken zu untersuchen, wie sich Geschlechtsidentität herausbildet. Vielmehr geht es weiterhin um die Frage, ob und wie sich in der Adoleszenz die Möglichkeit entwickeln kann, konventionelle Bedeutungen von ,Männlichkeit' und ,Weiblichkeit' psychisch zu dekonstruieren und auf psychosozialer Ebene zu transformieren (King 2000a, b).

Eine von diesen Fragen geleitete soziologische Analyse hat sich dabei dem Problem zu stellen, dass sowohl die psychischen als auch die sozialen Dimensionen von Geschlecht als historisch und biographisch Gewordene und sozial Verankerte nicht beliebig oder willkürlich individuell veränderbar sind. Entsprechend muss die soziologische Analyse und Rekonstruktion ihr Augenmerk auf die Frage richten, wie und unter welchen Bedingungen konventionelle Geschlechterbilder auf sozialer und psychischer Ebene strukturiert, verändert oder reproduziert werden. Dabei spielt nun die Analyse der Adoleszenz eine entscheidende Rolle, da in dieser Phase der psychischen und sozialen Verarbeitung der körperlichen Geschlechtsreifung sich aus Kindern Männer und Frauen entwickeln und sozial hervorgebracht werden. Die Untersuchung der Adoleszenz sollte von daher ein zentrales Thema der

---

1    Dieser Beitrag ist zuerst erschienen in: *„Männlichkeitsentwürfe. Wandlungen und Widerstände im Geschlechterverhältnis"*, herausgegeben von Hans Bosse und Vera King, Frankfurt/M, Campus-Verlag, S. 92-107; abgedruckt mit freundlicher Genehmigung des Campus-Verlags.

chung der Adoleszenz sollte von daher ein zentrales Thema der Geschlechter- und Genderforschung darstellen. Ebenso wesentlich erscheint es, die Analyse der sozialen und psychischen Hervorbringungen und Konstruktionen von Männlichkeit und Weiblichkeit und die Analyse der sozialen und historischen Veränderungen von Geschlechterbedeutungen und -verhältnissen ins Zentrum der Jugend- und Adoleszenzforschung zu rücken. Beides kann in Bezug auf männliche Adoleszenz und auf die Entwürfe und Konstruktionen von Maskulinität in der Adoleszenz nicht umstandslos vorausgesetzt werden, obwohl gerade die Charakteristika des männlichen Lebenslaufs in vieler Hinsicht implizite Bezugspunkte sozialwissenschaftlicher Jugendforschung darstellten. Daher werden zunächst einige Probleme beleuchtet, die mit der Untersuchung männlicher Adoleszenz verbunden sind.

## 1. Männlichkeit in Jugend- und Adoleszenzforschung

Einerseits lässt ein Rückblick auf Debatten der Adoleszenzforschung, in denen Fragen der Geschlechterentwicklung thematisiert wurden, mitunter den Eindruck entstehen, als sei Jugend- und Adolezsenzforschung immer schon Männlichkeitsforschung gewesen: Beispielweise wurde inzwischen vielfach hervorgehoben, dass zahlreiche Annahmen über Jugend- und Adoleszenzentwicklung implizit oder auch explizit an männlichen Jugendlichen orientiert waren. Es wurde die verzögerte „Entdeckung der Mädchen" (Ostner 1984) innerhalb der Jugendsoziologie herausgearbeitet und kritisiert. Es wurde gezeigt, dass viele jugendsoziologische, entwicklungspsychologische und psychoanalytische Theorien dazu tendierten, männliche Entwicklungsverläufe geradezu normativ zu verallgemeinern (Flaake und King 1992) und Unterschiede zwischen den Geschlechtern in den Anforderungen und gesellschaftlichen Zumutungen auszublenden (Hagemann-White 1992). Übergreifend schien auch dort, wo psychologische (oder psychoanalytische) Konzepte rezipiert werden, Jugendsoziologie vor allem gegenüber den geschlechtsspezifischen adoleszenten Entwicklungen weiblicher Jugendlicher wenig sensibilisiert.

Andererseits zeigt sich bei genauer Betrachtung, dass dies auch für die geschlechtsspezifischen adoleszenten Entwicklungsprozesse männlicher Jugendlicher zutrifft. Denn die implizite Gleichsetzung des Männlichen mit dem Allgemeinen verdrängte zugleich die Frage nach den besonderen Konstitutionsbedingungen von Maskulinität. Die Gleichsetzung des Männlichen mit dem Allgemeinen hat die Ausblendung des Geschlechtlichen zumindest zur Folge (Meuser 1998, S. 109; Becker-Schmidt 2000), wenn wir sie nicht geradezu als ihre Funktion betrachten, und aus dieser Perspektive konnte Männlichkeit als Entwicklungsbedingung, als soziale Zuschreibung, Konstruktion oder zentrale Identifikation dann gerade nicht in den Blick kommen.

Entsprechend führte eine vielfach ‚geschlechtsneutralisierte' Jugendforschung auch im Verständnis männlicher Adoleszenz zu Verzerrungen oder
Ausblendungen, deren Auswirkungen noch bis heute spürbar sind. So gibt es
beispielsweise eine Reihe von Forschungsperspektiven, in denen zwar implizit oder explizit vorrangig männliche Jugendliche oder Adoleszente in den
Blick genommen werden – etwa, klassischerweise, in manchen Studien zu
Delinquenz und Rechtsextremismus oder auch in Studien über Jugendkulturen
oder Jugendszenen, ohne dass dabei immer sehr deutlich würde, inwiefern die
untersuchten Gegenstände mit spezifischen Verläufen und Konflikten männlicher Adoleszenzentwicklung in Zusammenhang stehen oder warum in den
untersuchten Gegenstandsfeldern männliche Jugendliche – und sei es nur
quantitativ – dominieren[2]. Ebenso wird zwar in modernisierungstheoretisch
geleiteten Jugendstudien oftmals dezidiert auf die Auflösungen tradierter
Geschlechterrollen verwiesen, eine genaue Analyse der inhaltlichen Bestimmungen der Veränderungen wie auch deren Formen steht jedoch in vieler
Hinsicht für adoleszente Entwicklungsprozesse junger Männer noch aus.
Nicht zufällig entwickelten sich umgekehrt explizite Formen männlicher
Jugendforschung einerseits aus der Frauen- und Geschlechterforschung und
der Pädagogik (vgl. z.B. Metz-Göckel, 1993, Böhnisch/Winter 1993,
Schnack/Neutzling 1990), in denen es jeweils um eine kritische Auseinandersetzung mit Bedingungen männlicher Sozialisation geht, und andererseits aus
ethnoanalytischer Perspektive (Bosse 1994), in der die Konstitution von
Männlichkeiten in der fremdkulturellen Analyse reflexiv konturiert werden
kann. Insgesamt können die theoretischen wie empirischen Anforderungen
dahingehend zusammengefasst werden, dass bei der Erforschung der sozialen
und psychischen Konstruktionen von Männlichkeit immer eine doppelte Analyse vorgenommen werden muss: einmal die Analyse der milieu-, zeit- oder
kulturspezifischen Entstehungs- und Reproduktionsbedingungen *konventioneller* männlicher Identitäten; zum andern die Untersuchung der *Wandlungen*
der sozialen und psychischen Strukturierungs- und Konstruktionsprozesse von
Männlichkeit. Das Verhältnis von Wandel und Kontinuität erschließt sich erst
über eine historisch-soziologische Reflexion und Rekonstruktion der veränderten Konstitutionsbedingungen von Männlichkeit in der Adoleszenz. Dazu
sollen zunächst einige Merkmale von Adoleszenz als einer Entwicklungsbedingung für Individuierungsprozesse skizziert werden.

---

2     Vgl. dagegen z. B. Matt 1999; Kersten/Steinert 1997, Messerschmidt 1997, Findei-
sen/Kersten 1999.

## 2. Adoleszenz als Bedingung für Individuierungsprozesse

Die Adoleszenz wird eingeleitet durch die körperlichen Veränderungen der Pubertät und geprägt durch jenen psychischen und sozialen Entwicklungs- und Bildungsprozess, bei dem die Eltern- und Selbstbilder im Prozess des Abschieds von der Kindheit modifiziert werden. Diese adoleszenten Umgestaltungen erfordern und ermöglichen unter günstigen Bedingungen zugleich, sich mit den psychischen und sozialen Bedeutungen des Geschlechts auf bislang unbekannte Weise auseinanderzusetzen und individuierte Vorstellungen von erwachsener ,Männlichkeit' oder ,Weiblichkeit' zu entwerfen. Es heißt – gleichfalls unter günstigen Bedingungen – sich schrittweise und altersangemessen mit unterschiedlichen Bedeutungsfacetten von Liebe und Arbeit befassen zu können und sowohl Ressourcen als auch Begrenzungen in erwachsene Lebensentwürfe zu übersetzen.

In diesem Sinne kann die Adoleszenz in Anknüpfung an Erikson (1959) als „psychosoziales Moratorium" bezeichnet werden. Ein Moratorium bezeichnet den Kern dessen, was die mit der Geschlechtsreifung verbundenen Entwicklungsprozesse überhaupt erst zur Adoleszenz macht: *die kulturell zur Verfügung gestellten Zeiträume* für das adoleszente Entwerfen, Erforschen, Experimentieren und Probehandeln. So ist mit dem Begriff des Moratoriums zugleich die zeiträumliche und von daher auch gesellschaftliche Dimension des psychischen Arbeitens an den äußeren und inneren Ablösungsprozessen, an der Verarbeitung des Verlusts der kindlichen Welt und an der Integration der herangewachsenen sexuellen und geschlechtsreifen Körperlichkeit von Jugendlichen umrissen (King 1999). Es bezeichnet Zeit und Raum für das notwendige spielerische Experimentieren mit Größenphantasien, mit Attacke und Versöhnung, Trennung und Wiederfindung und für das Erproben der schöpferischen Fähigkeiten (King 2000b). Ein psychosoziales Moratorium ist in diesem Sinne Bedingung der Möglichkeit der Trauer und der neuschöpfenden Individuierung, und die Qualität des jugendlichen Entwicklungsspielraums entscheidet mit darüber, in welchem Maße lebensgeschichtliche Konflikte und Defiziterfahrungen konstruktiv transformiert werden können, und in welchen Bereichen es zu selbsteinschränkenden oder destruktiven Konfliktlösungen kommt. Sind Jugendliche durch ein Übermaß an inneren Konflikt- oder Mangellagen überfordert oder stellt das soziale Umfeld keine Angebote und keinen Zeitraum bereit, um kreative Verarbeitungskapazitäten zu erproben und entfalten, so mündet die adoleszente Entwicklung vor allem in die Ausgestaltung von Wiederholungszwängen. Auf neue Weise wiederholen sich dann beispielsweise Konflikte von Vater oder Mutter, der Elternbeziehung oder der Elterngeneration im allgemeinen. Die Möglichkeiten der adoleszenten Individuierung hängen also sowohl davon ab, ob die Jugendlichen über ausreichende psychische Ressourcen verfügen, als auch davon, wieviel Entwicklungsspielraum und welche Hilfestellung sie von außen bekommen.

## 3. Historische Veränderungen männlicher Adoleszenz

Betrachten wir diese Überlegungen aus historischer Perspektive, so zeigt sich, dass sich die Bedingungen und Möglichkeiten der adoleszenten Entwicklungen sehr verändert haben und dass sie gesellschaftlich unterschiedlich verteilt sind. Nicht zufällig hat Bernfeld (1923) Merkmale der von ihm sogenannten „gestreckten Pubertät" anhand männlicher Jugendlicher bürgerlicher Schichten beschrieben: Adoleszenz entwickelte sich in westlichen Industriegesellschaften zunächst als Privileg männlicher Jugendlicher bürgerlicher Schichten, als durch neue Formen geschlechtlicher Arbeitsteilung und von (außerhäuslicher) Berufsarbeit (Schissler 1992) neue Bildungs- und Individualisierungsanforderungen entstanden. Mit dieser Etablierung eines adoleszenten Bildungsmoratoriums entstanden erstmals die Bedingungen für die Möglichkeit von Individuierung – allerdings, aus heutiger Sicht, in eingeschränkter Form: eingeschränkt nicht nur aufgrund der Privilegierung relativ kleiner Gruppen der männlichen Bevölkerung, eingeschränkt auch durch die Rigidität der Bildungsinstitutionen und die ständischen Momente der Geschlechtsrollen, die die Entwicklungsprozesse entsprechend stark geprägt und vielfach noch in ritualisierte Bahnen gelenkt haben.

Im Lauf des 20. Jahrhunderts hat sich Adoleszenz, wenn auch in unterschiedlichen Formen (Zinnecker 1986) und Chancenverteilungen, im Sinne eines Bildungsmoratoriums über soziale Schichten, Gruppen oder Milieus und schließlich über die tradierten Geschlechtergrenzen und -dualismen hinweg verbreitet. Da die traditionell bürgerliche Bestimmung der Frau als Hausfrau, Gattin und Mutter einen unvermittelten – daher eben gerade nicht adoleszenten – Übergang vom Kind-Sein zum Kind-Haben vorsah und praktisch wirksam werden ließ (vgl. King 1995, 2000b), kann als Auftakt weiblicher Adoleszenz die schrittweise erkämpfte Etablierung der Mädchenbildung um die Jahrhundertwende gelten – ein weitergehender Durchbruch erfolgte mit der Bildungsreform der 60er-Jahre, die für große Gruppen von Jugendlichen verlängerte und qualitativ veränderte Bildungsphasen ermöglichte. Mit dieser Verbreitung der Adoleszenz war zugleich eine Öffnung und Diversifizierung der Entwicklungsaufgaben, eine Vervielfältigung der Lebenslaufbahnungen und tradierten biographischen Muster verbunden – eine zunehmende Auflösung tradierter Übergangsformen aus der Kindheit in die Welt der Erwachsenen, zunehmende Verluste auch von Sicherheitsnetzen und tradierten „Auffangmilieus" (Oevermann 1998, S. 109), wie sie in ihren ambivalenten Bedeutungen unter dem Stichwort „Individualisierung der Jugendphase"[3] vielfach beschrieben worden sind. In diesen Prozessen der Individualisierung der Jugendphase und der Wandlungen von Übergängen kann wiederum die ge-

---

[3]  Vgl. Baethge 1985; zur Differenz von Individualisierung und Individuierung: Bosse/King 1998, S. 219ff.

sellschaftliche Erweiterung der institutionalisierten Adoleszenz für männliche Jugendliche um die schrittweise Institutionalisierung eines Bildungsmoratoriums für junge Frauen – d.h. die Etablierung und Durchsetzung weiblicher Adoleszenz – als eine der einschneidensten Wandlungen gelten. Dass diese Veränderungen vergleichsweise jung sind, veranschaulicht der Umstand, dass noch in den 50erJahren Bildungsprivilegien im wesentlichen für junge Männer reserviert blieben und zum Beispiel „Abitur ... wenn es zwischen gegengeschlechtlichen Geschwistern zu entscheiden galt – gesellschaftlich, sozial und familial völlig unkritisiert, die Söhne (machten)" (Born u.a., 1996, S. 92).

Dies bedeutete für männliche Jugendliche, dass das adoleszente Bildungs- und Berufsbildungsmoratorium sich für sie in einem gesellschaftlichen Raum abspielte, in dem Kooperation und Konkurrenz, soziale Kämpfe und Solidarität weitgehend geschlechtshomogen, also unter (jungen oder älteren) Männern, stattfanden und erlebt wurden – eine Erfahrungswelt, die mit dem Etablieren weiblicher Adoleszenz und der zunehmendem Partizipation von Frauen in Institutionen der Bildung und der Öffentlichkeit zumindest in manchen Bereichen nachhaltig verändert wurde. Junge Männer sind nun nicht mehr – zumindest nicht ausschließlich – in einen männerbündisch strukturierten öffentlichen Raum eingebunden, der – außer der Absicherung von Privilegien im Verhältnis zu Frauen[4] – auf psychologischer Ebene auch die Bedeutung innehat, männliche Identität zu stützen bzw. bestimmte Muster von Männlichkeit im Sinne der hegemonialen Ordnung der Geschlechter überhaupt hervorzubringen[5]. Die Auswirkungen dieser Veränderungen erscheinen bis heute in vielen Bereichen unabgeschlossen. Sie implizieren eine Aushöhlung tradierter Männlichkeitskonstruktionen etwa als „Mann unter Männern" in der Sphäre des Beruflichen, der Politik oder der Öffentlichkeit im allgemeinen. Sie bedeuten für männliche Adoleszente, nun auch im öffentlichen Raum mit der Notwendigkeit und Möglichkeit der Kooperation wie auch der Konkurrenz mit jungen Frauen konfrontiert zu werden. Schließlich – und hier liegt vielleicht das nachhaltigste Wandlungspotential – verändert der Umstand, dass zunehmend potenziell beide Geschlechter über ein adoleszentes Moratorium, einen adoleszenten Entwicklungsspielraum verfügen, *die Inhalte und Formen der Individuierung selbst*:

---

[4]  In historischer Perspektive besonders deutlich an den Auseinandersetzungen um die Mädchen- und Frauenbildung sowie die berufliche Bildung: „Explizit verband sich mit der um die Jahrhundertwende angelegten Doppelstruktur des Berufsbildungssystems die Intention der Sicherung eines auf Arbeitsteilung angelegten Geschlechterverhältnisses, das die Rolle des Mannes als Familienernährer und die von dieser abhängige Rolle der Frau als Familienerhalterin sichern sollte." (Born 1998, S. 104).

[5]  Zur ritualisierten Herstellung von ‚Männlichkeit' durch den Männerbund vgl. die ethnoanalytische Untersuchung von Bosse 1994. Bosse (2000a,b) verweist zudem darauf, dass sich auch in der Moderne analoge Strukturen der ‚Vermännlichung' finden. Vgl. auch Böhnisch/Winter 1993, S. 85.

Konnte im konventionellen patriarchalen Bild von Autonomisierungsprozessen die Dialektik von Bindung und Autonomie noch geschlechterpolarisierend aufgespalten werden – für Bindung und Fürsorge waren Frauen als Mütter zuständig – so ergibt sich aus den Ansprüchen der weiblichen Jugendlichen, ihrerseits die Möglichkeiten eines eigenständigen Lebens und autonomer Gestaltungen zu haben, für männliche Jugendliche eine neue Notwendigkeit, die Dimensionen von Fürsorge und Bezogenheit in die Entwürfe von Männlichkeit zu integrieren.

Das historische Heraustreten der jungen Frauen aus der ausschließlichen und unvermittelten, gleichsam hegemonialen Bestimmung zur Mutterschaft, das mit dem Entstehen einer weiblichen Adoleszenz genuin verbunden war, konfrontiert auch junge Männer mit neuen Anforderungen und Inhalten der Bilder von Elternschaft und Väterlichkeit. Dies würde zugleich bedeuten, Väterlichkeit mit den traditionell männlichkeitskonstitutiven Berufsidentität zu verknüpfen und die Geschlechtsrolle in diesem Sinne zu transformieren: eine historisch neue Entwicklungsaufgabe der Adoleszenz für junge Männer[6].

Ob und wie sich in der männlichen Adoleszenz veränderte Entwürfe der praktischen, psychischen und sozialen Neukonstellationen von Familien- und Berufsarbeit abzeichnen, *an der sich die Nachhaltigkeit von Veränderungen der Geschlechterbeziehungen und Konstruktionen wesentlich mit entscheidet*, soll nun genauer beleuchtet werden. Dabei werden die empirischen Befunde deutlich machen, dass sich zwar Wandlungen andeuten, aber sowohl auf institutioneller wie individueller Ebene in diesem Terrain auch die hartnäckigsten Widerstände liegen. Es wird sich zeigen, dass neue Herausforderungen im männlichen Lebenszusammenhang auch regressiv verarbeitet werden können – oder dass, mit anderen Worten, die Veränderungen über Generationen langsam und widersprüchlich vonstatten gehen.

## 4. Berufs- und Familienorientierungen in der männlichen Adoleszenz

Dass die Relationen von Veränderung und Kontinuität sich nicht einfach ablesen lassen, zeigt sich an den Befunden empirischer Forschungen, die – zumindest bei oberflächlicher Betrachtung – oftmals mehrdeutig erscheinen. Beginnen wir mit dem Vergleich männlicher und weiblicher Adoleszenz: Zahlreiche Indikatoren scheinen darauf hinzuweisen, dass die historischen Veränderungen, demographischen Verbreiterungen und temporalen Ausweitungen der Jugendphase zu Angleichungen männlicher und weiblicher Ado-

---

6  Erst unter solchen Voraussetzungen entsteht die Möglichkeit, dass das „für die moderne Gesellschaft grundlegende" und sozialisatorisch bedeutsame „Spannungsverhältnis zwischen dem intimen Binnenraum der Familie und der berufsrollenstrukturierten Außenwelt" (Allert 1998, S.11) nicht mehr geschlechterpolarisierend aufgespalten wird.

leszenz geführt haben. So hat sich für beide Geschlechter die Zeit von der Geschlechtsreifung bis zur Familiengründung stark verlängert und wird tendenziell im Dienste beruflicher und persönlicher Konsolidierung hinauszuzögern versucht (Seidenspinner u.a. 1996). Überwiegend beginnen beide Geschlechter früher und selbstverständlicher mit dem Experimentieren mit Beziehungen (Ostner 1999). Beide Geschlechter bemühen sich um Qualifikation und Ausbildung; „weibliche und männliche Jugendliche unterscheiden sich in vielen Regionen hinsichtlich sowohl der unteren wie der oberen Allgemeinbildungsabschlüsse nicht" (Born 1998, S.92). Beide Geschlechter betrachten den Beruf als bedeutsamen Lebensbereich (ebd., Geissler und Oechsle 1996), zugleich sind für beide Geschlechter Berufsfindungsprozesse unwägbarer und riskanter geworden und die Anforderungen an Planungskompetenz gestiegen (Timmermann 2000). Schließlich ist nach den Ergebnissen der 13. Shell-Jugendstudie 2000 die „Verbindung von *Berufsorientierung* und *Familienorientierung* ... geschlechterübergreifend eine unbestrittene Maxime (jeweils bei dreiviertel der Mädchen und der Jungen). (Hervorh. i.O., S. 345f.). Allerdings enden an diesem Punkt die Gemeinsamkeiten, denn während bei jüngeren Adoleszenten Berufs- und Familienorientierung geschlechtsübergreifend als „zusammengehöriges Paar, also nicht als widerstreitende Alternative, ... ganz eindeutig im Zentrum (stehen)", ändert sich diese Konstellation jedoch „bezeichnenderweise ... ausgerechnet bei den 22-24jährigen Frauen. Bei ihnen verlagert sich die Balance zwischen *Familien-* und *Berufsorientierung* zugunsten von Familie und Partnerschaft" (S. 15). Bei Jungen finden sich „im Altersverlauf kaum Änderungen ihrer Einstellungen" (S. 346). Junge Männer, so das Ergebnis auch zahlreicher anderer Studien, scheinen sich nach wie vor, *explizit oder implizit*, überwiegend als Familienernährer zu entwerfen (vgl. Sander 1995, S.378; Scherr 1995, S.123; Krüger 1995; Born 1998, S. 103; Kühn und Zinn 1998, S.76; Friebel u.a. 2000), indem sie davon ausgehen, dass die künftige Partnerin ihre Berufsbiographie für die Kinderbetreuung zumindest unterbricht. Entsprechend scheinen männliche Jugendliche zu großen Teilen davon auszugehen, dass sie selbst in der Planung ihrer Erwerbsbiographie keine familienbezogenen Diskontinuitäten antizipieren müssen (Fuchs-Heinritz 1990, S. 68) und entsprechend sind auch die Lebensentwürfe junger Männer „weitgehend ‚alltagsvergessen'" (Diezinger/Rerrich, 1999, S.182). Die Vision des Ernährers kann zwar ebenfalls zu erheblichen Belastungen führen und unter ungünstigen oder, zunehmend häufiger werdenden, unsicheren beruflichen Bedingungen eine Familiengründung verzögern oder auch verunmöglichen. Bislang wirkt sich diese Konstellation jedoch für die Erwerbsbiographie offenbar überwiegend günstig aus. Nach Krüger lassen daher auch „erst die *Verknüpfungsprinzipien*" von Beruf und Familie die *„Gegenläufigkeit* der Ungleichheitsspirale" im Geschlechterverhältnis deutlich hervortreten: „Das *positive Aufaddieren* von Geschlecht und Familie im männlichen gegenüber der *umgekehrt proportionalen Negativentwicklung* im weiblichen Lebenslauf." (1995, S.144). Entsprechend zeigen Längsschnittuntersuchungen über bildungs- und berufsbiographische Verläufe junger Männer und Frauen wie diejenigen von Friebel u.a. (2000), dass sich zwar als Resultat des erweiterten Bildungsmoratoriums für beide Geschlechter ein erhöhtes Bildungsniveau feststellen lässt – dass jedoch trotz der Erschütterungen des Arbeitsmarktes, die auch im männlichen Lebenslauf häufiger Diskontinuitäten erzeugen, sich die konventionell geschlechtsspezifischen oder geschlechtskonstituierenden Entwürfe und biographischen Muster durchsetzen und entsprechende Arbeitsteilungen reproduzieren.

Fassen wir die bisherigen Ergebnisse zusammen, so scheint sich die vielfach vermutete und konstatierte Freisetzung aus tradierten Geschlechtsrollen im Zuge reflexiver Modernisierungsprozesse (Beck/Beck-Gernsheim 1990) in Angleichungen männlicher und weiblicher Adoleszenz niederzuschlagen – in einschneidenden und weitgehenden Annäherungen in verschiedenen Bereichen, die zu Beginn des 20. Jahrhunderts in vieler Hinsicht noch weitab jenseits des Möglichen gelegen hätten. Auf der anderen Seite brechen sich diese Veränderungen auf phasenweise beinahe unmerkliche, aber nichtsdestotrotz nachhaltige Weise an der Frage der Antizipation und Vorbereitung der Vereinbarkeit und Verbindung von Familien- und Berufsarbeit und den entsprechend unterschiedlichen Einmündungen in Bildungs- und Berufssystem im Lauf der Adoleszenz. Die Bildungsforscher Friebel u.a. (2000) kommen daher zu der Feststellung, dass sich die „Geschlechtszugehörigkeit ... in der Bildungsbiographie ... als eine mehr oder weniger heimlich polarisierende Botschaft über Lebenskonzepte aus(wirkt)." (S. 76). Im besonderen präge auch die „familiäre Herkunft ... heute noch den Bildungsprozess des sich entwickelnden Subjekts in so anstößig prognostizierbarer Weise, dass hier alle Modernitäts- und Aufklärungsparadigmen scheinbar stumpf werden". Demnach gebe es einen „auch von Sozialwissenschaftlern noch dürftig enträtselten ... Bildungsprozess ... geschlechtlicher Identifikation in der Familie, der die makrostrukturelle Kontextuierung der Eltern (mehr oder weniger stärker der Väter) gleichsam in den Lebenslauf der Kinder einschreibt." (S.70).

Einzelne Facetten dieses ‚rätselhaften' Bildungsprozesses können erst deutlicher hervortreten, wenn die Dimensionen des Psychischen expliziter und differenzierter in den Blick genommen werden. Erst dadurch können auch die Ambivalenzen, Krisenpotentiale und Brüche des sich weitgehend immer noch durchsetzenden männlichen Lebensentwurfs als von Hausarbeit und Kinderfürsorge weitgehend ‚befreiter' Erwerbstätiger besser konturierbar werden. Wie können wir uns dementsprechend diesen „Bildungsprozess der geschlechtlichen Identifikation in der Familie" (ebd.) vorstellen?

## 5.  Familiale Identifizierungen

Wie entstehen die in hohem Maße geschlechtsdifferierenden (oder: Geschlechterdifferenzen hervorbringenden) Lebensentwürfe und Praxen in Hinblick auf Familien- und Berufsorientierung? Vor welchen *familialen* Hintergründen bilden sich die verbreitetere und offenbar intensivere Auseinandersetzung mit Vereinbarkeitsthemen bei jungen Frauen und die stärkere Vereinseitigung auf berufliche Orientierungen bei jungen Männern heraus? Diese Untersuchung der familialen Identifizierungsprozesse stellt eine notwendige Ergänzung dar zu den Analysen der institutionellen Strukturierungs- und Steuerungsprozesse durch Arbeitsmarkt, Bildungs- und Berufssystem. Denn die Eltern erlangen in der Adoleszenz eine große Bedeutung aufgrund der Lebensentwürfe, die sie repräsentieren und die sie sowohl als Mann oder Frau als auch als Paar gemeinsam realisieren konnten oder wollten. Diese Gesamtheit der elterlichen Entwürfe und Identitätsaspekte – und zwar sowohl jene, die verwirklicht wurden als auch jene, die angestrebt und erwünscht, aber unerreicht blieben – bilden einen Ausgangspunkt dafür, welche Entwürfe oder Identitätsprojekte die Töchter und Söhne in Hinblick auf Beruf und Lebensführung entwickeln können. Um also zu verstehen, welche Fäden Jugendliche in ihren Entwürfen und Identifikationen aufnehmen und neu zu spinnen beginnen, welchen Muster sie dabei vorfinden, ist es sowohl notwendig, Genealogien von Berufs- und Familientätigkeit und die Generationenveränderungen zu berücksichtigen, als auch, die gegenwärtigen Formen und Bewertungen der Arbeitsteilung einzubeziehen. So zeigen zum Beispiel Generationenvergleiche, wie sie von Born u.a. (1996) vorgenommen worden sind, dass junge Frauen heute anders als junge Männer in Hinblick auf Vereinbarkeitsfragen – sei es positiv oder negativ – auf Erfahrungen der vorausgehenden Müttergenerationen zurückgreifen können, ein Befund, der sich durch jugendsoziologische Studien untermauern lässt. Denn während sich weibliche Adoleszente oft stärker mit der Frage beschäftigen, wie die Mütter und weiblichen Leitbilder ihrerseits bereits die Verbindung zwischen familialen und beruflichen Identitäten bewältigt oder nicht bewältigt haben (Bohnsack 1989), so rücken für männliche Adoleszente – sei es negativ oder positiv – der Vater und andere wichtige männliche Bezugspersonen vor allem in Bezug auf die Berufslaufbahn in den Mittelpunkt (vgl. Scherr 1995, S. 107; Bohnsack 1989, S. 214, Gisbert 1999, S. 264). Dem entspricht auch, dass die Väter in den Schilderungen von Jugendlichen weniger in der fürsorglich-versorgenden, in diesem Sinne väterlichen Rolle in Erscheinung treten, sondern vor allem die Sphäre des Beruflichen repräsentieren – mitunter gar als Fremde im Familienalltag beschrieben worden sind (Bohnsack 1989, S. 274ff., 311)

Diese einseitige Verbindung des Vaters mit der Sphäre des Beruflichen wirft für die Söhne spezifische Probleme auf: Zum einen muss aufgrund des damit verbundenen Mangels an erfahrener Väterlichkeit jungen Männern die psychische und emotionale Binnendifferenzierung zwangsläufig schwerer fallen, wenn emotionale Kompetenz und Fürsorglichkeit ausschließlich mit Frauen erfahren wird und sich nicht mit männlichen (Vor-)Bildern verbinden lässt. Entsprechende Jugendstudien geben Hinweise darauf, dass die Binnendifferenzierung männlichen Jugendlichen schwerer fällt (Bohnsack 1989), dass sie länger brauchen, um ihre Bindungs- oder Beziehungskompetenzen zu stabilisieren[7] und Psychisches für sich wahrzunehmen und zu interpretieren (Böhnisch/Winter 1993, Roth 2000). Fürsorglichkeit mit sich und anderen wird unter solchen Voraussetzungen eher mit Mütterlich-Weiblichem konnotiert – mit der Folge, dass fürsorgliche Väterlichkeit einerseits und Männlichkeit andererseits in vieler Hinsicht als kontradiktorisch erlebt werden (Knijn 1995, King 2000c).

Eine ausschließliche oder vorrangige Verbindung von Männlichkeit mit der Sphäre des Beruflichen führt jedoch auch in den beruflichen Entwicklungspozessen selbst zu erheblichen Konflikt- und Krisenpotenzialen. So gestalten sich die psychischen Auseinandersetzungen um Konkurrenz und Anerkennung im Verhältnis zum Vater zwangsläufig schwieriger, wenn die Situierung in der beruflichen Sphäre das *Einzige* ist, was die väterliche Kompetenz ausmacht. Denn vieles spricht dafür, dass unter diesen Voraussetzungen „Männlichkeit" sich in hohem Maße über die berufliche Identität und über den damit auf psychischer Ebene verbundenen Vater-Sohn-Vergleich selbst konstituiert – oder genauer gesagt: über Erfolg und Anerkennung in diesem Terrain. Zwar gibt es Vermutungen darüber, dass „die Berufskarriere ... nicht mehr als alleiniger Maßstab für die männliche Biographie" (Tölke, 2000, S. 139) angesehen wird – wie auch die erste Erfahrung mit dem Arbeitsalltag gerade bei jugendlichen Lehrlingen zunächst eine Enttäuschungskrise (Bohnsack 1989) und phasenweise eine verstärkte Hinwendung zu anderen Lebensbereichen hervorrufen kann. Empirische Studien weisen jedoch zugleich daraufhin, dass die berufliche Identität und Anerkennung wie auch die Bedeutung der Herkunft für die berufliche Karriere und der berufsbezogene Vergleich mit dem Vater ihre zentrale Stellung behalten haben (vgl. dazu Behnke 2000, Tölke 2000, Bourdieu 2000, Friebel u.a. 2000, sowie die bereits erwähnten Interviews in Scherr 1995, Bohnsack 1989). Welch konstitutive und damit potenziell Krisen produzierende Bedeutung die Arbeit und die berufliche Identität für Vorstellungen von „Männlichkeit" haben, erweist sich zudem auf schlagende Weise an der offenbar tiefgreifenden Verunsicherung der männlichen Geschlechtsidentität bei Arbeitslosigkeit, wie sie in den

---

7  Nimmt man die längere Verweildauer männlicher Jugendlicher im Elternhaus oder die längere Inanspruchnahme elterlicher „Transferleistungen (materieller und immaterieller Art)" (Vascovics 1997, S. 158) sowie den Umstand, dass männliche Adoleszente weniger häufig als weibliche alleine leben (Ostner 1999, S. 37), als Indizien, so scheint jedenfalls auf dieser äußeren Ebene männlichen Adoleszenten auch die Ablösung von der Familie oftmals schwerer zu fallen.

Forschungen von Eggert-Schmid Noerr (1991) deutlich geworden sind – ein Zusammenhang, der gerade für die Krisenanfälligkeit arbeitsloser Jugendlicher von großer Bedeutung erscheint. Denn aus dieser Perspektive wird verständlich, dass gerade arbeitslose oder an den Rand des Arbeitsmarkts gedrängte männliche Jugendliche mitunter reaktiv die Insignien eigener Männlichkeit übersteigern und Zusammenhalt in entsprechend männerbündisch geprägten Gruppierungen suchen müssen.

Ein Blick auf die Forschungslage zu diesen Fragen lässt den Schluss zu, dass die verschiedenen Facetten dieses Zusammenhangs zwischen beruflicher und geschlechtlicher, zwischen beruflicher und männlicher Identität und deren Herausbildung in der Adoleszenz in vieler Hinsicht noch unausgelotet sind – vor allem in Hinblick darauf, dass die Beziehung zum Vater und die soziale Identität des Vaters dabei eine so große Rolle spielen. Anhand vorliegender Studien kann die sich in der adoleszenten Entwicklung abspielende Dramatik all jener um diese Fragen kreisenden, hochbesetzten Vorstellungen und intensiven Gefühlslagen jedoch erahnt werden – die Dramatik jener Fragen, die da lauten: Wie erfolgreich werde ich im Verhältnis zum Vater sein? Aber auch: Wie erfolgreich ist mein Vater selbst? Dass gerade auch der berufliche und soziale Misserfolg des Vaters unter bestimmten Voraussetzungen (die empirisch und theoretisch noch näher zu bestimmen wären) für männliche Jugendliche eine geradezu traumatisierende Wirkung hat, kann wiederum *ex post* aus solchen Studien geschlossen werden, in denen sozial auffällige oder deviante männliche Jugendliche erforscht worden sind (vgl. die Fallbeispiele in Helsper u.a. 1991). Auch einige Probleme der adoleszenten Kinder von Migranten sind aus dieser Perspektive verstehbar (Tertilt 1996, Sauter 2000, King/Schwab 2000). Denn soziale Integrationsprobleme, berufliche Misserfolge und fehlende gesellschaftliche Anerkennung bei Vätern oder Söhnen werden – unter den Voraussetzungen eines konventionell polarisierten Geschlechterverhältnisses – offenbar regelmäßig auch als Krise der Männlichkeit erlebt und können gerade bei Jugendlichen zu entsprechend kompensatorischen Inszenierungen von Männlichkeitsklischees führen.

Aber auch unter günstigeren Voraussetzungen im beruflichen Feld scheint die mangelnde Erfahrung mit alltäglicher und selbstverständlicher Väterlichkeit die Bedeutungen des Beruflichen und die damit verbundenen Anerkennungsfragen dramatisch zu verschärfen und dadurch auch die Spielräume für die Auseinandersetzungen mit der *Integration* von Arbeit und Liebe und eigenen Entwürfen von Väterlichkeit zu verringern. Da also gleichverantwortliche Väterlichkeit und geteilte Elternschaft historisch relativ neu und nur in beschränktem Maße als durchgesetzt gelten können, da zudem die Strukturen und Institutionen des Arbeitsmarkts solchen Bestrebungen noch kaum Rechnung tragen oder förderlich sind (Peinelt-Jordan 1996), können junge Männer in den Auseinandersetzungen um Integration zum einen auf wenig Vorgebahntes zurückgreifen. Auf der anderen Seite sind alte Muster und Entwürfe von Männlichkeit nach wie vor mit Privilegien und sozialen Gratifikationen verbunden. Beides trägt dazu bei, trotz verbreiteter Änderungen der normativen Leitlinien die Wandlungsresistenzen zu erhöhen.

Schließen wir den Kreis der Überlegungen und Befunde zur Frage der Integration von Liebe und Arbeit und der veränderten Arbeitsteilungen wiederum mit einem veranschaulichenden Vergleich der Generationen[8] anhand zweier Studien. So berichtet zum Beispiel Born (1998) aus einer Untersuchung mit Ehemännern aus der Generation der um 1930 Geborenen, dass diese rückblickend „kaum etwas zum Inhalt der Erwerbsarbeit ihrer Frauen sagen (können)" (S. 281, Anm. 121); sie blenden zudem „nicht nur häufig den Erwerbsverlauf der Frau aus ihrem Bewusstsein aus oder bezeichnen ihn als maximal randständig ... , sondern gleiches gilt für Probleme der Partnerin mit dem gemeinsamen Familienleben" (S.285). In einer Projektstudie von Timmermann (2000) mit männlichen Jugendlichen, die im Verhältnis zu den interviewten Männern der vorgenannten Studie deren Enkelgeneration angehören, wird – wie gezeigt wurde, übereinstimmend mit anderen Forschungen – deutlich, dass diese für ihre künftigen Partnerinnen zwar inzwischen eine Berufsausbildung für selbstverständlich erachten, keineswegs jedoch eine durchgängige Erwerbsarbeit, sondern eher Teilzeit-Beschäftigungen bevorzugen. Zugleich stoßen Besorgnisse und Ängste der weiblichen Jugendlichen vor Diskriminierung auf „Unverständnis", da nach den Vorstellungen der jungen Männer zwischen den Geschlechtern eine umfassende „Gleichsetzung" stattgefunden habe.

## 6. Resümee

In auffälligem Gegensatz zu veränderten gesellschaftlichen Diskursen und *Normen* zu den Themenbereichen Vaterschaft, geteilte Elternschaft und zu subjektiv hoher Wertschätzung von Väterlichkeit steht nach wie vor die im Verhältnis dazu wesentlich geringer realisierte *Praxis* alltäglicher väterlicher Fürsorge (Peinelt-Jordan 1996, S. 186). Diese geringere Praxis von Väterlichkeit stellt das strukturelle Pendant der fortgesetzten Ungleichheit der Geschlechter in den Erwerbs- und Berufsverläufen dar – und damit ein Retardierungsmoment im Prozess der Wandlungen und Modernisierungen der Geschlechterrollen. Denn diese Struktur, so wurde gezeigt, wirkt sich im Bildungsprozess männlicher Adoleszenter ungünstig auf deren Integrationskapazitäten aus: einmal als Identifikationsmanko in Bezug auf die erfahrbare und erlebte Väterlichkeit des eigenen Vaters. Zum andern erfahren männliche Adoleszente – gesellschaftlich, institutionell oder familial – wenig Anhalt,

---

[8]  Zur transgenerationalen Prägung von Geschlechterbildern durch die NS-Zeit vgl. Bründl 2000.

ihre Berufsbiographie anders als eine von Familienarbeit und Kinderbetreuung ‚befreite' zu planen, obgleich in Studien über erwachsene männliche Arbeitnehmer durchaus auch – weitgehend unrealisierte – Wünsche nach größerem Spielraum für Familienbezug erkennbar sind (ebd., S.186f.). In Hinblick auf die Wandlungen und Kontinuitäten der Entwürfe von Männlichkeit in der Adoleszenz lassen sich daher folgende Befunde festhalten:

- Partielle Aufhebungen der Geschlechterpolarisierungen entlang der Trennungslinie zwischen familialem und öffentlichem Raum, verbunden mit einer zunehmenden Etablierung weiblicher Adoleszenz im Lauf des 20. Jahrhunderts, haben für männliche Adoleszente neue ‚Entwicklungsaufgaben' geschaffen: eine verstärkte Herausforderung zur Integration von Bindung und Autonomie, von Fürsorge und Selbstbezug, von väterlichen und beruflichen Identitätsaspekten.
- Eine Genealogie von Väterlichkeit oder gar eine Genealogie der Integration von professioneller und väterlicher Identität, auf die männliche Adoleszente dabei äußerlich und innerlich zurückgreifen können, sind trotz partieller Änderungen der Normen bislang *praktisch* nur schwach etabliert.
- Die Strukturen des Arbeitmarkts und die sozialen Gratifikationen scheinen junge Männer auch dann eher in konventionelle Bahnungen und Männlichkeitsentwürfe zu lenken, wenn sie stärker familienorientierte und damit auch potenziell diskontinuierliche Optionen bevorzugen würden.
- Diese konventionellen Bahnungen und hegemonialen Männlichkeitsbilder (im Sinne Connells) wirken sich besonders fatal dann aus, wenn berufliche Entwicklungen instabil, prekär oder über lange Zeiträume offen bleiben, wie es zunehmend häufiger der Fall ist. Denn Probleme, Misserfolge oder fehlende Anerkennung in diesem Terrain müssen dann zwangsläufig den psychosozialen Kern der in der Adoleszenz ohnehin labilisierten Bilder der eigenen Männlichkeit berühren und können entsprechende Krisen und mitunter reaktive Kompensationen hervorrufen.
- Männliche Adoleszente, deren Vaterhunger ungestillt geblieben ist, werden eher zur Flucht in regressive Verarbeitungsformen und überkommene Männlichkeitsbilder neigen als jene, die an fürsorgliche Erfahrungen von Väterlichkeit anknüpfen und dadurch über entsprechende psychische Ressourcen für die adoleszenten Integrationsprozesse verfügen können.
- Schließlich erweist sich die Adoleszenz im Durchgang der verschiedenen Ebenen als eine Schaltstelle der sozialen Produktion und psychischen Konstruktionen von Geschlechterbedeutungen bzw. von ‚Männlichkeit': Wandlungen im Geschlechterverhältnis sind daher an Veränderungen der Adoleszenz gebunden und erfordern auf wissenschaftlicher Ebene entsprechend differenzierte theoretische Zugänge und forscherische Konzepte.

## Literatur

Allert, Tilman (1998), Die Familie. Fallstudien zur Unverwüstlichkeit einer Lebensform, Berlin.

Baethge, Martin (1985), Individualisierung als Hoffnung und als Verhängnis. Aporien und Paradoxien der Adoleszenz in spätbürgerlichen Gesellschaften oder: die Bedrohung von Subjektivität, in: Soziale Welt 36.

Beck, Ulrich/Beck-Gernsheim, Elisabeth (1990), Das ganz normale Chaos der Liebe, Frankfurt/M.

Becker-Schmidt, Regina (2000), Maskulinität und Kontingenz. Macht als Kompensation eines männlichen Konflikts, in: Bosse, Hans/King, Vera (Hg.): Männlichkeitsentwürfe. Wandlungen und Widerstände im Geschlechterverhältnis. Frankfurt/M., S. 71-82.

Behnke, Cornelia (2000), „Und es war immer, immer der Mann". Deutungsmuster von Mannsein und Männlichkeit im Milieuvergleich, in: Bosse, Hans/King, Vera (Hg.): Männlichkeitsentwürfe. Wandlungen und Widerstände im Geschlechterverhältnis. Frankfurt/M., S. 124-138.

Bernfeld, Siegfried (1923), Über eine typische Form der männlichen Pubertät, in: ders., Sämtliche Werke, hrsg. v. Ulrich Herrmann. Bd. 1. Theorie des Jugendalters, Weinheim 1991, S. 139-159.

Böhnisch, Lothar/Winter, Reinhold (1993), Männliche Sozialisation. Bewältigungsproblem männlicher Geschlechtsidentität im Lebenslauf, Weinheim.

Bohnsack, Ralf (1989), Generation, Milieu und Geschlecht. Ergebnisse aus Gruppendiskussionen mit Jugendlichen, Opladen.

Born, Claudia (1998), Bildung und Beruf – für Männer und Frauen gleiche Kategorien? in: Heinz, Walter, u.a. (Hg.): Was prägt Berufsbiographien? Nürnberg, S. 89-108.

Born, Claudia u.a. (1996), Der unentdeckte Wandel. Annäherung an das Verhältnis von Struktur und Norm im weiblichen Lebenslauf, Berlin.

Bosse, Hans (1994), Der fremde Mann. Jugend, Männlichkeit, Macht. Eine Ethnoanalyse. Frankfurt/M.

Bosse, Hans (2000a), Aufgaben und Fallen geschlechtsspezifischer Pädagogik mit männlichen Jugendlichen, in: King, Vera/Müller, Burkhard (Hg.), Adoleszenz und pädagogische Praxis. Bedeutungen von Geschlecht, Generation und Herkunft in der Jugendarbeit. Freiburg.

Bosse, Hans (2000b), Die Trennung vom Weiblichen. Rituelle und moderne Formen der Vermännlichung bei Adoleszenten, in: Bosse, Hans/King, Vera (Hg.): Männlichkeitsentwürfe. Wandlungen und Widerstände im Geschlechterverhältnis. Frankfurt/M., S. 51-70.

Bosse, Hans/King, Vera (1998), Die Ambivalenz zwischen der Angst vor dem Fremden und der Sehnsucht nach dem Fremden in der Adoleszenz. Fallanalyse einer Gruppe von Spätadoleszenten, in: König, H.-D.: Sozialpsychologie des Rechtsextremismus, Frankfurt, Suhrkamp, S. 216-256.

Bourdieu, Pierre (2000), Das väterliche Erbe. Probleme der Vater-Sohn-Beziehung, in: Bosse, Hans/King, Vera (Hg.): Männlichkeitsentwürfe. Wandlungen und Widerstände im Geschlechterverhältnis. Frankfurt/M., S. 83-91.

Bründl, Peter (2000), Innere Bilder des Männlichen in der Auseinandersetzung mit der NS-Geschichte, in: Bosse, Hans/King, Vera (Hg.): Männlichkeitsentwürfe. Wandlungen und Widerstände im Geschlechterverhältnis. Frankfurt/M., S. 108.123.

Deutsche Shell (2000) (Hg.), Jugend 2000, Band 1 u. 2, Opladen.

Diezinger, Angelika/Rerrich, Maria (1998), Die Modernisierung der Fürsorglichkeit in der alltäglichen Lebensführung junger Frauen.: Neuerfindung des Altbekannten? in: Oechsle, Mechthild/Geissler, Birgit (Hg.), Die ungleiche Gleichheit. Junge Frauen und der Wandel im Geschlechterverhältnis, Opladen, S. 165-184.

Eggert-Schmid Noerr, Anne (1991), Geschlechtsrollenbilder und Arbeitslosigkeit. Mainz.

Erikson, Erik (1959), Identität und Lebenszyklus, Frankfurt/M. 1966.

Findeisen, Hans-Volkmar/Kersten, Joachim (1999), Der Kick und die Ehre. Vom Sinn jugendlicher Gewalt. München.

Flaake, Karin/King, Vera (1992), Psychosexuelle Entwicklung, Lebenssituation und Lebensentwürfe junger Frauen. Zur weiblichen Adoleszenz in soziologischen und psychoanalytischen Theorien, in: dies. (Hg.), Weibliche Adoleszenz. Zur Sozialisation junger Frauen, Frankfurt/M., S. 13-39.

Friebel, Harry u.a. (2000), Bildungsbeteiligung: Chancen und Risiken. Eine Längsschnittstudie über Bildungs- und Weiterbildungskarrieren in der ‚Moderne', Opladen.

Fuchs-Heinritz, Werner (1990), Biographische Studien zur Jugendphase, in: KZfSS, Sonderheft 31, Lebensläufe und sozialer Wandel, S. 58-88.

Geissler, Birgit/Oechsle, Mechthild (1996), Lebensplanung junger Frauen. Zur widersprüchlichen Modernisierung weiblicher Lebensläufe, Weinheim.

Gerhard, Ute (1995), Die ‚langen Wellen' der Frauenbewegung – Traditionslinien und unerledigte Anliegen, in: Becker-Schmidt, R./Knapp, G.-A. (Hg.), Das Geschlechterverhältnis als Gegenstand der Sozialwissenschaften, Frankfurt/M., S. 247-278.

Gisbert, Kristin (1999), Geschlechtsidentität und Fachinteresse: Psychologisch-biographische Analysen geschlechtstypischer und -untypischer Studienwahlen. Dissertation, Univ. Frankfurt/M.

Hagemann-White, Carol (1992), Berufsfindung und Lebensperspektive in der weiblichen Adoleszenz, in: Flaake Karin/King, Vera (Hg.), Weibliche Adoleszenz. Zur Sozialisation junger Frauen. Frankfurt/M., S. 64-83.

Helsper, Werner u.a. (1991), Jugendliche Aussenseiter. Zur Rekonstruktion gescheiterter Bildungs- und Ausbildungsverläufe. Opladen.

Kersten, Joachim/Steinert, Heinz (Hg.) (1997), Starke Typen. Iron Mike, Dirty Harry, Crocodile Dundee und der Alltag von Männlichkeit, Baden-Baden (Jahrbuch für Rechts- und Kriminalsoziologie).

King, Vera (1995), Die Urszene der Psychoanalyse. Adoleszenz und Geschlechterspannung im Fall Dora. Stuttgart.

King, Vera (1999), Der Ursprung im Innern, in: Brech, Elke u.a. (Hg.), Weiblicher und männlicher Ödipuskomplex, Göttingen, S. 204-229.

King, Vera (2000a), Geschlechtsidentität, in: Mertens, Wolfgang/Waldvogel, Bruno (Hg.), Handbuch psychoanalytischer Grundbegriffe. Stuttgart. S. 245-249.

King, Vera (2000b), Identitätsbildungsprozesse in der weiblichen Adoleszenz. In: Wiesse, Jörg (Hg.): Identität und Einsamkeit, Göttingen, S. 53-70.

King, Vera (2000c), Tochterväter. Dynamik und Veränderungen einer Beziehungsstruktur, in: Walter, Heinz (Hg.): Männer als Väter. Sozialwissenschaftliche Theorie und Empirie, Konstanz, im Erscheinen.

King, Vera/Müller, Burkhard (2000) (Hg.), Adoleszenz und pädagogische Praxis. Bedeutungen von Geschlecht, Generation und Herkunft in der Jugendarbeit. Freiburg.

King, Vera/Schwab, Angelika (2000): Flucht und Asylsuche als Entwicklungsbedingungen der Adoleszenz. Ansatzpunkte pädagogischer Begleitung am Beispiel einer Fallgeschichte, in: King, Vera/Müller, Burkhard (2000) (Hg.), Adoleszenz und pädagogische Praxis. Bedeutungen von Geschlecht, Generation und Herkunft in der Jugendarbeit. Freiburg.

Knijn, Trudie (1995): Hat die Vaterschaft noch eine Zukunft? Eine theoretische Betrachtung zu veränderter Vaterschaft. In: Armbruster, Christof u.a. (Hg.): Neue Horizonte? Sozialwissenschaftliche Forschung über Geschlechter und Geschlechterverhältnisse. S. 171- 192.

Krüger, Helga (1995), Prozessuale Ungleichheit, in: Berger, P./Sopp, P. (Hg.), Sozialstruktur und Lebenslauf, Opladen.

Kühn, Thomas/Zinn, Jens (1998), Zur Differenzierung und Reproduktion sozialer Ungleichheit im Dualen System der Berufsausbildung., in: Heinz, Walter, u.a. (Hg.): Was prägt Berufsbiographien? Nürnberg, S. 54-88.

Matt, Eduard (1999): Jugend, Männlichkeit und Delinquenz. Junge Männer zwischen Männlichkeitsritualen und Autonomiebestrebungen. In: ZSE, 19. Jg., 1999, Heft 3, S. 259-276.

Messerschmidt, James W. (1997): Crime as Structured Action: Gender, Race, Class and Crime in the Making, Thousand Oaks.

Metz-Göckel, Sigrid (1993). Jungensozialisation oder Zur Geschlechterdifferenz aus der Perspektive der Jungenforschung., in: Zeitschrift für Frauenforschung 11, Heft 1+2, S. 90-110.

Meuser, Michael (1998), Geschlecht und Männlichkeit. Soziologische Theorie und kulturelle Deutungsmuster. Opladen.

Oevermann, Ulrich (1998), Zur soziologischen Erklärung und öffentlichen Interpretation von Phänomenen der Gewalt und des Rechtsextremismus bei Jugendlichen. Zugleich eine Analyse des kulturnationalen Syndroms, in: König, Hans-Dieter (Hg.), Sozialpsychologie des Rechtsextremismus, Frankfurt, S. 83-125.

Ostner, Ilona (1986), Die Entdeckung der Mädchen. Neue Perspektiven für die Jugendsoziologie, in: KZfSS, 38. Jg.: S. 352-371.

Ostner, Ilona (1999), Ehe und Familie – Konvention oder Sonderfall? Ursachen, Probleme und Perspektiven des Wandels der Lebensformen, in: Zeitschrift für Familienforschung 1, S. 32-51.

Peinelt-Jordan, Klaus (1996), Männer zwischen Familie und Beruf, München.

Roth, Marcus (2000), Körperliche Beschwerden als Indikator für psychische Auffälligkeiten bei 12- bis 16jährigen Schülerinnen und Schülern der Sekundarstufe I, in: Psychologie in Erziehung und Unterricht, Nr. 47/1, S. 18-28.

Sander, Dieter (1995), Ambivalenzen und Konfliktvermeidungsstrategien bei ledigen Frauen und Männern, in: Nauck, Bernhard/Onnen-Isemann, Corinna (Hg.), Familie im Brennpunkt von Wissenschaft und Forschung, Neuwied, S. 369-382.

Sauter, Sven (2000), Wir sind ‚Frankfurter Türken'. Adoleszente Ablösungsprozesse in der deutschen Einwanderungsgesellschaft, Frankfurt/M.

Scherr, Albert (1995), Soziale Identitäten Jugendlicher. Politische und berufsbiographische Orientierungen von Auszubildenden und Studenten, Opladen.

Schissler, Hanna (1992), Männerstudien in den USA, in: Geschichte und Gesellschaft 18, S. 204-220.

Schnack, G./Neutzling, R. (1990), Kleine Helden in Not. Jungen auf der Suche nach Männlichkeit, Reinbek.

Seidenspinner, Gerlinde u.a. (1996), Junge Frauen heute – Wie sie leben, was sie anders machen, Opladen.

Tertilt, Hermann (1996), Turkish Power Boys. Ethnographie einer Jugendbande, Frankfurt/M.

Timmermann, Evelyn (2000), Lebens- und Berufswegplanung in der Adoleszenz, in: King, Vera/Müller Burkhard (Hg.), Adoleszenz und pädagogische Praxis. Bedeutungen von Geschlecht, Generation und Herkunft. Freiburg.

Tölke, Angelika (2000), Private Lebenssituation und Karriereentwicklung in männlichen Biographien, in: Bosse, Hans/King, Vera (Hg.): Männlichkeitsentwürfe. Wandlungen und Widerstände im Geschlechterverhältnis. Frankfurt/M., S. 139-154.

Vascovics, Laszlo A. (1997), Generationenbeziehungen. Junge Erwachsene und ihre Eltern, in: Liebau, Eckart (Hg.), Das Generationenverhältnis, Weinheim, S. 141-160.

Zinnecker, Jürgen (1986), Jugend im Raum gesellschaftlicher Klassen. Neue Überlegungen zu einem alten Thema, in: Heitmeyer, Wilhelm (Hg.): Interdisziplinäre Jugendforschung, Weinheim, S. 99-132.

Vera Moser

# Adoleszenz und Verwahrlosung

Geschlechtsbezogene Typisierungen in der
Gründungsphase der Sozial- und Sonderpädagogik


## 1. Männlichkeit und Weiblichkeit im Blick der Geschlechterforschung

Normative Vorstellungen über weibliches und männliches Verhalten gelten
als Bestandteil unseres Alltagswissens und sind dennoch kaum belegbar. Bereits vor mehr als zwanzig Jahren haben empirische Studien nachgewiesen,
daß es kein ausschließlich männliches oder weibliches Verhalten gebe.[1] Das
macht die Situation der empirischen Geschlechterforschung nicht gerade ein-
facher und läßt weiterhin die Frage unbeantwortet, innerhalb welcher Kontex-
te ein ‚Wissen‘ über Weiblichkeit und Männlichkeit verankert ist.

Die gegenwärtige diesbezügliche Theoriebildung geht von einem System
der Zweigeschlechtlichkeit aus, das allerdings nicht eindeutig zu identifizieren ist. Es handelt sich hierbei um eine strukturalistische Position, die Kultur
als erzeugt auf einer Folie versteht, innerhalb derer Gesellschaft, aber auch
die individuelle Sozialisation entsteht, gleich einem Schachbrett, das die
Spielzüge vorstrukturiert. Die Annahme eines Systems der Zweigeschlechtlichkeit besagt, daß ein weiblicher Geschlechtsentwurf an einem männlichen
kontrastiert ist und umgekehrt, ohne aber konkret inhaltliche Determinationen
vorzunehmen. Das heißt, daß die Ausformung individuellen Verhaltens einerseits unbestimmt, aber andererseits u.a. geprägt ist durch die bewußte und unbewußte Hereinnahme einer zweigeschlechtlichen Struktur, also durch Kon-
trastierungen, Differenzsetzungen. Eine solche Sichtweise, so betonen Regine
Gildemeister und Angelika Wetterer, bewahre „vor dem Mißverständnis, das
Geschlecht sei irgendwo im Individuum zu verankern, als Merkmal oder Eigenschaft von Personen dingfest zu machen, die im Alltagshandeln nur ihren
Ausdruck finden.“[2]

---

1    E.E. Maccoby/C.N. Jacklin: The Psychology of Sex Differences. Stanford 1974
2    Regine Gildemeister/Angelika Wetterer: Wie Geschlechter gemacht werden. Die soziale
    Konstruktion der Zweigeschlechtlichkeit und ihre Reifizierung in der Frauenforschung, in:
    Gudrun-Axeli Knapp/Angelika Wetterer (Hrsg.): Traditionen – Brüche. Entwicklungen
    feministischer Theorie. Freiburg 1995 (2. Aufl.). S. 213

Über die Herkunft dieses Systems, seine Wirkungsweisen herrschen unterschiedliche Auffassungen:

Der klassische ökonomische Ansatz behauptet z.B., daß es sich hierbei um die Folge gesellschaftlicher Arbeitsteilung handele, somit die Aufteilung in unbezahlte Hausarbeit und Erwerbsarbeit dieses System geschlechtercodiert hervorbringe und stabilisiere.

Sozialisationstheoretische Annahmen legen eher den Fokus auf den Prozeß der Erziehung, der Rollenübernahme und weiterer gesellschaftlicher, wie beispielsweise medialer Einflüsse. Von hier aus werden geschlechtsbezogene Einschreibungen in das Subjekt angenommen.

Gegenwärtig am stärksten diskutiert wird das Konzept des ‚doing gender‘, welches zwar die Orientierung am System der Zweigeschlechtlichkeit beobachtet, diese aber nicht mehr zwingend auf historische oder strukturelle Begründungsmuster beziehen will. In diesem Sinne gilt das System der Zweigeschlechtlichkeit lediglich als soziales Ordnungsmuster.[3] Von hier aus erscheint es zunächst plausibel, dieses System dem freien Spiel zur Verfügung zu stellen, wie u.a. Judith Butler postuliert, in welchem mögliche strukturelle Gefüge wie beispielsweise Hierarchien, zum Verschieben gebracht oder außer Kraft gesetzt werden können. Der Schwerpunkt dieses Ansatzes liegt in der Erkenntnis, daß soziale Ordnungen und Strukturen Konstruktionen sind, die der kreativen Veränderbarkeit unterliegen, indem in und mit ihnen agiert wird und nicht, wie vielleicht die klassische Position der Aufklärung noch formulierte, auf der Grundlage von Erkenntnis und Interessenvertretung.

Ohne an dieser Stelle diese unterschiedlichen Positionen diskutieren zu wollen, soll jedoch für den Zusammenhang des Themas ‚Verwahrlosung‘ darauf aufmerksam gemacht werden, daß hier fixierte Bestimmungen von weiblichem und männlichem Verhalten in der Tat vorliegen, nämlich in der psychiatrischen, sozial- und sonderpädagogischen Literatur. Diese Wissenschaften beziehen sich auf normative, vielfach statistisch ermittelte Werte, die über kulturelle Übereinkünfte über abweichendes Verhalten Auskunft geben. Daß dabei zugleich geschlechtsspezifisch operiert wird, soll im folgenden dargestellt und im strukturellen System der Zweigeschlechtlichkeit verortet werden.

## 2. Die Klientel der Heil- und der Sozialpädagogik

Die Konstruktion der Klientel der Sozial- und Heilpädagogik ist im wesentlichen abhängig vom Selbstverständnis dieser Disziplinen. Beide können als Zeitraum ihrer Gründung den Beginn des 20. Jahrhunderts reklamieren und

---

3 Vgl. hierzu Gildemeister/Wetterer a.a.O., sowie die Ansätze von Helga Kelle, Bettina Dausien u.a.

stritten zunächst um die gleiche Klientel – nämlich um die Gruppe der Fürsorgezöglinge, die der Verwahrlosung anheim falle bzw. davon bedroht sei. Diese neue Klientengruppe (und damit zugleich auch ein neuer Beruf) entstand aufgrund einer veränderten gesellschaftlichen Situation, die mit dem Prozeß der Industrialisierung grob zu umreißen ist, welcher sich in Deutschland vor allem in der zweiten Hälfte des 19. Jahrhunderts vollzog. Die damit einhergehende zunehmende Verstädterung veränderte die strukturellen Lebensbedingungen fundamental: Wohnten 1871 noch zwei Drittel der Gesamtbevölkerung von 41 Mio. in ländlichen Gemeinden und nur knapp 5 % in vier Großstädten, so hatte sich die Gesamtpopulation 1910 um 50 % vermehrt, wovon nunmehr schon knapp ein Viertel in mittlerweile 48 Großstädten lebte.[4] Für die hiermit verbundenen sozialen Probleme, bedingt durch die Auflösung traditioneller Familien- und lokaler Bezugssysteme und der Auflösung der traditionellen Einheit von Arbeit und Leben, standen noch keine professionellen Lösungsstrategien zur Verfügung, um hygienische, soziale und moralische Standards unter den veränderten Bedingungen zu realisieren. Die in diesem Kontext sich ausformenden neuen Professionen, zu denen schließlich auch die Sozialpädagogik zu rechnen ist, dienten einerseits der Unterstützung der individuellen Lebensbewältigung, andererseits aber auch der sozialen Kontrolle, indem sie zugleich deviante oder unangepaßte Strategien bearbeiteten und damit unter der Hand sanktionierten. Somit wurden nicht nur materielle, sondern nunmehr auch psychosoziale Notstände als vom Staat zu bearbeitende Problemlagen anerkannt. Roland Merten und Thomas Olk schreiben: „Die Etablierung des Sozialstaates gestattet es nunmehr tendenziell, den Blick von der ausschließlichen Fixierung auf materielle Problemlagen zu lösen und auf den Bereich der psychosozialen Verelendung zu erweitern."[5]

Die sich in Deutschland durchsetzende bürgerliche Sozialreform verfolgte, so Christoph Sachße, „das Modell einer sozialen Integration der Unterschichten in die vorgegebene Gesellschaftsordnung"; damit „setzte sie [auf, V.M.] die Integrationskraft einer sozialen Verpflichtung des bürgerlichen Mittelstandes, die am gesellschaftlichen Ganzen, der ‚Einheit der Nation' orientiert und in der zeitgenössischen Nationalökonomie als ‚ethischer' Sozialwissenschaft ausformuliert war."[6] Daran konnte gleichzeitig die bürgerliche Frauenbewegung des späten 19. und beginnenden 20. Jahrhunderts anknüpfen: „Während die herkömmliche ehrenamtliche Armenfürsorge eine Domäne der Männer war, entwickelten sich die neu entstehenden Fürsorgebereiche als exklusive Tätigkeitsfelder der Frau. Sie galten als spezifisch ‚wesensgeeignet'

---

4     Vgl. Christoph Sachße: Mütterlichkeit als Beruf. Sozialarbeit, Sozialreform und Frauenbewegung 1871-1929. Opladen 1994 (2. Aufl.). S. 19
5     Roland Merten/Thomas Olk: Sozialpädagogik als Profession. Historische Entwicklungen und künftige Perspektiven, in: Arno Combe/Werner Helsper: Pädagogische Professionalität. Frankfurt 1996. S. 583
6     Sachße, a.a.O., S. 10

für Frauen. Und hier sah die bürgerliche Frauenbewegung einen zentralen Hebel, um ihr Ideal von der geistigen Mütterlichkeit in der Gesellschaft zur Geltung zu bringen, um weiblichem Wesen und weiblicher Kultur in einer patriarchalisch-ständischen Gesellschaft heilsame Wirkung und den Frauen selbst [durch eigenständige Berufstätigkeit, V.M.] gesellschaftliche Emanzipation zu verschaffen."[7]

Begleitet wurde die Professionalisierung Sozialer Arbeit durch von hier aus mit vorangetriebene gesetzliche Bestimmungen, so die Aufnahme des Fürsorgegesetzes in das Bürgerliche Gesetzbuch von 1900 mit reichsweiter Geltung. Hier war vor allem auch der Gedanke der Prävention enthalten im Sinne eines Wandels von strafrechtlicher zu vormundschaftlicher Zuständigkeit. Es kann somit auch von der Pädagogisierung strafrechtlicher Systembezüge gesprochen werden. Die öffentliche Zwangserziehung war nach den privatrechtlichen Regelungen des BGB dann möglich, wenn ein Mißbrauch der elterlichen Gewalt (§ 1666) oder ein Versagen des Vormunds (§ 1838) vorlag.[8] Der hier angestrebte präventive Eingriff hatte zum Ziel, Verwahrlosung und drohende Verwahrlosung von Kindern und Jugendlichen abzuwenden. Gedacht war dabei an drei Gruppen: a) durch die Eltern vernachlässigte Minderjährige, b) straffällige, aber strafunmündige Kinder und c) ohne das Verschulden der Eltern verwahrlosende Kinder und Jugendliche.[9]

Eine weitere wesentliche gesetzliche Weichenstellung für die Ausformung sozial- und heilpädagogischer Professionalität war die gesetzliche Fixierung des Kinderschutzes. In der Weiterentwicklung von 1903 wurde u.a. geregelt, daß Kinder nicht zu schweren Arbeiten wie Steineklopfen oder Speditionsgeschäften herangezogen und daß Kinder ab zwölf Jahren generell nicht mehr als drei Stunden täglich arbeiten dürften, sowie die Untersagung von Kinderarbeit in Theatern und Gaststätten.[10] (Am Rande sei an dieser Stelle angemerkt, daß die Statuten des Kinderschutzes z.T. wortwörtlich die des Tierschutzes übernahmen.[11]) Mit diesen neueren Bestimmungen wurde nicht nur die Gruppe der Kinder und Jugendlichen exakter definiert, sondern diese auch als schutzwürdige Lebensphase herausgestellt, die durch äußere – familiäre und gesellschaftliche – Bedingungen beeinträchtigt werden kann und insofern staatliche Aufsicht und professionelle Intervention auf der anderen Seite entsprechend erfordert.

---

7  Ebd. S. 11f.
8  Christoph Sachße/Florian Tennstedt: Geschichte der Armenfürsorge in Deutschland, Bd. 2. Stuttgart/Berlin/Köln/Mainz 1988. S. 33
9  Thimm: Die Anstaltserziehung mit besonderer Berücksichtigung der Magdalenenstifte, Frauenheime und Versorgungshäuser. Kaiserswerth 1912. Heft 3. S. 10
10  Antonius Wolf: Zur Geschichte der Sozialpädagogik im Rahmen der sozialen Entwicklung. Donauwörth 1977. S. 139f.
11  Vgl. Jörg M. Fegert: Was ist seelische Behinderung? Anspruchsgrundlage und kooperative Umsetzung von Hilfen nach § 35a KJHG. Münster 1996 (2. Aufl.). S. 25

Für die Sozialpädagogik erreicht der Weg der Institutionalisierung qua gesetzlicher Verankerung mit dem Inkrafttreten des Reichsjugendfürsorgegesetzes am 14. Februar 1924 seinen entscheidenden Durchbruch. „Mitte der zwanziger Jahre (...) [des zwanzigsten, V.M.] Jahrhunderts ist damit ein Entwicklungsstadium erreicht, das als Abschluß der Konstitutionsphase sozialer Arbeit als Beruf bezeichnet werden kann. Mit der öffentlichen Anerkennung des Sozialarbeiter- und Sozialarbeiterinnen-Berufs, der Lizenzierung von Prüfungsordnungen, der Herausbildung und Konsolidierung kommunaler Hilfeagenturen, der Gründung eines Berufsverbandes und der Verabschiedung der großen Gesetzeswerke (RJWG, RJGG, usw.) sind die institutionellen Rahmenbedingungen geschaffen, die die weitere Entwicklung dieses neuen sozialen Dienstleistungsberufes beeinflussen."[12]

Ergänzend ist an dieser Stelle anzumerken, daß auch die Heilpädagogik an dem großen Feld der sich hiermit etablierenden neuen Klientel, der Fürsorgezöglinge, partizipieren wollte. Auch von hier aus gab es nicht nur bezogen auf die Schule immer wieder Forderungen nach gesetzlichen Rahmenbedingungen von gesonderter schulischer und anstaltlicher Unterbringung. So klagt beispielsweise ein Herr Oppenberg 1911: „Das preußische Fürsorge-Erziehungsgesetz vom Jahre 1900 hat man als eine ‚pädagogische Großtat des Staates' mit freudiger Genugtuung begrüßt, war doch nun endlich eine – anscheinend vollkommen ausreichende – gesetzliche Handhabe geschaffen, dem Elende der gefährdeten und verwahrlosten Jugend entgegen zu steuern. (...) Schon im ersten Jahre der Wirksamkeit des F.-E.-Gesetzes betrug die Zahl der endgültig überwiesenen Minderjährigen 7787, während im Jahre vorher auf Grund des Zwangs-Erziehungsgesetzes vom 13.III.1878 nur 1504 Überweisungen stattfanden. Nachdem der erste Ansturm vorüber war, fiel die Überweisungsziffer zwar auf 6196 im Jahre 1902; sie stieg aber seitdem wieder – abgesehen von einem geringen Rückgang im Jahre 1904 – regelmäßig an bis auf 7303 im Jahre 1908. Insgesamt stehen jetzt über 50.000 Jugendliche unter Fürsorgeerziehung, und man erwartet, daß im Jahre 1911 die Standardziffer mit 60.000 erreicht sein wird. Die gegenwärtige Zahl umfaßt nun aber leider nicht alle Fälle, auf die das Gesetz ursprünglich abzielte. Sie würde bedeutend höher sein und namentlich alle die durch ihre Umgebung gefährdeten, aber noch unverdorbenen Kinder ohne Ausnahme umfassen, die jetzt auf Grund anderweitiger gesetzlicher Bestimmung vielfach nur der weniger weit reichenden Armenfürsorge überlassen bleiben, wenn die Absicht des Gesetzgebers durch den Wortlaut des Gesetzes präzise zum Ausdruck gebracht worden wäre."[13] Die hier angesprochene unterstellte Absicht ist die, die Gruppe der behinderten Kinder und Jugendlichen ebenso dem Fürsorge-

---

12  Merten/Olk, a.a.O., S. 588
13  L. Oppenberg: Ein Englisches Vorbild für deutsche Fürsorge-Erziehungsanstalten. Freimersdorf 1911. S. 5f.

gesetz zu unterstellen, und zwar in dem Sinne, daß Behinderung schon per se eine Prädestination zur Verwahrlosung darstelle – eine Auffassung, die die zeitgenössische heilpädagogische Theoriebildung starkzumachen bemüht war.

Dagegen erreichte das Preußische Krüppelfürsorgegesetz vom 6.5.1920 immerhin die erstmalige allgemeine Anzeigepflicht von sogenannten hilfsbedürftigen Geisteskranken, Idioten, Epileptikern, Taubstummen, Blinden und Krüppeln und zwar seitens behandelnder Ärzte, Hebammen, Pflegepersonen und Fürsorgebeamten, die die Meldungen an das örtliche Jugendamt oder an den Kreisarzt zu machen hatten.[14] Aber auch hiermit war keine Zwangseinweisung in Anstalten oder gesonderte Schulen erreicht.

Theodor Heller, Wiener Heilpädagoge und besonderer Verfechter des Fürsorgegesetzes im Dienste der Interessen der Heilpädagogik, brachte in seinem Lehrwerk von 1904 (2. Auflage 1912) seine Auffassung wie folgt auf den Punkt: „Man hat offenbar bei der Abfassung des Gesetzes nicht daran gedacht, daß geistige Minderwertigkeit Ursache der Verwahrlosung sein könne. So ist die Bestimmung, daß Fürsorgeerziehung einzutreten habe, wegen Unzulänglichkeit der erziehlichen Einwirkung der Eltern oder sonstigen Erzieher oder der Schule zur Verhütung des völligen sittlichen Verderbens der Minderjährigen, nicht in dem Sinne interpretiert worden, daß diese Unzulänglichkeit gegeben sein könne, wenn bei den betreffenden Jugendlichen psychopathische Zustände vorliegen; es ist auch in den Ausführungsbestimmungen immer nur von höheren, gleichsam augenfälligen Mängeln die Rede, während die sittlich gefährdeten psychopathischen Konstitutionen gänzlich außer Betracht bleiben. (...) An der Schwelle der Fürsorgeerziehung wird jene Sonderung, die in der Schule begonnen wird, zum Segen der Allgemeinheit weiter besorgt werden können: Hier ließe sich durch den Nachweis krankhafter Veranlagung der Rest der psychisch abnormen Jugendlichen, die mangels elterlicher Initiative für die öffentliche Fürsorge in Betracht kommen, einer zweckmäßigen Behandlung zuführen".[15] Und mit zweckmäßiger Behandlung ist die Unterbringung in heilpädagogischen Anstalten gemeint, denn weiter heißt es: „Durch die Hilfsschulen haben zahlreiche Erziehungsanstalten für Schwachsinnige das eigentlich bildungsfähige Material eingebüßt. Die Versorgung von Idioten kann nicht als eine voll befriedigende heilpädagogische Aufgabe betrachtet werden. Wenn nun die heilpädagogischen Anstalten einen Teil dieses Materials an Pflegeanstalten abgäben und sich in der gedachten Weise der Fürsorgeerziehung widmeten, so wäre die heilpädagogische Anstaltsarbeit wieder vor neue, dankbare Aufgaben gestellt, die Wert und Bedeutung der Heilpädagogik in ein glänzend klares Licht rücken würden."[16] Wie sehr diese Interpretation von Fürsorgeerziehung, die sich im wesentlichen auf einen

---

14  Josef Beeking: Katholische Kinder- und Jugendfürsorge. München 1927. S. 37
15  Theodor Heller: Grundriß der Heilpädagogik. Leipzig 1912 (2. Aufl.). S. 643f.
16  Ebd. S. 650f.

Zweig der Heilpädagogik des ausgehenden 19. und frühen 20. Jahrhunderts stützt, nämlich die Psychopathenlehre, mit eugenischen Tendenzen verknüpft war, offenbart die Diktion Hellers vor allem auch im Vorwort zur zweiten Auflage des genannten Werkes, 1912, in welchem er die gesellschaftliche Nutzbringung der Heilpädagogik betont: „In einer Zeit ungeheurer wirtschaftlicher Fortschritte erscheinen die minderwertigen Elemente als drückende Last, ihre Versorgung beansprucht die unproduktive Verwendung eines nicht geringen Teiles des Nationalvermögens. Der Gedanke, die Zahl der leistungsfähigen, schädlichen Individuen soweit als irgend möglich zu reduzieren, auch schwache Kräfte in den Dienst der sozialen Arbeit zu stellen, gewinnt immer mehr Anhänger. Die Mittel und Wege hierzu weist eine vernünftige Jugendpolitik."[17]

Ohne an dieser Stelle die unterschiedlichen Definitionsversuche zwischen Sozial- und Heilpädagogik weiter zu verfolgen, läßt sich jedoch exemplarisch festhalten, daß die Heilpädagogik an eine Tradition der Krankheitslehre anknüpft, wie Heller z.B. an die Psychopathenlehre, während die Sozialpädagogik, so z.B. Herman Nohl, von Fehlern ausgeht, ‚die das Kind hat', im Sinne von problematischen Lebenssituationen. Vor diesem Hintergrund ist sicherlich erklärbar, daß damit die Sozialpädagogik einen moderneren Ansatz vertritt, der gegenüber der heilpädagogisch-biologistischen Argumentation, wie hier von Heller vertreten, explizit pädagogisch argumentiert und somit soziale Probleme als pädagogisch bearbeitbar herausstellt. So gesehen ist dieser Ansatz für die sozial angespannte Situation der jungen Weimarer Republik der durchsetzungsfähigere und das hier etablierte Reichsjugendwohlfahrtgesetz dient nunmehr in erster Linie der Konstituierung und Etablierung der Disziplin Sozialpädagogik, während die Heilpädagogik sich institutionell auf den Sektor der Hilfsschule zurückzieht und das medizinische Erklärungsmodell an die entstehende Kinder- und Jugendpsychiatrie abgeben muß.[18]

## 3. Männliche Kriminalität versus Weibliche sexuelle Verwahrlosung

Zurück zu den problematischen Situationen, die zur Verwahrlosung im Blick der Sozialpädagogik führen – sie sind geschlechtsspezifisch kodiert, und zwar, so ist anzunehmen, vor dem Hintergrund des Wissens um die soziale Produktion der Geschlechterverhältnisse, wenn – wie am Beispiel der Heilpädagogik gezeigt – medizinisch-biologistische Erklärungsmodelle in diesem Zusammenhang an Relevanz verlieren.

Ein klassischer Topos ist in der frühen Geschichte der Sozial- und Heilpädagogik der Topos der sexuellen Verwahrlosung. Ein Thema, das nahezu

---

17 Ebd. S. IX
18 Vgl. hierzu auch: Vera Moser: Disziplinäre Verortungen. Zur historischen Ausdifferenzierung von Sonder- und Sozialpädagogik, in: Z.f.Päd. 46(2000)2, S. 175-192

ausschließlich auf weibliche Fürsorgezöglinge zutraf und noch bis in die jüngste Zeit Gültigkeit besaß, wie Heidi Rönnau-Kleinschmidt 1977 in ihrer Dissertation belegt: „Übereinstimmend wird in der Literatur und aus der sozialen Praxis berichtet, daß sich die Auffälligkeiten dissozialer Jugendlicher überwiegend in dem Verstoß gegen zwei Normen äußert: Bei den Jungen durch Verletzung von Strafgesetzen, bei den Mädchen durch Verletzung der herrschenden Sexualnormen."[19]

In einer Untersuchung von 532 weiblichen Fürsorgezöglingen von 1918 wird bereits konstatiert, daß 45,7% sexuell verwahrlost seien, für das Jahr zuvor wird unter den schulentlassenen Mädchen dieser Gruppe gar eine Quote von 72% angegeben.[20]

Untermauert werden kann diese These für die Anfangsphase der Sozialpädagogik weiterhin mit einer kriminalstatistischen Untersuchung aus dem Jahr 1933: Unter knapp 600.000 verurteilten Straftätern werden 14.000 männliche, dagegen nur 1.949 weibliche Jugendliche ausgemacht.[21] Demgegenüber sind für 1936 66.382 Fürsorgezöglinge im Deutschen Reich verbucht, davon 30.077 weibliche und 36.305 männliche – also fast pari-pari.[22] Wo also eine etwa gleiche Verteilung von männlichen und weiblichen Fürsorgezöglingen zu konstatieren ist, sind andererseits die Symptomatiken deutlich geschlechtsspezifisch unterschiedlich, bzw. die Meßlatte wird je nach Geschlecht anders angelegt.

Was nun ist überhaupt sexuelle Verwahrlosung? Und warum spielt dieser Tatbestand in der Formierung der modernen Fürsorgepraxis eine so herausragende Rolle?

Das Syndrom ‚Verwahrlosung‘ wird in der deutschsprachigen Literatur erstmals systematisch von Heinrich Reichers 1908 in dem Werk: „Die Fürsorge für die verwahrloste Jugend" beschrieben. Danach gilt Verwahrlosung als ein „Zustand der Erziehungsbedürftigkeit infolge vernachlässigter Erziehung durch die Eltern bzw. deren Vertreter oder sonstigen Erzieher, der sich darin äußert, daß das verwahrloste Kind es an der in seinem Alter sonst üblichen sittlichen Reife fehlen läßt und damit zu einer Gefahr für weitere Kreise und die Allgemeinheit wird."[23] In dieser Definition zeigt sich zunächst keine Geschlechtsspezifik, auch der gewählte Begriff ‚das Kind‘ suggeriert eine geschlechtsunabhängige Variable, nach welcher sittliche Reife und Gefährdung der Allgemeinheit feststellbar seien.

---

19  Heidi Rönnau-Kleinschmidt: Versuch der empirischen Bestätigung einer Taxonomie der Verwahrlosung bei weiblichen Jugendlichen. Diss. Kiel 1977. S. 11
20  A. Gregor/E. Voigtländer: Die Verwahrlosten. Berlin 1918, zitiert nach Rönnau-Kleinschmidt, a.a.O., S. 14
21  Zitiert nach Aloys Ott: Das Problem der Verwahrlosung, dargestellt an Einzeluntersuchungen über verwahrloste Jugendliche. Diss. Frankfurt 1945, S. 50
22  Rönnau-Kleinschmidt, a.a.O., S. 51
23  Zitiert nach Ott, a.a.O.

In der Neu-Sichtung einer Studie von Argelander und Weitsch aus dem Jahre 1933[24], die Tagebuchaufzeichnungen von sechs unter Fürsorgeerziehung stehenden Mädchen aus den Jahren 1924-1927 veröffentlichen und kommentierten, stellt Rönnau-Kleinschmidt folgendes fest: „Diese Mädchen werden alle deswegen als sexuell verwahrlost bezeichnet, nicht – wie es heißt – weil sie frühzeitig Geschlechtsverkehr gehabt hätten, sondern ‚weil sie ihn benutzt haben, um sich dadurch Existenzmittel zu verschaffen, die sie sich durch Arbeit hätten verschaffen sollen' (S. 18), ferner sei durch häufige Eigentumsvergehen versucht worden, ‚Vergnügungsbedürfnis und ihre Abenteuerlust zu befriedigen'.

Sexuelle Verwahrlosung wird gedeutet als Kompensationsversuche für ausgeprägte Minderwertigkeitsgefühle, ferner werden gesteigertes Geltungsbedürfnis, stark entwickelte Sexualität, triebhafte Veranlagung sowie die Unfähigkeit, feste persönliche Beziehungen zu einem Mann herzustellen, betont."[25] Damit lassen sich folgende Ordnungsfaktoren herauslesen, die für eine gelungene weibliche Identität ins Spiel gebracht werden: Sexualität darf nicht im Kontext strategischer Handlungen stehen – hier illustriert am Beispiel der ‚Beschaffung von Existenzmitteln'. Damit lautet der normative Entwurf ‚Sexualität als Teil bedingungsloser Liebe zu einem Mann', alles hiervon abweichende erhält den Geruch der Prostitution und wird damit sozial disqualifiziert.

Obgleich die Geschlechtsspezifik, wie gezeigt, beim Phänomen der Verwahrlosung unübersehbar ist, beschäftigten sich die klassischen frühen Studien zum Syndrom der Verwahrlosung nur mit männlichen Fürsorgezöglingen, so u.a. die renommierte Studie des Ehepaars Glueck zu „500 Criminal Careers" aus dem Jahr 1930. Gleiches gilt für die Studie von Eberhard von 1969, der 1.059 schwererziehbare, männliche Jugendliche zwischen 1962 und 65 untersuchte.[26] Auch ein vom Deutschen Jugendinstitut München 1973 veröffentlichter Forschungsbericht zum Syndrom Verwahrlosung anhand einer Analyse von Jugendamtsakten sieht keine Notwendigkeit, die Geschlechterfrage miteinzubeziehen, obgleich am Schluß gefordert wird, „die sogenannten ‚verwahrlosten' Jugendlichen nicht als große, mehr oder weniger ungezogene Kinder zu begreifen (und zu behandeln), sondern als mündige, selbständige Personen und Subjekte ihrer Lebensgeschichte."[27]

---

24  A. Argelander/I. Weitsch: Aus dem Seelenleben verwahrloster Mädchen auf Grund ihrer Tagebuchaufzeichnung. Quellen und Studien zur Jugendkunde, hrsg. von Charlotte Bühler, Heft 10. Jena 1933
25  Rönnau-Kleinschmidt, a.a.O., S. 15
26  Vgl. Norbert Herriger: Verwahrlosung. Eine Einführung in die Theorien sozialer Auffälligkeit. Weinheim/München 1987. S. 32f.
27  Günther Steinvorth: Diagnose: Verwahrlosung. Eine psychologische Analyse anhand von Jugendamtsakten. München 1973. S. 147

Eine Studie von Specht mit dem Titel „Sozialpsychiatrische Gegenwartsprobleme der Jugendverwahrlosung" aus dem Jahre 1967 hingegen zeigte erneut statistisch den unterschiedlichen Geschlechteranteil an den jeweiligen Vewahrlosungssymptomatiken: So waren in der Gruppe der durch Diebstahl auffällig gewordenen 76,5 % männlich, hingegen 35,5 % weiblich, durch Sachbeschädigung 2,5 % männlich, 0 % weiblich, durch Kriminalität auf sexuellem Gebiet 6,5 % männlich und ebenfalls 0% weiblich. Dagegen handelte es sich bei ‚Fortlaufen von zu Hause' um 30% männliche, aber 38,5% weibliche und beim ‚Ausbleiben tagsüber' um 27% männliche und 41,5% weibliche Jugendliche.[28] Bei den ‚Delikten' ‚Ausbleiben tagsüber' und ‚Fortlaufen von zu Hause', also den klassischen weiblichen Verwahrlosungserscheinungen, ist allerdings anzunehmen, daß diese Tatbestände für Jungen und Mädchen unterschiedlich gewichtet werden. Interessant ist in diesem Zusammenhang, welche Delikte zum Einschreiten der öffentlichen Jugendhilfe führen – nach einer Statistik aus dem Jahre 1972[29] – aufgelistet in der Reihenfolge ihrer Wertigkeit: Diebstähle: 29,5%, Aufenthalt an jugendgefährdenden Orten: 18%, Weglaufen von zu Hause: 7,9%, Verkehrsvergehen (u.a. Fahren ohne Führerschein): 7,6%, Schulschwänzen: 5%. Demgegenüber werden in folgender Reihung von folgenden Instanzen Meldungen gegenüber dem Jugendamt vorgenommen: Polizei, insbesondere Weibliche Kriminalpolizei: 57,9%, Staatsanwaltschaft: 9,2%, Eltern: 8,6%.[30] Daraus ist wiederum abzulesen, da die meisten Meldungen an die öffentliche Jugendhilfe von weiblichen Kriminalbeamtinnen ausgehen, daß offenbar das Delikt des Herumtreibens von Mädchen die dominante Meldekategorie ist und dadurch besondere Aufmerksamkeit erfährt. Somit wäre hier Brigitte Ziehlke in ihrer Studie über ‚Deviante Jugendliche' zuzustimmen, daß „Devianzzuweisungen bzw. -definitionen (...) an einen weiblichen privaten und männlichen öffentlichen Ort gebunden [sind, V.M.]."[31] So hat offenbar lediglich die Terminologie gewechselt – von sexueller Verwahrlosung zu Herumtreiberei. Sanktioniert wird nach wie vor bei Mädchen eher ein moralischer, bei Jungen eher ein krimineller Tatbestand.

---

28  Zitiert nach Herriger S. 49ff.
29  M. Haferkamp/G. Meier: Sozialarbeit als Instanz sozialer Kontrolle, in: Kriminologisches Journal 1972. S. 106
30  Zitiert nach Herriger S. 178
31  Brigitte Ziehlke: Deviante Jugendliche. Individualisierung, Geschlecht und soziale Kontrolle. Opladen 1993. S. 192

## 4. Sexuelle Verwahrlosung als kulturelles Deutungsmuster

In der Theoriebildung wird abweichendes Verhalten vorwiegend rollentheoretisch erklärt. Nach dem Konzept Lothar Krappmanns[32] gehört zum sicheren Rollenverhalten u.a. Ambiguitätstoleranz, wonach die kompetente Ausübung der Geschlechtsrolle erfordert, „nicht nur die an sein eigenes Geschlecht gebundenen Verhaltenserwartungen internalisiert [zu haben, V.M.], sondern darüber hinaus auch das andere, ihm aber versagte Rollenmodell des jeweils anderen Geschlechts".[33] In ähnlicher Weise argumentiert auch Birgit Warzecha in ihrer Schrift „Verhaltensgestörtenpädagogik – feministisch reflektiert"[34], die von Unter- und Übererfüllungen der jeweiligen Geschlechtsnorm ausgeht, und auch hier rollentheoretische Grundannahmen heranzieht.

Daß jedoch in der Theoriebildung nicht ein verkürzter rollentheoretischer Fokus, sondern das Konstrukt der Zweigeschlechtlichkeit in den Blick genommen werden muß, zeigen die unterschiedlichen Maßstäbe in der Beurteilung von weiblichem und männlichem abweichenden Verhalten. In diesem Sinne wäre eine sozio-historische Einordnung dieses kulturellen Musters zu favorisieren, welches bezüglich der hier angesprochenen Topoi mit der Ausformung moderner Gesellschaften verbunden ist, das gesellschaftliche – gegenüber biologischen oder metaphysischen – Determinierungen zur Bestimmung des Menschen annimmt. In der angesprochenen Zeit der Herausbildung der modernen Gesellschaft war das Problem der Verwahrlosung – wenn es als soziale Orientierungslosigkeit verstanden werden kann – ein allgemeines und stellte mithin eine zentrale gesellschaftliche Aufgabe dar, welche nur mit differenzierten Maßnahmen zu bearbeiten war. Es entstand ein soziales Grundproblem, welches, wie Antonius Wolf schreibt, „zugleich auch ein Kernproblem der Sozialarbeit ist (...): Gemeint ist das Fremdwerden der Menschen untereinander, die Auflösung der früheren Gemeinschaften und Gruppierungen, die Isolierung des Individuums auf fast allen Lebensgebieten, das Auseinanderbrechen von privatem und öffentlichem Interessenbereich, die wachsende Gegensätzlichkeit neuer gesellschaftlicher Gruppen, die zunehmende Feindseligkeit zwischen Gesellschaft und Staat."[35] Somit mußte aber nicht nur auf der individuellen Seite nach Orientierungsstrategien gesucht werden, sondern auch auf der symbolisch-gesellschaftlichen: Es sind also Deutungsmuster von Nöten, die der zunehmenden gesellschaftlichen Ausdifferenzierung entgegensteuern – gemeint ist die Rettung des Sozialen, des Humanen in der Idee der weiblichen Sorge, der Mütterlichkeit, der Intimität, eben der Lebenswelt – die Habermas gegenüber der zweckrationalen Systemwelt konstru-

---

32  Lothar Krappmann: Die soziologische Dimension der Identität. Strukturelle Bedingungen für die Teilnahme an Interaktionsprozessen. Stuttgart 1971
33  Herriger, a.a.O., S. 89
34  Birgit Warzecha: Verhaltensgestörtenpädagogik – feministisch reflektiert. Bielefeld 1995
35  Wolf, a.a.O., S. 119

iert. Auch Luhmann konzidiert, daß die zunehmende Komplexität der Welt auf der anderen Seite den Bedarf nach einer „verständlichen, vertrauten heimischen Nahwelt, die man sich noch aneignen kann"[36], weckt, so daß die Moderne sozusagen doppelte Steigerungsformen bereithält, nämlich „durch mehr Möglichkeiten zu unpersönlichen und durch intensivere persönlichere Beziehungen."[37] Von hier aus läßt sich die Bestimmung von Herumtreiben bzw. sexueller Verwahrlosung als weibliche Devianz in ihrer Symbolhaftigkeit verstehen, wenngleich ihre tatsächliche Faktizität in Frage steht. In der bereits erwähnten Dissertation von Heidi Rönnau-Kleinschmidt, die Mitte der 70er Jahre anhand von Akten des Landesjugendamtes Interviews mit betroffenen Fürsorgezöglingen und beteiligten Richtern dem Sachverhalt der sexuellen Verwahrlosung nachgeht, wird gleichermaßen geschlußfolgert: „Die sexuellen Verhaltensweisen, die zur Einweisung führen, sind (...) keine prinzipiell abweichenden, sondern weitgehend ‚normale‘ Entwicklungen. Daß eine Fürsorgeerziehung allein aufgrund ‚sexueller Devianz‘ angeordnet wird, beruht offensichtlich auf einer selektiven Wahrnehmung durch die unmittelbare soziale Umwelt."[38]

Wenn also das System der Zweigeschlechtlichkeit in der Moderne männliche und weibliche Devianz produziert, dann kann dies u.a. so verstanden werden, daß symbolhaft die männliche Seite für die Außenwelt, die Entfremdung, die Rationalität steht und ihre Entgleisung dem Bereich der Kriminalität zugeordnet wird, die weibliche Seite hingegen für die Sorge, Nähe und Irrationalität bürgt und deren Entgleisung in die Instrumentalität und Kriminalität der männlichen Seite zugerechnet wird und damit zu verloren gehen droht. Dieser Verlust des Privaten, Intimen und der Sorge erscheint symbolhaft im Topos der ‚sexuellen Verwahrlosung‘ von Mädchen und jungen Frauen und wird von daher sozial bearbeitet. Und interessanter Weise wachen über diesen Sektor die Frauen: die weiblichen Sozialarbeiterinnen und die weiblichen Kriminalbeamtinnen.

*Literatur*

Argelander, A./Weitsch, I.: Aus dem Seelenleben verwahrloster Mädchen auf Grund ihrer Tagebuchaufzeichnung. Quellen und Studien zur Jugendkunde, hrsg. von Charlotte Bühler, Heft 10. Jena 1933

Beeking, J.: Katholische Kinder- und Jugendfürsorge. München 1927

Fegert, J.M.: Was ist seelische Behinderung? Anspruchsgrundlage und kooperative Umsetzung von Hilfen nach § 35a KJHG. Münster 1996 (2. Aufl.)

---

[36] Niklas Luhmann: Liebe als Passion. Frankfurt 1983 (2. Aufl.). S. 17
[37] Ebd., S. 13
[38] Rönnau-Kleinschmidt, a.a.O., S. 170

Gildemeister, R./Wetterer, A.: Wie Geschlechter gemacht werden. Die soziale Konstruktion der Zweigeschlechtlichkeit und ihre Reifizierung in der Frauenforschung, in: G.-A. Knapp/A. Wetterer (Hrsg.): Traditionen – Brüche. Entwicklungen feministischer Theorie. Freiburg 1995 (2. Aufl.). S. 201-254

Haferkamp, M./Meier, G.: Sozialarbeit als Instanz sozialer Kontrolle, in: Kriminologisches Journal 1972

Heller, Th.: Grundriß der Heilpädagogik. Leipzig 1912 (2. Aufl.)

Herriger, N.: Verwahrlosung. Eine Einführung in die Theorien sozialer Auffälligkeit. Weinheim/München 1987

Krappmann, L.: Die soziologische Dimension der Identität. Strukturelle Bedingungen für die Teilnahme an Interaktionsprozessen. Stuttgart 1971

Luhmann, N.: Liebe als Passion. Frankfurt 1983 (2. Aufl.)

Maccoby, E.E./C.N. Jacklin: The Psychology of Sex Differences. Stanford 1974

Merten, R./Olk, Th.: Sozialpädagogik als Profession. Historische Entwicklungen und künftige Perspektiven, in: A. Combe/W. Helsper: Pädagogische Professionalität. Frankfurt 1996. S. 570-613

Moser, Vera: Disziplinäre Verortungen. Zur historischen Ausdifferenzierung von Sonder- und Sozialpädagogik, in: Z.f.Päd. 46(2000)2, S. 175-192

Oppenberg, L.: Ein Englisches Vorbild für deutsche Fürsorge-Erziehungsanstalten. Freimersdorf 1911

Ott, A.: Das Problem der Verwahrlosung, dargestellt an Einzeluntersuchungen über verwahrloste Jugendliche. Diss. Frankfurt 1945

Rönnau-Kleinschmidt, H.: Versuch der empirischen Bestätigung einer Taxonomie der Verwahrlosung bei weiblichen Jugendlichen. Diss. Kiel 1977

Sachße, Chr.: Mütterlichkeit als Beruf. Sozialarbeit, Sozialreform und Frauenbewegung 1871-1929. Opladen 1994 (2. Aufl.)

Sachße, Chr./Tennstedt, F: Geschichte der Armenfürsorge in Deutschland, Bd. 2, Fürsorge und Wohlfahrtspflege 1871 bis 1929. Stuttgart/Berlin/Köln/Mainz 1988

Steinvorth, G.: Diagnose: Verwahrlosung. Eine psychologische Analyse anhand von Jugendamtsakten. München 1973

Thimm: Die Anstaltserziehung mit besonderer Berücksichtigung der Magdalenenstifte, Frauenheime und Versorgungshäuser, Heft 3. Kaiserswerth 1912

Warzecha, B.: Verhaltensgestörtenpädagogik – feministisch reflektiert. Bielefeld 1995

Wolf, A.: Zur Geschichte der Sozialpädagogik im Rahmen der sozialen Entwicklung. Donauwörth 1977

Ziehlke, B.: Deviante Jugendliche. Individualisierung, Geschlecht und soziale Kontrolle. Opladen 1993

# Teil III:

# Weiblichkeit und Adoleszenz im männlichen Raum

Heidemarie Kemnitz

# Mädchen und Militär

"Weiblichkeit" im Diskurs um nationale Frauendienste,
Wehrerziehung für Mädchen und Frauen in der Bundeswehr[1]

## 1. Frauen zum Militär? Die Ausgangslage

"Was bedeutet es, wenn Frauen Soldatinnen werden? Gleichberechtigung
oder Militarisierung der Gesellschaft?"[2] Unter Überschriften wie dieser war
noch bis vor kurzem in der deutschen Presse in mehr oder weniger regelmä-
ßigen Abständen eine Debatte zu verfolgen, die – je nach Lesart – mit Ver-
heißungen oder Befürchtungen eines "Sturms (der Frauen) auf die letzte
Männerbastion" einherging und das Fallen des "letzten Berufsverbots" für
Frauen prophezeite.[3] Bis zum Beginn diesen Jahres noch waren derartige
Meldungen mit Blick auf die Realität mit Skepsis aufzunehmen, denn die
dafür notwendige Voraussetzung, daß Frauen "zu den Waffen" gelassen werden, war in der Bundeswehr bislang nicht gegeben. Nachdem aber der Euro-
päische Gerichtshof am 11. Januar 2000 aufgrund einer Klage entschieden
hat, daß der allgemeine Ausschluß von Frauen vom Dienst mit der Waffe
nicht mit dem Recht der Europäischen Gemeinschaft in Einklang steht, befindet sich die Bundeswehr (im Nachgang zu anderen europäischen Staaten)
auf dem Weg gravierender Neuerungen. Das Bundeskabinett beschloß am 7.
Juni 2000 die grundsätzliche Öffnung aller Laufbahnen in den Streitkräften.
Im Vergleich mit den Debatten, die es über den Einsatz von Frauen in
der Bundeswehr bis 1996 gegeben hat, ist die Tatsache, daß inzwischen "die
Vorbereitungen für den bevorstehenden Einsatz von Frauen in der Truppe
(weiter laufen)"[4], insgesamt relativ gelassen aufgenommen worden. Auf der
politischen Ebene und in Bundeswehrkreisen allerdings ist mit dem Beschluß
der generellen Öffnung der Bundeswehr für Frauen ein sehr viel ernsthafteres

---

1   Der Text ist eine aktualisierte Fassung meines in den Feministischen Studien, Heft 1, 1998,
    S. 69 - 85, unter dem gleichen Titel abgedruckten Aufsatzes.
2   taz vom 10.07.1996.
3   Einen Überblick zur Diskussion in der Presse bis 1992 liefert Kraake, Swantje: Frauen zur
    Bundeswehr – Analyse und Verlauf einer Diskussion. Frankfurt am Main 1992. Presse-
    stimmen bis 1996 sind dokumentiert in: Bundestagsfraktion Bündnis 90/Die Grünen. Info-
    dienst Frauen. Juli 1996.
4   Scharping: "Genaues Bild von der Stimmung gemacht". In: www.bundeswehr. de/index_.
    html (frauen aktuell).

Nachdenken darüber in Gang gesetzt, welche Konsequenzen die Zulassung von Frauen zum Dienst mit der Waffe nach sich zieht. Die vom Verteidigungsministerium eingeholten Stimmungsbilder in der Bundeswehr zeigen, daß die möglichen Veränderungen auf Seiten der Männer, insbesondere der Vorgesetzten, auch „Sorgen, Befürchtungen und Ängste" hervorgerufen haben und Ausdruck der Unsicherheit im praktischen Umgang mit Frauen in der „Truppe" sind.[5]

Die Forderung, Frauen zum Militärdienst in der Bundeswehr zuzulassen, ist nicht neu. Erstmals wurde sie in den 1960er Jahren laut, dann erneut in der Mitte der 70er Jahre. Von diesem Zeitpunkt an hat dann jene schrittweise Öffnung der Bundeswehr für Frauen stattgefunden, die den Hintergrund der bisherigen Debatten bildete. Der erste Schritt bestand 1975 darin, bereits approbierte Ärztinnen, Zahnärztinnen, Tierärztinnen oder Apothekerinnen als Sanitätsoffiziere zuzulassen. Seit 1989 können Frauen die Sanitätsoffizierslaufbahn bereits auf dem Weg der Ausbildung beschreiten. Für sie gelten dann die gleichen Einstellungsvoraussetzungen und Ausbildungsbedingungen wie für die Männer. Erforderlich sind neben körperlicher Eignung der Nachweis der allgemeinen Hochschulreife und die Verpflichtung zum 16jährigen Dienst in der Bundeswehr. An eine fünfzehnmonatige militärische Grundausbildung, die auch die Ausbildung an der Waffe umfaßt, schließt sich das Medizin- oder Pharmazie-Studium an. Was den Dienst der weiblichen Sanitätsoffiziersanwärter bislang grundsätzlich von dem der Männer unterschied, war das Verbot des Wachdienstes, der als Dienst mit der Waffe definiert ist. Nach Lage der Dinge fällt dieses Verbot ab 2001. 1991 schließlich erfolgte die Freigabe der Laufbahngruppen der Unteroffiziere und Mannschaften im Sanitäts- und Militärmusikdienst für Frauen.

Militärische Laufbahnen außerhalb von Medizin und Musik waren Frauen in Deutschland bis jetzt verschlossen. Damit war der weibliche Militärdienst in der Bundeswehr auf jene schmalen Bereiche beschränkt, die sich mit traditionell als weiblich konnotierten Tätigkeiten vertragen. Mehr war bis dato gesetzlich nicht erlaubt. Inzwischen sind die Kontroversen darüber, ob für die Öffnung aller militärischen Laufbahnen für Frauen das Grundgesetz (Artikel 12a Abs. 4 S.2) geändert werden muß, in dem festgelegt ist, daß „Frauen auf keinen Fall Dienst mit der Waffe leisten (dürfen)", beigelegt. Der Deutsche Bundestag stimmte am 27. Oktober 2000 einer Änderung zu: In Artikel 12a des Grundgesetzes heißt es demzufolge künftig: „Sie (Frauen) dürfen auf keinen Fall zum Dienst mit der Waffe verpflichtet werden."[6] In dieser Verfassungsänderung sahen Rednerinnen und Redner aller Parteien im Parlament einen weiteren Schritt zur Gleichberechtigung der Frauen.[7] Wel-

---

5 Ebenda.
6 Vgl. die entsprechenden Meldungen in: www. bundeswehr.de.
7 Man kann über die Schnelligkeit des Wandels der Ansichten in dieser Frage durchaus staunen. Vgl. dazu etwa die Dokumentation der juristischen Debatte, die noch bis vor kurzem

che Folgen diese Grundgesetzänderung insgesamt hat, bleibt abzuwarten. Was sich jedoch schon jetzt abzeichnet, ist eine Diskussion um den Gleichheitsgrundsatz in Sachen Bundeswehr, denn, während Männer aufgrund der Wehrpflicht den Wehrdienst ableisten müssen, haben Frauen die freie Entscheidung. Sie dürfen zur Bundeswehr – und offenbar wollen das nicht wenige.

Die in den neunziger Jahren erfolgte partielle Öffnung der Bundeswehr für Frauen wurde von diesen durchaus angenommen. In Zahlen ausgedrückt kann der gegenwärtige Stand zum Thema Frauen in der Bundeswehr folgendermaßen skizziert werden: Seit 1995 wird die Ausbildung zum Sanitätsoffizier von jungen Frauen stärker nachgefragt als von Männern. Nicht zuletzt die Studienofferte hat zur Folge, daß sich vor allem Abiturientinnen für diese Laufbahn interessieren. 1997 gingen laut Auskunft der Bewerberzentrale der Bundeswehr für die Offiziersausbildung im Sanitätsdienst 1541 Bewerbungen von Frauen und 984 Bewerbungen von Männern ein. Tatsächlich eingestellt wurden 114 Frauen und 110 Männer. Damit betrug der Frauenanteil bei den Neueinstellungen im Sanitätsoffiziersdienst 1997 wie auch schon 1996 etwas mehr als 50 Prozent. 1998 und 1999 hat sich diese Tendenz fortgesetzt. Der Trend, nach dem sich wesentlich mehr Frauen als Männer für die Offizierslaufbahn im Sanitätsdienst bewerben, bestätigt sich auch in den jüngsten Zahlen. Für den Einstellungstermin 1. Juli 2001 hatten sich bis Anfang August diesen Jahres insgesamt 695 Anwärter gemeldet, 207 Männer und 488 Frauen.[8]

Trotz der für den Sanitätsdienst seit Jahren beachtlichen Bilanz ist der Frauenanteil in der Bundeswehr insgesamt und im Vergleich zu den westlichen NATO-Staaten, äußerst gering. Derzeit gibt es 4474 Frauen im militärischen Dienst,[9] das entspricht gerade mal 1,3 Prozent aller Bundeswehrsoldaten. Dagegen liegt der Anteil von Soldatinnen in Frankreich beispielsweise bei 6,3 Prozent, in Belgien bei 7,1 Prozent, den Niederlanden bei 7,2 Prozent und in Großbritannien bei 7,4 Prozent.[10] In Kanada sind Frauen bereits zu 11,3 und in den USA zu fast 15 Prozent in der Armee vertreten.

Nun soll an dieser Stelle nicht diskutiert werden, ob Frauen im Militär überhaupt und insbesondere im bewaffneten Dienst ein Zeichen von Gleichberechtigung darstellen oder nicht. Und auch die unter Feministinnen und

---

aktuell war: Seidner, Ingo: Der freiwillige Dienst von Frauen in der Bundeswehr mit der Waffe als Gleichheitsproblem. Zum verfassungsrechtlichen Kontext von Art. 12a Abs. 4 S. 2 GG. Aachen 1997.

[8] „Keine Quote für Frauen in der Bundeswehr". In: Frankfurter Allgemeine Zeitung v. 9. 8. 2000, S. 6.

[9] Zahlenspiegel. In: www.bundeswehr.de/index_.html (frauen aktuell).

[10] Frauen in den Streitkräften anderer Staaten. Internationaler Vergleich (NATO-Staaten), Stand August 2000. In: www.bundeswehr.de/index_.html (frauen aktuell). Vgl. dort auch die „Verwendungsmöglichkeiten" in den einzelnen NATO-Staaten sowie in anderen Ländern.

Politikern stattfindende Diskussion, in der es darüber hinaus um grundsätzliche Fragen von Krieg und Frieden, Gewalt aber auch Moral geht, kann hier nicht aufgenommen werden.[11] Angesichts der Tatsache aber, daß international wie auch in der Bundeswehr die Bewerberinnenzahlen für die militärischen Laufbahnen seit Jahren permanent steigen, ist zu fragen, was Frauen zu einem solchen Schritt veranlaßt, welche Motive sie zum Eintritt in den Männerbund Armee bewegen und wie sich dieser Schritt auf ihre geschlechtliche Identität und die Konstruktion ihres Selbstkonzepts auswirkt. Im Mittelpunkt des Interesses stehen demnach nicht militärpädagogische Überlegungen sondern – in sozialisationstheoretischer Perspektive – der Umgang mit Geschlechterrollen und Geschlechterstereotypen. Die Frage ist dann, ob es sich beim Eintritt von Frauen in die Armee möglicherweise um Widerstand gegen eine gesellschaftliche Rollenzuweisung von „Weiblichkeit", um ein Ausbrechen aus der Geschlechterordnung handelt.

Zu einer solchen Vermutung kann man gelangen, wenn man die Ausführungen über Geschlechterrollen ernstnimmt, die aus dem Umfeld von „Bundeswehr-Pädagogen" stammen. Wolfgang Royl z. B., Pädagoge an der Universität der Bundeswehr in München, der sich intensiv mit Fragen der Wehrerziehung befaßt, machte noch 1992 deutlich, welche Erwartungen jungen Frauen von seiten der Bundeswehr entgegengebracht werden. In seinem Konzept des weiblichen Staatsbürgers kommen Frauen als Soldatinnen überhaupt nicht vor. Die „Rollenidentität", die weibliche Jugendliche im Hinblick auf das Verhältnis zur Armee erwerben sollten, war unmißverständlich auf eine Identität als Beraterin und Stütze des Mannes festgelegt. Während „der Jugendliche ... in seine Rolle als Staatsbürger hinein(wächst), indem er wahlmündig wird, sozialkundliche Kenntnisse erwirbt und sich für den Wehrdienst oder den Zivildienst entscheidet", so Royl, trägt „die Jugendliche", die „nicht wehrdienstpflichtig, wohl aber (was den Wehrdienst angeht) urteilsfähig (ist), ... u.U. zur Meinungsbildung des Partners und zu dessen Gewissensentscheidung bei, Wehrdienst zu leisten oder zu verweigern". „Als Ehefrauen und Mütter" seien „weibliche Jugendliche eines Tages auch damit befaßt, Ich-Unterstützung bei der Entscheidungsfindung für oder wider den Wehrdienst zu gewähren".[12]

---

11  Vgl. dazu im Überblick Seifert, Ruth: Militär und Geschlechterverhältnisse. Entwicklungslinien einer ambivalenten Debatte. In: Eifler, Christine/Seifert, Ruth (Hrsg.): Soziale Konstruktionen – Militär und Geschlechterverhältnis. Münster 1999, S. 44 - 70.

12  Royl, Wolfgang: Euro-militärische Identität als Entwicklungsaufgabe. In: Dexheimer, Wolfgang/Royl, Wolfgang (Hrsg.): Die pädagogische Mitverantwortung für die Sicherheitspolitik der freien Welt. Baden-Baden 1992, S. 213 - 214. Die gleiche Argumentation von Seiten des Bundesministeriums der Verteidigung in einer Stellungnahme zu „Fragen der Landesverteidigung im Unterricht der Schulen in der Bundesrepublik Deutschland" vom 25. 8. 1980: „50 % unserer Bevölkerung sind weiblichen Geschlechts, deshalb gehört Sicherheitspolitik auch in Mädchenklassen (sic! - H.K.). Die weibliche junge Generation zeigt oft erstaunliches Interesse daran und beeinflußt nachweislich die Einstellung der jun-

Die Ausbildung dieser weiblichen staatsbürgerlichen Rolle stellt nach Royl eine „Entwicklungsaufgabe" dar, die nicht zuletzt durch Bildung und Erziehung bewerkstelligt werden müßte. Damit hat Royl, dessen Ansichten inzwischen offiziell als überholt gelten dürften, das Verhältnis von „Mädchen und Militär" in einer Weise wahrgenommen, die, wie der historische Rückblick zeigt, in Deutschland über das gesamte 20. Jahrhundert hinweg zu finden ist.

## 2. „Weiblichkeit" und Nationaler Frauendienst im Ersten Weltkrieg

Gertrud Bäumer, promovierte Lehrerin und – wie Helene Lange – einflußreiche Repräsentantin der bürgerlichen Frauenbewegung, gilt als Gründerin des Nationalen Frauendienstes, der 1914 unmittelbar nach Ausbruch des Ersten Weltkrieges unter dem Dach des Bundes Deutscher Frauenvereine ins Leben gerufen wurde und dem von Pädagogen wie Eduard Spranger, damals noch Professor in Leipzig (später in Berlin), große erzieherische Bedeutung beigemessen wurde.[13]

Bäumer setzte dem Nationalen Frauendienst folgende Schwerpunkte:

1. Mitarbeit an der Erhaltung einer gleichmäßigen Lebensmittelversorgung,
2. Fürsorge für Familien, deren Ernährer an der Front oder durch den Krieg arbeitslos geworden sind und
3. Arbeitsvermittlung für Frauen, die entweder auf eigenen Erwerb angewiesen waren oder sich als freiwillige Hilfskräfte für Lazarettdienste u. ä. zur Verfügung stellen wollten.

Der Nationale Frauendienst errichtete innerhalb weniger Wochen ein ganzes Netz von Beratungsstellen für Hausfrauen und Hausangestellte, verteilte Handzettel und Aufklärungsschriften zur volkswirtschaftlichen Bedeutung der Privathaushalte, veranstaltete Wohlfahrtssammlungen, organisierte Bahnhofsspeisungen und Samariterkurse oder propagierte das Stricken von Soldatenstrümpfen und Schießhandschuhen, das schließlich zum Symbol weiblicher Kriegshilfe schlechthin avancierte. Das wiederentdeckte Strickzeug, das Mädchen und Frauen aller Altersklassen und sozialen Schichten in tätigem Kriegseinsatz zu vereinen schien, spielte demzufolge auch in kriegspädagogi-

gen Männer zum Wehrdienst erheblich." (Lutz, Dieter S. (Hrsg.): Weder Wehrkunde noch Friedenserziehung? Der Streit der Kultusministerkonferenz 1980/83 – Arbeitsmaterialien zum Thema Frieden in Unterricht und Politischer Bildung. Baden-Baden 1984, S. 66.)

13 Vgl. Spranger, Eduard: Die Idee einer Hochschule für Frauen und die Frauenbewegung. Leipzig 1916. Zum Zusammenhang von Frauenbewegung und Pädagogik vgl. die Studie von Hopf, Caroline: Frauenbewegung und Pädagogik. Gertrud Bäumer zum Beispiel. Bad Heilbrunn 1997.

scher Hinsicht die zentrale Rolle im schulischen Handarbeitsunterricht der Mädchen, was nicht zuletzt die zahlreich überlieferten Fotografien von strikkenden Mädchenklassen belegen. Die 1915 eigens zum Thema „Schule und Krieg" veranstaltete Sonderausstellung des Berliner Zentralinstituts für Erziehung und Unterricht richtete einen ganzen Raum für die als „Liebesgaben für die Feldgrauen" bezeichneten Strickerzeugnisse der Mädchen ein.[14]

Insgesamt war Weiblichkeit im Krieg durch den Nationalen Frauendienst auf Tugenden festgelegt, die mit Liebe, Treue, Geduld, Sparsamkeit, Verzicht und wohltätigem Engagement zusammengefaßt werden können. Die Arbeit der Frauen in den Betrieben der kriegswichtigen Industrie und vor allem in der Rüstungsproduktion paßte dagegen weniger in dieses Konstrukt und wurde eindeutig als Männerarbeit kodiert, die von den Frauen notgedrungen und ersatzweise übernommen werden mußte. Tatsächlich aber wurde gerade diese Kriegsarbeit der Frauen nach 1918 für die Zuerkennung der Staatsbürgerrechte durch die Weimarer Verfassung in der öffentlichen Propaganda ausschlaggebend. Erst durch die Verrichtung von Männerarbeit und die organisierte Tätigkeit der Frauen in der sozialen Kriegsfürsorge wurden Frauen „so viel wert wie der Mann ... draußen im Schützengraben".[15]

Insofern wurde der Krieg von der bürgerlichen Frauenbewegung durchaus begrüßt. Helene Lange urteilte 1915 euphorisch, die Frauen hätten „den Ruf der Zeit an ihre Kraft ... teils wie eine Berufung, teils wie eine neue hinreißende Forderung" erlebt. Vor diesem Hintergrund entwickelte sie im gleichen Jahr ihre Leitsätze zur Frauendienstpflicht und setzte sich für die Einführung eines weiblichen Dienstjahres ein, das der männlichen Dienstpflicht im Heer analog verstanden werden sollte.[16] In diesem Frauendienst sollte sich weibliche „Staatsleistung" kundtun, die durch den Krieg in ihrem Grundzug als „andauernde Friedensaufgabe" erst so recht hervorgetreten sei. Der männlichen „Staatsleistung" als der „Behauptung von Macht", stünde nunmehr die weibliche als „Fürsorge" und „Pflege des Lebens" gleichberechtigt gegenüber.

Das Konzept sah vor, alle Mädchen zu erfassen und durch hauswirtschaftliche Kurse, volkswirtschaftliche Bildung, Körperschulung und die Ausbildung zum späteren Einsatz in der Kranken- und Verwundetenpflege und „aller Art organisierter Wohlfahrtsarbeit" zu qualifizieren.[17] Weiblichkeit drückte sich auch in diesem Konzept durch Eigenschaften der Hingabe

---

14 Schule und Krieg. Sonderausstellung im Zentralinstitut für Erziehung und Unterricht Berlin. Berlin 1915.

15 Zit. in Guttmann, Barbara: Weibliche Heimarmee. Frauen in Deutschland 1914 - 1918. Weinheim 1989, S. 15.

16 Lange, Helene: Die Dienstpflicht der Frau. Leitsätze. In: Verhandlungen der 14. Generalversammlung (Kriegstagung) des Allgemeinen Deutschen Lehrerinnenvereins in Berlin vom 22. bis zum 25. Mai 1915. Berlin 1915, S. 44 - 60.

17 Vgl. Lange, Helene: Kriegslehren für die Frauenbildung. In: Die Lehrerin 32 (1916), Nr. 42 vom 15. Januar 1916, S. 329 - 330.

und Pflichttreue aus, die sich nicht in einer „irgendwie" ausgeübten, sondern in der geschulten sozialen Tätigkeit erfüllte.

Auch wenn es vereinzelte Stimmen gab, die meinten, „es wäre mancher Frau zu wünschen, daß sie auch einmal einige Wochen in den Schützengräben liegen müßte, um von dem Ernst des Krieges mehr erfaßt zu werden"[18], und bereits 1917 begonnen wurde, Männer in der „Etappe" durch Frauen zu ersetzen, ist eine militärische Frauendienstpflicht nie in Erwägung gezogen worden. Eduard Spranger war schon die von Helene Lange betonte Analogie von weiblichem Pflichtjahr und männlichem Wehrdienst reichlich suspekt, obwohl er den Vorstoß zur Frauendienstpflicht insgesamt begrüßte: „Ich bekenne", schrieb er 1916, „daß ich die Analogie mit dem Heeresdienst der jungen Männer nicht liebe. Sie führt zu willkürlichen Spielereien und verbaut zu leicht den freien Blick für das Neue und Nichtvergleichbare, das geschaffen werden muß. Das Gemeinsame des Heeres und des Frauendienstes besteht im Grunde nur darin, daß beide eine Art Erziehung darstellen, bei der der Staat gleichsam in größerer Nähe fühlbar wird und sich so dem ethischen Bewußtsein tiefer einprägt. Das muß auch für die Mädchen geschaffen werden."[19] Vor dem Staat und für den Staat waren demnach beide Geschlechter gleich erziehungsbedürftig. Sie sollten aber in unterschiedlichen und voneinander getrennten Formen erzogen werden, die Männer im Heer, die Frauen im sozialen Arbeitsdienst.

## 3. Wehrerziehung für Mädchen im Nationalsozialismus

Die Frauendienstpflicht ist im Ersten Weltkrieg bekanntlich nicht realisiert worden. Erst im Nationalsozialismus wurden – freilich unter gänzlich veränderten Bedingungen, aber doch mit ähnlichen Konzepten von Weiblichkeit – der Arbeitsdienst der weiblichen Jugend und das Pflichtjahr durchgesetzt. Wie die gesamte Erziehung im Nationalsozialismus standen auch diese Bereiche unter der Klammer von „Wehrhaftigkeit" und „Wehrgesinnung", die als durchgängige Prinzipien der Erziehung in allen pädagogischen Institutionen, in der Schule und in der Hitlerjugend, eine – wenngleich zeitlich unterschiedliche – Rolle spielten. Ich werde mich im folgenden jedoch nicht auf den Arbeitsdienst und auch nicht auf den Bund Deutscher Mädel als der weiblichen Form der Hitlerjugend beziehen, sondern lediglich auf die „Wehrerziehung" von Mädchen in der Schule.[20]

---

18 Grünweller, August: Der Krieg als Volkserzieher und die Volksschule. Ein Wort für christliche Jugend- und Volkserzieher, Schul- und Volksfreunde. Rhendt 1915, S. 16.
19 Spranger 1916, S. 68.
20 Auf die Debatte der Frauenforschung um die Opfer-, Täter- oder Mittäterrolle von Mädchen und Frauen im Nationalsozialismus einzugehen, ist hier nicht der Ort. Vgl. dazu im Überblick zuletzt Sachse, Carola: Frauenforschung zum Nationalsozialismus. Debatten, Topoi und Ergebnisse seit 1976. In: Mittelweg 36. Zeitschrift des Hamburger Instituts für Sozial-

Daß für Mädchen Wehrerziehung überhaupt in Frage kam, war angesichts des erklärten Ziels weiblicher Erziehung, das – nach einem bekannten Hitler-Zitat – „unverrückbar die kommende Mutter" sein sollte, keineswegs selbstverständlich. Auch kam bei nationalsozialistischen Pädagogen wie Alfred Baeumler, der in Berlin die neue, „politische", dezidiert auf Männer und den „Typus des politischen Soldaten" ausgerichtete Pädagogik vertrat, Wehrerziehung lediglich im Kontext der „Formationserziehung" der Jungen vor.

Wehrerziehung für Mädchen wurde innerhalb des Nationalsozialistischen Lehrerbundes (NSLB) allerdings bereits 1934, also ein Jahr vor der Wiedereinführung der Wehrpflicht für Männer thematisiert, noch dazu von einer Frau. Gegenüber der „liberalistischen Zeit", die „Völkerversöhnung" als Erziehungsziel „gepredigt" hätte, müsse der Nationalsozialismus „Wehrhaftigkeit auch der Frau fordern", so Friederike Matthias, Referentin für das höhere Mädchenschulwesen im NSLB. „Wehrhafte Gesinnung" auszuprägen, sei demzufolge eine Grundforderung im Rahmen der Reform der höheren Mädchenschule und eine Vorbedingung wehrhafter Leistungen der Frau.[21]

Die Tätigkeiten, auf die die Mädchen eingestimmt werden sollten, waren dem traditionellen Weiblichkeitsbild entnommen, das nunmehr aber allein biologisch begründet wurde: „Aus biologischen Gründen", betonte Friederike Matthias, „ist der Kampf an der Wetterseite Sache des Mannes. Die wehrhafte Leistung der Frau besteht in pflegerischer Tätigkeit", weswegen für Mädchen Sanitätskurse und Luftschutzausbildung eingerichtet werden müßten.

Verfolgt man die Äußerungen von Lehrern an höheren Mädchenschulen zu der Aufforderung des NSLB, die Mädchen zu wehrhafter Gesinnung zu erziehen, wird sichtbar, daß dieser Auftrag doch mit erheblichen Irritationen aufgenommen wurde. Die erste Reaktion, die zu diesem Thema in der Zeitschrift „Nationalsozialistische Mädchenerziehung" erschien, war im Jahr 1936 der Abdruck eines Vortrags, der vor Lehrerinnen in Schulungslagern gehalten worden war. In diesen Ausführungen wurde auf die Rede, die Hitler 1936 vor der NS-Frauenschaft gehalten hatte, zurückgegriffen. Auf die Wehrhaftigkeit der Frau hin angesprochen, hatte Hitler geäußert, daß weibliche Wehrerziehung nicht den Sinn habe, Frauen im Krieg als Soldaten einzusetzen. Solange Deutschland „ein gesundes männliches Geschlecht" besitze – und dafür wolle er sorgen – werde „in Deutschland keine weibliche Handgranatenwerferinnen-Abteilung gebildet und kein weibliches Scharfschützen-

forschung 6 (1997) 2, S. 24 - 42 sowie Schomburg, Petra: Frauen im Nationalsozialismus. Ein Überblick über die historische Frauenforschung und die feministische Diskussion um Verantwortung und Beteiligung von Frauen am Nationalsozialismus. In: Niethammer, Ortrun (Hrsg.): Frauen und Nationalsozialismus. Historische und kulturgeschichtliche Positionen. Osnabrück 1996, S. 42 - 56.

21  Matthias, Friederike: Grundsätzliches zur Reform der höheren Mädchenschule. In: Reber-Gruber, Auguste (Hrsg.): Weibliche Erziehung im NSLB. Vorträge der Ersten Erzieherinnentagung des NSLB in Alexisbad am 1., 2. und 3. Juni 1934. Berlin 1934, S. 23 - 32, hier S. 29.

korps", denn das sei „nicht Gleichberechtigung", sondern – im Gegenteil – „Minderberechtigung" der Frau.[22]

Ganz ähnlich versicherte auch Walter Müller in dem erwähnten Schulungsvortrag, daß es bei der Wehrerziehung der Mädchen um eine „wehrgeistige Erziehung" ginge und nicht um die Vorbereitung auf einen weiblichen Wehrdienst. Ein „Amazonenkorps aufzustellen", wolle man „gerne den Sowjets überlassen", Wehrhaftigkeit aber sei vornehmlich eine „seelische Haltung". Es sei an der Zeit, daß die „ganze Frauenwelt wieder denken" lerne, wie Theodor Körner, Lützower Jäger in den napoleonischen Befreiungskriegen, der in seinen Freiheitsliedern geschrieben hatte: „Pfui über dich Buben hinter dem Ofen! Ein deutsches Mädchen mag dich nicht!"[23]

Was schließlich an Vorschlägen folgte, wirkt wie eine Neuauflage der Programmatik des Nationalen Frauendienstes aus dem Ersten Weltkrieg. Danach käme es bei der wehrgeistigen Erziehung darauf an, den Mädchen die volkswirtschaftlichen Zusammenhänge des privaten Haushalts bewußtzumachen, die Hausfrauen vom Hamstern abzuhalten oder die Wohlfahrtsaufgaben des Winterhilfswerks zu unterstützen. Von nationalsozialistischer Diktion abgesehen, machte lediglich die Aufforderung, daß Mädchen und Frauen jüdische Geschäfte, Ärzte und Zahnärzte meiden sollten[24], den nationalsozialistischen Kontext der dreißiger Jahre deutlich.

Wenige Wochen später stellte ein offensichtlich als Gegenartikel zu Müller in der gleichen Zeitschrift aufgenommener Beitrag von Wilhelm Reyer fest, daß der Begriff „Wehrhaftigkeit" der Verwässerung anheimgegeben sei, würde man ihn darauf beziehen, „daß sich Hausfrauen bei ihren Einkäufen wirtschaftlichen Nötigungen zu fügen haben" oder „jüdische Geschäfte meiden sollen". Dies sei schlicht Sache der Selbstzucht. Wehrhaftigkeit hingegen sei etwas für Männer; bei Frauen sei v. a. „Verständnis zu schaffen für die militärischen Maßnahmen der Landesverteidigung". In diesem Sinne müsse zuerst bewußtgemacht werden, daß sich weibliches Heldentum in der Ergänzung der Mannestätigkeit erfülle, nicht aber in einem Wettbewerb zwischen Mann und Frau. Die Frau sei „Genossin" und „Gefährtin" des Mannes. Sie rücke vor in die Arbeitsplätze des Mannes, „um sein Wirken für höhere Aufgaben frei zu machen", trete aber „zurück aus ihnen, sobald er seinen Platz wieder auszufüllen vermag."[25]

Sind in dieser Argumentation Anklänge an die Diskussion um Frauenerwerbstätigkeit im und nach dem Ersten Weltkrieg nicht zu überhören, erhielt

---

22  Hitler, Adolf: Rede vor der NS-Frauenschaft 1936, hier zit. nach Gamm, Hans-Jochen: Führung und Verführung. Pädagogik des Nationalsozialismus, Frankfurt/New York, 2. Aufl. 1984, S. 285.

23  Müller, Walter: Die Mädchenschule im Dienst der Erziehung wehrhafter Gesinnung. In: Nationalsozialistische Mädchenerziehung 2 (1936), S. 6, für das vorstehende Zitat S. 3.

24  Müller 1936, S. 5.

25  Reyer, Wilhelm: Wehrhaftes Frauentum als Aufgabe der nationalsozialistischen Mädchenerziehung. In: Nationalsozialistische Mädchenerziehung 2 (1936), S. 115.

die Debatte um Wehrerziehung für Mädchen deutlich andere Konturen, als 1942 entgegen früheren Beteuerungen nun doch Frauen als Wehrmachtshelferinnen eingezogen wurden. Zum Ende des Krieges waren es schließlich 450.000, die im Nachrichtendienst, an Flakscheinwerfern, aber auch im Feldheer eingesetzt waren.[26] Das den Heeres-Helferinnen 1943 ausgehändigte Merkblatt über das Verhalten im Falle ihrer Gefangennahme, zeigt deutlich, daß „deutsche Frauen und Mädchen" „nicht zum Kampf mit der Waffe in der Hand eingesetzt werden" sollten, da sie „sonst Gefahr" liefen, „vom Feind als ‚Flintenweib' behandelt zu werden"[27], was nicht zuletzt auf das eigene Verständnis und das entsprechende Vorgehen der Wehrmacht im umgekehrten Fall verweist.[28]

In den Mädchenschulen wurde Wehrerziehung nach 1942 insbesondere als „Charakterschulung" intensiviert – vor allem in Bezug auf die Geschlechterordnung, die offenbar ins Wanken zu geraten drohte. Von Lehrerinnen wurde vorgeschlagen, weibliche Heldengestalten aus Geschichte, Literatur und Kunst, aber auch aus der Gegenwart stärker in den Unterricht einfließen zu lassen, um den Mädchen einerseits weibliche Vorbilder nahezubringen, andererseits aber auch – etwa am Beispiel der Kampffliegerin Johanna Reitsch – das Außergewöhnliche weiblichen Heldentums vor Augen zu führen.[29]

Die Warnung vor einer zu befürchtenden „Vermännlichung" von Mädchen, die schon relativ früh die BDM-Führung veranlaßt hatte, die militärische Ordnung für ihre Dienste zu lockern und das Programm des Werkes „Glaube und Schönheit" stärker zu propagieren[30], hatte nunmehr auch die Mädchenschulen erreicht. „Hüten wir uns, Mädel heranzuziehen, die glauben männlicher sein zu müssen als der Mann", so die Lehrerin Else May zum Thema wehrgeistige Erziehung.[31] Für die Schule hatte diese Warnung zur Konsequenz, daß trotz vereinzelter Forderungen, auch für Mädchen eine Art

---

26   Vgl. dazu insgesamt die Dokumentation von Gersdorff, Ursula von: Frauen im Kriegsdienst 1914 - 1945. Stuttgart 1969.

27   Merkblatt über das Verhalten der Helferinnen des Heeres im Falle der Gefangennahme. In: Gersdorff 1969, S. 374.

28   Zu dieser Problematik vgl. die jüngste Studie aus dem Kreis des Hamburger Instituts für Sozialforschung, in der auf die „heftigen Irritationen" eingegangen wird, mit der die deutsche Wehrmacht auf „kämpfende Soldatinnen der Roten Armee" reagierte: Schwarz, Gudrun/Zipfel, Gaby: Die halbierte Gesellschaft. Anmerkungen zu einem soziologischen Problem. In: Mittelweg 36. Zeitschrift des Hamburger Instituts für Sozialforschung 7 (1998) 1, S. 78 - 88, hier S. 82 ff.

29   Rahn, Hedwig: Heldische Erziehung unserer Mädchen. In: Nationalsozialistische Mädchenerziehung 9 (1943), S. 101.

30   Vgl. Klaus, Martin: Mädchen im Dritten Reich. Der Bund Deutscher Mädel (BDM). Köln. 2. Aufl. 1985, S. 93 f.

31   May, Else: Die wehrgeistige Erziehung der Mädchen. In: Nationalsozialistische Mädchenerziehung 8 (1942), S. 4.

technisch-praktischen Wehrunterricht einzuführen, wie er an Jungenschulen üblich war, am Konzept der Wehrgeistigkeit festgehalten wurde.

## 4. Wehrunterricht in der DDR

Nach dem Ende des Zweiten Weltkrieges gab es in Deutschland über mehr als dreißig Jahre keine Diskussion um einen Wehrunterricht in der Schule. In der Bundesrepublik kam es in den siebziger Jahren aufgrund der steigenden Zahlen der Kriegsdienstverweigerer zwar zu einer Bundestagsdebatte darüber, ob nicht „den Aufgaben der militärischen und zivilen Verteidigung im Schulunterricht" eine besondere Beachtung geschenkt werden müsse, doch zu einer praktischen Konsequenz in Richtung eines Wehrunterrichts ist es nicht gekommen. Der Versuch einer Ausrichtung der „Friedenserziehung" auf die Frage der „Landesverteidigung" gelang nicht.[32] Die erneute Debatte, die zwischen 1980 und 1983 die Kultusminister beschäftigte und die auch als Reaktion auf die Einführung des Wehrunterrichts in der DDR verstanden werden konnte, blieb ebenfalls folgenlos.

In der DDR dagegen wurde Wehrunterricht 1978 „umstandslos" als Schulfach verfügt, Kritiken wurden rigoros zurückgewiesen und z.T. öffentlich „politisch inkriminiert".[33] Obwohl Wehrerziehung in der DDR schon seit den frühen fünfziger Jahren in Lehrplänen der Schule und Erziehungsprogrammen der Kindergärten einen festen Platz hatte, stellte die Einführung des Wehrunterrichts als Unterrichtsfach eine qualitativ neue Situation dar, die sogar Margot Honecker, die Ministerin für Volksbildung, zu der Warnung veranlaßte, die „herkömmlichen" Lehrerinnen und Lehrer „dürften" durch den Wehrunterricht „nicht von ihrer eigentlichen Funktion ... abgehalten werden".[34]

Der Wehrunterricht umfaßte einen militärtheoretischen und -praktischen Teil und war für Jungen und Mädchen der 9. Und 10. Klassen gleich und obligatorisch. Der Kernunterricht zu je vier Doppelstunden, in dem über den

---

32  Zum Verlauf der Debatte vgl. Lutz 1984, hier S. 23.
33  Geißler, Gert/Wiegmann, Ulrich: Wehrfähig und allseitig. Zu einigen Aspekten der schulischen Wehrerziehung in der DDR. In: Häder, Sonja/Tenorth, Heinz-Elmar (Hrsg.): Bildungsgeschichte einer Diktatur. Bildung und Erziehung in der SBZ und DDR im historisch-gesellschaftlichen Kontext. Weinheim 1997, S. 101. Zum gesellschaftlichen Kontext vgl. v.a. Geißler, Gert/Wiegmann, Ulrich: Pädagogik und Herrschaft in der DDR. Die parteilichen, geheimdienstlichen und vormilitärischen Erziehungsverhältnisse. Frankfurt am Main u.a. 1996 sowie deren Darstellung über Wehrerziehung und Schule in: Handbuch der deutschen Bildungsgeschichte. Bd. VI 1945 bis zur Gegenwart. Zweiter Teilband, Deutsche Demokratische Republik und neue Bundesländer. München 1998, S. 359 - 375.
34  Vgl. Hübner, Werner: Landesverteidigung und Wehrerziehung. In: Glaser, Günther/Knoll, Werner (Hrsg.): Landesverteidigung und/oder Militarisierung der Gesellschaft der DDR?. Kolloquium am 22. Februar 1995 in Potsdam – Protokoll. Berlin 1995, S. 26 - 33, hier S. 28.

„Sinn der sozialistischen Landesverteidigung", den „Charakter eines möglichen Krieges und die Anforderungen an die Soldaten und die Zivilverteidigung", über „militärische Berufe" und die „Bewaffnung und Ausrüstung der
Armeen des Warschauer Vertrages" gesprochen wurde, wurde nicht selten
von Unteroffizieren durchgeführt. Am Ende der neunten Klasse gab es für die
Jungen ein zweiwöchiges „Wehrausbildungslager" und für die Mädchen einen zweiwöchigen Lehrgang „Zivilverteidigung". Daß mitunter auch Jungen
an diesem Lehrgang teilnahmen, lag daran, daß sie entweder nicht militär-
tauglich waren oder die Eltern dem Aufenthalt ihres Sohnes in solch einem
Lager nicht zugestimmt hatten. Den Abschluß des Wehrunterrichts bildeten
drei „Tage der Wehrbereitschaft", an denen Übungen stattfanden, die u.a. der
Prüfung der Ausbildungsergebnisse dienten.

Auch der Wehrunterricht war in seinem theoretischen Teil koedukativ,
und Koedukation stand in der DDR bekanntlich nicht zur Debatte.[35] Deshalb
ist es auch nicht erstaunlich, daß es keine öffentliche Auseinandersetzung
über die Einbeziehung der Mädchen in den Wehrunterricht gab. Die Frage,
warum Mädchen, für die auch in der DDR keine Wehrpflicht, wohl aber die
Möglichkeit zum freiwilligen Militärdienst bestand, überhaupt am Wehrunterricht teilnehmen sollten, ist allerdings in vervielfältigten Erfahrungsberich-
ten von Lehrern, den Pädagogischen Lesungen, beantwortet worden[36]: erstens mit dem Wachhalten des Verteidigungsgedankens unabhängig vom
Geschlecht und zweitens damit, daß Mädchen mit entsprechendem militärpo-
litischen Wissen „die Entscheidung ihres künftigen Freundes, Verlobten oder
Ehemannes, ... einen militärischen Beruf zu ergreifen" besser „unterstützen"
könnten.[37]

Über Äußerungen hinaus, die Mädchen ans Herz legten, dem Freund
über seine Armeezeit hinweg treu zu bleiben, kommen auch in Pädagogischen Lesungen Mädchen bei genauem Hinsehen nur am Rande vor, möglicherweise auch, weil dieser Unterricht in ihren Augen überflüssig war. Ein
Mecklenburger Lehrer beispielsweise beschrieb 1980 folgende Unterrichtssi-
tuation: „Beim Betrachten des DIAs ‚Panzer bei der Flußdurchfahrt'" habe

---

35  Vgl. Hempel, Marlies: Die Koedukationsdebatte – eine „nichtwestliche" Perspektive. In:
    GEW-Frauen (Hrsg.): Koedukation. Texte zur neuen Koedukationsdebatte. Frankfurt a.M.
    1994, S. 41 - 50 sowie Hempel, Marlies: Geschlechterverhältnisse und pädagogische Frau-
    enforschung in der DDR. In: Dies. (Hrsg.): Verschieden und doch gleich. Schule und Ge-
    schlechterverhältnisse in Ost und West. Bad Heilbrunn 1995, S. 48 - 72, und Kühn, Heide-
    marie: Mädchenbildung in der DDR? Wahrnehmungen und Reflexionen eines nicht exi-
    stenten Themas. In: Zeitschrift für Pädagogik 41 (1995), S. 81 - 99.
36  Die hier gegebene Darstellung basiert auf einer Analyse von 39 unveröffentlichten Pädago-
    gischen Lesungen (Erfahrungsberichten von Lehrern) aus dem Zeitraum zwischen 1978
    und 1989, die in Manuskriptform vorliegen und in der Bibliothek für Bildungsgeschichtli-
    che Forschung in Berlin aufbewahrt werden.
37  Görisch, Otto: Meine Erfahrungen bei der bewußten Einbeziehung der Mädchen in die
    Gestaltung der Unterrichtsstunden zu Fragen der sozialistischen Landesverteidigung. Wa-
    ren 1980, S. 20.

eine Schülerin gefragt: „Was soll das Ding da oben auf dem Panzer?" Der Lehrer monierte die Formulierung der Frage in seinem Bericht. Seiner Ansicht nach hätte die Schülerin „richtig fragen müssen: ‚Welche Funktion hat der Schnorchel bei der Unterwasserfahrt?'", und er kam zu dem Schluß: „Der Begriff ‚Schnorchel' im Zusammenhang mit einem Panzer ist der Schülerin natürlich nicht geläufig." Die Folgerung des Lehrers, dessen Anliegen es war, daß die Mädchen sich am Wehrunterricht besser beteiligten, lautete demzufolge: „Erst wenn die für Mädchen ungewohnte Militärlexik Eingang in den aktiven Wortschatz gefunden hat, kann sich die Mitarbeit verbessern."

In der Pädagogischen Lesung eines Erfurter Lehrers[38] von 1989 schließlich findet sich ein Beispiel, in dem die Geschlechterrollen thematisiert werden. Der Autor nutzte für den Unterricht zum Thema Wehrbereitschaft eine Art Rollenspiel: Steffen, ein Unteroffizier auf Zeit, „auf Urlaub kommend", und Ralf, ein junger Baufacharbeiter, nach der Schicht auf dem Weg nach Hause, begegnen sich an der Haltestelle der Straßenbahn.

Ralf, der Zivilist, erfährt von Steffen, daß dieser bereits 8 Monate Armee hinter sich, aber auch noch „'ne ganz schöne Strecke" vor sich habe. Daraufhin meint Ralf: „Ich wollte in der zehnten Klasse auch mal drei Jahre machen. Gibt ja auch mehr Kies." Inzwischen sei aber seine Freundin Katrin dagegen, drei Jahre seien ihr zu lang. Ralf wünscht sich, daß sie ihn „hoffentlich ... nun auch bald (holen)", weil die beiden „anschließend ... heiraten" wollten. Steffen findet, daß Ralf und Katrin es „ganz schön eilig" hätten. Ralf windet sich heraus: „Ich nicht", meint er. „Sie drängelt laufend. Aber sag mal: Brauchen die dich überhaupt noch so lange? Wir rüsten doch ab." Diese Vermutung wird von Steffen allerdings nicht bestätigt, er klärt Ralf darüber auf, daß es „mit dem Verschrotten nun auch wieder nicht (so schnell)" ginge. Eher würden die Unteroffiziere noch stärker in Anspruch genommen, weil „10.000 (Soldaten) heim zu Muttern" gingen, die „ständige Gefechtsbereitschaft" aber bestehen bleibe.[39]

Anhand dieser Geschichte, die der Lehrer zur effektiveren Behandlung des Themas „Sozialistische Landesverteidigung" in der 10. Klasse vorschlug, sollten die Schülerinnen und Schüler über das Verhalten der beteiligten Personen diskutieren. Die Absicht, den Jungen und Mädchen Bekenntnisse abzuverlangen, ist nicht zu übersehen. Die gute Figur war Steffen. Ralf, der seine Verpflichtung zum Freiwilligendienst rückgängig gemacht hatte, weil seine Freundin mit der Heirat nicht länger warten wollte, erschien dagegen als ein junger Mann, der sich offensichtlich vom rechten Weg hatte abbringen lassen – durch Katrin, die anscheinend nur an sich dachte. Sowohl Katrins als auch Ralfs Haltung sollte die Jugendlichen bewegen, die „richtige" Einstellung zur Verteidigungsbereitschaft zu entwickeln.

---

38  Engel, Rudi: Zur Umsetzung des Inhalts- und Gestaltungskonzepts des neuen Lehrplanes
   für die Stunden zu Fragen der sozialistischen Landesverteidigung in Klasse 10. Erfurt 1989.
39  Engel 1989, Anlage 3 und S. 24.

Vor der Negativfolie der heiratswilligen Freundin wird noch einmal die Rollenerwartung an Mädchen und Frauen im Hinblick auf die Nationale Volksarmee (NVA) deutlich, die sowohl vor personellen Schwierigkeiten stand als auch – mit den Abrüstungsvereinbarungen und der Truppenreduzierung nach Helsinki – mit der ideologischen Begründung ihres Verteidigungsauftrags Probleme hatte. Die Mädchen sollten Verständnis für die Notwendigkeit des Militärs aufbringen lernen und die jungen Männer nicht vom längeren freiwilligen Militärdienst abhalten.

Daß sie selbst auch Soldatinnen werden konnten, stand dagegen nicht zur Debatte, was zu erkennen gibt, daß auch in der DDR nicht daran gedacht wurde, Mädchen für die Armee zu werben[40], obwohl es zu diesem Zeitpunkt schon mehrere hundert weibliche Offiziere, Fähnriche und Unteroffiziere gab, die nicht ausschließlich im Sanitätswesen, sondern auch im Nachrichtendienst, in Stäben der Landes- und der Luftstreitkräfte sowie der Marine eingesetzt waren.[41]

In der DDR hatte die Gleichberechtigung von Mann und Frau vor dem Militär zwar nicht Halt gemacht, war aber weithin ebenfalls durch traditionelle Muster bestimmt. Die Zeitschrift „Armeerundschau", das „Soldatenmagazin" der DDR, in der vor allem in den siebziger Jahren die Einsatzmöglichkeiten von Frauen in der Armee thematisiert wurden, war vor allem darauf bedacht, jeden Gedanken an das Bild einer militanten „Mannfrau" zu verhindern. So wurde auch gar nicht erst von Frauen, sondern von „Mädchen in Uniform" berichtet. Die Fotos zeigten Soldatinnen beim Sport, beim Einkaufsbummel in Uniform mit Minirock, zumeist lächelnd und schön und mit dem Utensil des Taschenspiegels als weiblichem Symbol versehen.[42]

Ein Motto, mit dem auch über Frauen in den Armeen der sozialistischen „Bruderländer" berichtet wurde, hieß: „Frauen sind gar nicht so ..." – „gar nicht so" männlich wie vermutet und also nicht gefährlich für die Geschlechterhierarchie, konnte das heißen, wenn z. B. eine Funkerin im Rang des Feldwebels von einem Mann folgendermaßen porträtiert wurde: „Sie gehört ohne Zweifel zu den Mädchen, nach denen man sich umdreht. Tadellose Fi-

---

40  Lediglich eine Werbebroschüre der NVA ging auf die Möglichkeit der militärischen Berufslaufbahn für Mädchen ein. Vgl. „Genossin Berufssoldat". In: Militärische Berufe. Für Schüler und Eltern. Eine Schrift zur Berufswahl. Berlin 1982, S. 20 - 21.

41  Zahlen über Frauen in der NVA stehen bislang nicht durchgängig zur Verfügung. Nach der deutschen Einigung und der damit verbundenen Auflösung der NVA gehörten allerdings die Frauen (1346 Soldatinnen, davon 235 Offiziere, 339 Fähnriche und 772 Unteroffiziere) zu den ersten die am 30.09.1990 aus den Streitkräften entlassen wurden, weil sie – laut Art. 12 a GG – nicht in die Bundeswehr übernommen werden konnten. Vgl. Kraake 1992, S. 34. Zum Thema Frauen in der NVA vgl. auch Holzweissig, Gunter: Militärwesen in der DDR. Berlin 1985, S. 79 - 83 sowie Berger, Ulrich/Wünsche, Wolfgang (Hrsg.): Jugendlexikon Militärwesen. Berlin 1984, S. 288 f.

42  Vgl. Ferngeschriebenes. Mädchen in Uniform. In: Armeerundschau. Heft 10, 1976, S. 53 - 57.

gur, gute Haltung, tolle Beine ... Rein äußerliche Qualitäten. Die inneren, soweit ich sie ... feststellen konnte, sind anderer Natur. Sie ist intelligent, dabei charmant, steht mit beiden Beinen fest im Leben ... Zwar Soldat, bleibt sie dennoch ein Mädchen. Liebt Musik, Theater, liest gern und ... rezitiert Gedichte."[43]

Das Porträt bediente damit einerseits „Männerphantasien"[44] und betonte andererseits – zur Beruhigung von Männern und Frauen – daß Frauen auch Soldaten sein konnten, ohne zwangsläufig ihre Weiblichkeit – hier symbolisiert durch Schönheit, Liebreiz, Charme, Liebe zu Musik und Literatur – einzubüßen.

## 5. Motive junger Frauen für die Entscheidung zum freiwilligen Dienst in der Bundeswehr

Warum Frauen in der DDR sich für den freiwilligen Militärdienst entschieden haben, kann nur noch in historisch rückblickender Befragung geklärt werden. Für die Wahl des Berufs „Sanitätsoffizier" durch Frauen in der Bundesrepublik kann man dagegen auf eine Studie zurückgreifen, die im Rahmen einer sozialwissenschaftlichen Begleitforschung zum ersten Jahrgang von Sanitätsoffiziersanwärterinnen entstanden ist.[45]

Die Studie enthält Aussagen darüber, was Frauen des ersten Bundeswehrjahrgangs 1989 zu ihrem Schritt in die Bundeswehr bewegt hat. Ermittelt wurden die in dieser Studie zusammengestellten Motive durch Befragungen in Rundtischgesprächen.

Die 50 ersten Offiziersanwärterinnen, die zum Zeitpunkt der Rundtischgespräche zwischen 18 und 25 Jahre alt waren, davon „rund die Hälfte" zwischen 19 und 20, hatten sich für diesen Beruf entschieden, weil sie „Arzt werden" wollten, weil sie sich von der Bundeswehr eine „Superausbildung", einen „sicheren Arbeitsplatz", gute Verdienstmöglichkeiten und damit Unabhängigkeit sowie – „falls erforderlich" – die Vereinbarkeit von Beruf und Familie versprachen, ferner weil sie die Berufe „Offizier und Arzt" für eine „ideale Ergänzung" hielten, weil sie selbst führen, ausbilden und Verantwortung tragen wollten, und schließlich auch, weil sie den Arbeitsplatz Bundeswehr als eine „Herausforderung durch die Männerwelt" betrachteten.

Den Verdacht, daß sie „in die Bundeswehr einträten, um die Zulassungsbeschränkungen zum Medizinstudium zu umgehen", wiesen die jungen Frauen von sich. Gleichzeitig betonten sie, daß ihnen der Dienst in der Bundes-

---

[43]  Armeerundschau. Heft 4, 1976, S. 36 f.
[44]  Der Begriff wird hier in Anlehnung an Theweleit verwendet. Vgl. Theweleit, Klaus: Männerphantasien. 2 Bde. Frankfurt a. M. 1977 und 1978.
[45]  Anker, Ingrid/Lippert, Ekkchard/Welcker, Ingrid: Soldatinnen in der Bundeswehr: Kennzeichen des sozialen Wandels. München 1993.

wehr „einen willkommenen festen Rahmen für das Studium" böte, ihnen die „Einbindung in eine festgefügte formale Struktur" zusage und sie die Sicherheit von „Praktikantenplätzen im und nach dem Studium" schätzten. „Letztendlich" glaubten die Frauen, auf diese Weise „dem Problem der künftigen Ärzteschwemme zu entgehen" und waren der Meinung, „in 16 Jahren (Bundeswehrdienst) wichtige Erfahrungen für ‚draußen' sammeln" zu können. Offizier werden zu wollen, wurde mit dem Wunsch begründet, einen Beitrag zur „Friedenssicherung" leisten und „bei Katastrophen helfen" zu können, aber auch damit „eine Domäne der Männer erobern" zu „wollen", was im Bereich des Möglichen sei, „weil sie sich im Militär qua Funktion auch als Frauen durchsetzen" könnten.[46]

Aus diesen Darstellungen kann geschlossen werden, daß die befragten Frauen nicht das Militärische an sich schätzten, weil sie naiv neugierig oder abenteuerlustig oder besonders kämpferisch waren, was ihnen häufig spekulativ in der öffentlichen Diskussion zugeschrieben wurde, sondern weil sie die Bundeswehr zuerst als Institution wahrnahmen, die ihnen Ausbildung und Karriere versprach. Selbst die militärischen Strukturen wurden unter solch pragmatischen Gesichtspunkten betrachtet und als Chance – nicht unbedingt der Emanzipation – aber des Sich-Durchsetzen-Könnens positiv beurteilt. Stellt man diesen Aussagen die Erfahrungen der Offiziersanwärterinnen nach einem Jahr Bundeswehrsozialisation gegenüber, zeigen sich deutliche Veränderungen in ihrem Selbstbild. Ursache dieser Veränderungen waren Erfahrungen, die die Frauen aufgrund ihrer Geschlechtszugehörigkeit machten. Die Entscheidung, Sanitätsoffizier bei der Bundeswehr werden zu wollen, die von Eltern noch am ehesten unterstützt wurde, rief vor allem im Freundes- und Bekanntenkreis sowie bei entfernteren Verwandten Reaktionen hervor, die insgesamt einen starken Legitimationsdruck erzeugten. Sie wurden mit „ablehnend, verwundert, ratlos, bewundernd", wegen der von der Bundeswehr angebotenen Rahmenbedingungen – u.a. kostenloses Studium – auch „verständnisvoll" und „neidisch", aber nur selten unbedingt „positiv" beschrieben.

Ihre negativen Reaktionen erklärten Freunde und Bekannte unter Zuhilfenahme eines traditionellen Rollenmusters: „Beim Bund verlieren Frauen ihre Weiblichkeit", hieß es, „werden zum Neutrum, sind militante Weiber, wollen über Männer herrschen (und) möchten wohl keine Kinder haben."[47] Ähnlich aggressiv attackiert fühlten sich Frauen schließlich auch auf dem Kasernengelände. Von Soldaten empfanden sie sich eher abgelehnt. Ihr vormaliges Selbstbewußtsein wurde durch bestimmte Erlebnisse erheblich beeinträchtigt. Genannt wurden z. B. „hingemurmelte" Äußerungen wie „Wenn meine Freundin zum Bund ginge, würde ich mich von ihr trennen"[48]

46  Ebenda, S. 55.
47  Ebenda, S. 59.
48  Ebenda, S. 63.

Die Folge davon war, daß die Frauen versuchten, sich vor solchen Reaktionen zu schützen. Besonders nachdem sie selbst wahrzunehmen glaubten, daß sie sich zum Männlichen hin veränderten, etwa eine „Kommandostimme" an sich entdeckten, auf die die „heimatliche Umgebung verschreckt reagiert"[49] hatte, bekamen Symbole des Weiblichen: lange Haare, Schmuck und Kleidung einen großen Stellenwert. Die Frauen, die sich zu Beginn ihres Eintritts in die Bundeswehr in „herb-strenger Aufmachung" gezeigt hatten, präsentierten sich ein Jahr später, wo immer es möglich war, z. B. auf Lehrgängen, „modisch-attraktiv". Nicht zuletzt um beweisen zu können, daß „Weiblichkeit" und der „Arbeitsplatz Militär" einander nicht ausschließen, hatten sie durchgesetzt, daß sie passendere Dienstkleidung bekamen und Frauen das Schmucktragen zur Uniform gestattet wurde.[50]

Im Wunsch, negativ besetzte „Klischees von sich vermännlichenden Soldatinnen"[51] für sich abzuwehren, bedienten sie sich selbst dieses Klischees. Während sie für sich als Offiziersanwärterinnen im Sanitätsbereich mit Zuschreibungen wie „Empathie und Fürsorge, Pflegen und Heilen" von vornherein Weiblichkeit beanspruchten, stellten sie für den Fall, daß Frauen in „anderen Waffengattungen" eingesetzt würden, Weiblichkeit generell in Frage. Dort würden ihrer Meinung nach „nur ‚Kampfweiber' oder ‚Kampftiere' bestehen (können), die dann wohl ungewöhnliche Frauen sein müßten".[52]

Die Unterscheidung zwischen der Offiziersanwärterin im Sanitätsdienst und dem Phantasiegebilde der kämpfenden Soldatin half den Frauen dabei, die Geschlechterordnung, die sie durch ihre Anwesenheit im Militär durchbrochen hatten, für sich selbst symbolisch wiederherzustellen. Hatten sie zu Beginn ihrer Ausbildung ungeachtet der gesellschaftlichen Stereotypisierung von Geschlechterrollen und gegen alles Befremden, das ihnen von Freunden und Bekannten zuteil wurde, darauf bestanden, in der Männerdomäne einen Platz einnehmen zu wollen, wurde ihnen die Selbstbehauptung offenbar nur möglich, indem sie sich selbst und den männlichen Kameraden gegenüber „Weiblichkeit" demonstrierten.

Um dem Verdacht und der verspürten Gefahr einer „Vermännlichung" entfliehen zu können, grenzten sie sich in ihrem Selbstbild sprachlich aggressiv von „Kampfweibern" ab und plädierten auf diese Weise für die Aufrechterhaltung tradierter Geschlechterrollen im Militär. Den Beweis, die gleichen Leistungen erbringen zu können wie die Männer, wollten die Frauen auf die Grundausbildung und den Sanitätsbereich beschränkt sehen. Weil ihnen die Anerkennung durch Leistung wichtig war, wurde die – in den Rundtischgesprächen mit den Forschern zugegebene – „große Angst" vor gesundheitlichen Schäden, die die Frauen nach den ersten Strapazen der Märsche mit 30

---

49  Ebenda, S. 98.
50  Ebenda, S. 113. Die Regelung gilt nicht auch für Männer.
51  Ebenda, S. 87.
52  Ebenda, S. 102.

bis 40-kg-Gepäck entwickelten, vor den Männern verborgen.[53] Für ihr Selbstkonzept hatten sie entdeckt, daß neben der Leistung die Betonung des Weiblichen nützlich war, um in der Männerdomäne als Kameradin und als Frau akzeptiert zu werden. Die Geschlechterrollen, die sie ursprünglich entweder nicht reflektiert hatten oder sogar überwinden wollten, hatten sie eingeholt.

Genau dieser Befund wird in einer neueren Studie zum berufsbiographischen Handeln junger Frauen an einem Einzelfall, exemplarisch, noch einmal bestätigt, darüber hinaus aber auch für das Verhalten außerhalb des Militärs festgehalten.[54] In der Forschung zur Geschlechter-Sozialisation ist der Vorgang, der sich hier offensichtlich abspielt, als Konstruktion eines geschlechtlichen Selbstkonzepts, bekannt. Er beinhaltet – vereinfacht ausgedrückt – die Herausbildung einer geschlechtlichen Identität durch die Verarbeitung von Erfahrungen, die Mädchen und Jungen, Frauen und Männer im Vergleich von individuellem Lebensentwurf und Rollenerwartungen machen. Für die Soldatinnen stellte sich die Entwicklung eines Selbstkonzepts, das schließlich Weiblichkeit und Soldatsein miteinander vereinbar machen sollte, als Problem des paradoxen Fortwirkens traditioneller Rollenmuster dar.

## 6. „Mädchen und Militär" als Gegenstand pädagogischer Reflexion und Praxis?

Wofür stehen nun die referierten Befunde? Der historische Diskurs um Mädchen und Militär, der am Exempel des Nationalen Frauendienstes und in den Konzepten von Wehrerziehung für Mädchen im Nationalsozialismus und in der DDR dargestellt wurde, zeigt, daß sich das Grundmuster der Diskussion um Geschlechterrollen und Militär über das 20. Jahrhundert hinweg – trotz grundlegenden Wandels der gesellschaftlichen Verhältnisse – kaum verändert hat und sich gerade erst abzulösen beginnt. Im Ersten Weltkrieg wurde die Rollenerwartung an Mädchen über das Symbol des Strickens von Soldatenstrümpfen pädagogisch vermittelt und für Frauen ungeachtet der tatsächlichen weiblichen Kriegsarbeit in Rüstungsbetrieben auf Fürsorgetätigkeiten festgelegt. In den Wehrerziehungskonzepten des Nationalsozialismus blieb die wehrgeistige Erziehung der Mädchen trotz deutlicher Korrekturen im

---

53  Ebenda, S. 66 f. Die hier vorgestellten Aussagen der von den Autoren interviewten Soldatinnen finden in einer späteren Untersuchung kaum noch Platz. Vgl. Anker, Ingrid/Welcker, Ingrid: Trendwende für die Bundeswehr? Der Beruf Soldat für Frauen. Bielefeld 1999, S. 21 ff.

54  Lemmermöhle, Doris: Berufs- und Lebensgestaltung im gesellschaftlichen Modernisierungsprozeß. Neue Anforderungen an junge Frauen und Männer und an Schule. In: Die Deutsche Schule 89 (1997), S. 410 - 428 und Lemmermöhle, Doris: „Ich fühl' mich halt im Frauenpelz wohler." Biographisches Handeln junger Frauen beim Übergang von der Schule in die Arbeitswelt. In: Feministische Studien. Heft 2, 1997, S. 23 - 37.

Zweiten Weltkrieg weiterhin an komplementären Geschlechterrollen orientiert. Und schließlich war auch im Wehrunterricht der DDR die Rolle der Mädchen weitgehend auf die Erwartung der den Militärdienst des Mannes unterstützenden Freundin, Verlobten und Ehefrau reduziert.

Aktuell weisen die Untersuchungen zu den Selbstkonzepten von Soldatinnen darauf hin, daß die Institution Bundeswehr und die in ihr handelnden Personen ebenfalls die traditionellen Geschlechtervorstellungen auch gegen die Intentionen und Motive der Soldatinnen präferieren.[55] Die Sanitätsoffiziersanwärterinnen ließen mit ihrer Entscheidung, einen Platz in der Männerdomäne Militär erobern zu wollen, überkommene Geschlechterrollen hinter sich. Zumindest partiell dekonstruierten sie mit diesem Schritt auch die Differenz der Geschlechter. Das Gelingen des zunächst selbstbewußt und souverän verfolgten Projekts stieß allerdings an Grenzen. In der Folge zwang die Berufsentscheidung „Sanitätsoffizier, weiblich" (so die in der Bundeswehr inzwischen eingeführte offizielle Bezeichnung) zu einer erneuten, nicht intendierten Re-Konstruktion der Geschlechterdifferenzen im Militär. Das einst gewählte Selbstkonzept wurde damit unterlaufen.[56]

Die Konfrontation mit Fremdbildern und die Wahrnehmung von nicht einkalkulierten Persönlichkeitsveränderungen, die die Sanitätsoffiziersanwärterinnen selbst als Zeichen der Vermännlichung deuteten, brachten sie dazu, ihr Selbstbild zu überprüfen und zu verändern. Die überkommene Geschlechterordnung, die sie allein durch ihre Anwesenheit auf dem Kasernengelände störten, stellten sie zum eigenen Schutz vor sprachlichen Attacken und Sanktionen[57] symbolisch wieder her. Weiblichkeit zu demonstrieren, wurde ihnen gerade in der „Männerdomäne" wichtig, um unmißverständlich als Frau identifiziert werden zu können.

Damit hat das Thema Frauen und Militär eine andere Dimension erreicht. Angesichts der Möglichkeit, daß Frauen in die Armee eintreten können und – wie der Fall Tanja Kreil[58] zeigt – inzwischen auch den Anspruch auf Teilha-

---

55  Vgl. dazu v.a. Seifert, Ruth: Individualisierungsprozesse, Geschlechterverhältnisse und die soziale Konstruktion des Soldaten. Eine theoretische und empirische Studie zur soldatischen Subjektivität und zu ihrer Wechselwirkung mit der Gesellschaft. München 1993.

56  Eine jugendsoziologische Untersuchung wies zudem bereits in den achtziger Jahren darauf hin, daß u.a. die Einstellung von Mädchen und jungen Frauen zum Militärdienst auch mit dem Verlauf der Adoleszenzkrise zusammenhängt und insofern veränderlich und stark individuell geprägt ist. Vgl. Nunner-Winkler, Gertrud: Adoleszenzkrisenverlauf und Wertorientierungen. In: Baacke, Dieter/Heitmeyer, Wilhelm (Hrsg.): Neue Widersprüche. Jugendliche in den achtziger Jahren. Weinheim u. München 1985, S. 86 - 107.

57  Vgl. zu dieser Frage berufsbiographischen Handelns u.a. Wetterer, Angelika: Dekonstruktion und Alltagshandeln. Die (möglichen) Grenzen der Vergeschlechtlichung von Berufsarbeit. In: Wetterer, Angelika (Hrsg.): Die soziale Konstruktion von Geschlecht in Professionalisierungsprozessen. Frankfurt a.M., New York 1995, S. 223 - 246.

58  Tanja Kreil hatte Ende 1999 gegen die Ablehnung ihrer Bewerbung für den Instandsetzungsdienst durch die Bundeswehr geklagt und damit die entscheidende Diskussion um die grundsätzliche Öffnung der Bundeswehr für Frauen angestoßen. Die obersten europäischen

be am Dienst mit der Waffe erheben, scheint mir – jenseits der politischen Diskussion um Sinn oder Unsinn von Militär, Wehrpflicht oder Freiwilligenarmee – ein auch pädagogisch motiviertes Nachdenken über das Verhältnis von Geschlecht, hier speziell Weiblichkeit, und Militär sinnvoll. Die pädagogische Geschlechterforschung, die sich seit längerem mit der Übernahme und Vermittlung von Geschlechterrollen im Schulunterricht auseinandersetzt und nicht zuletzt angeregt hat, Mädchenidentität zu stärken, um einst männliche Domänen in Naturwissenschaften und Technik zu erobern, wäre an solch einer Stelle herausgefordert. Die Herausforderung würde nicht darin bestehen, Mädchen zur Eroberung des Militärs aufzurufen, wohl aber darin, am noch immer ungewöhnlichen und in gewisser Weise extremen Fall der Soldatin (des „Soldaten, weiblich") ein Nachdenken über Geschlechterverhältnisse zu fördern, das den Blick verstärkt auf die Dialektik der Geschlechtersozialisation lenkt. Die Sensibilisierung für Geschlechterrollen und geschlechtstypisches Handeln ist nämlich keine Garantie für die Überwindung von Geschlechterdifferenzen. Sie kann vielmehr auch zu einer Stabilisierung von Geschlechterstereotypen führen – trotz „reflexiver Koedukation"[59] in der Schule und trotz bevorstehender Öffnung der Bundeswehr für Frauen.

Richter gaben ihr mit der Begründung Recht, daß die entsprechenden deutschen Rechtsvorschriften gegen den Grundsatz der Gleichheit von Männern und Frauen verstießen, der im europäischen Recht verankert ist. Vgl. u.a. „Bundeswehr muss Frauen auch an Waffen lassen". In: Der Tagesspiegel v. 12.01.2000, S. 1, Dokumentation und Informationen dazu ebd., S. 4 und die Diskussion auf der Meinungsseite „Schwestern, hört die Signale! Der EuGH hat entschieden: Frauen dürfen zur Bundeswehr. Müssen sie auch bald?".

[59]  Zum Ansatz „reflexiver Koedukation" vgl. Faulstich-Wieland, Hannelore: Koedukation – Enttäuschte Hoffnungen? Darmstadt 1991, insb. S. 163 - 168. Zu den Ergebnissen eines diesbezüglichen Modellversuchs „zur Veränderung von Unterricht und Schulkultur" zuletzt Kraul, Margret/Horstkemper, Marianne: Reflexive Koedukation in der Schule. Mainz 1999.

Rafael Behr

# Gefährdete und gefährliche Jugend

## Post-Adoleszenz in der Polizei

„Die Kultur insgesamt kann nur sehr schwer mit den destruktiven Kräften in der Auseinandersetzung um das Erwachsenwerden umgehen, und der einzelne erwachsene Repräsentant der Kultur (Eltern, Lehrer, Polizist ... ) ist meist mit diesen Herausforderungen in adoleszenten Beziehungen überfordert und auf individuelle und restriktive Handlungsmuster zurückgeworfen" (Büttner 1997, 90).

### 1. Jugend in der Polizei

Das Thema „Jugend" markiert, wie aus dem Zitat deutlich wird, ein höchst ambivalentes gesellschaftliches Statusverhältnis. In der pädagogischen, kriminologischen bzw. polizeisoziologischen Literatur taucht es meistens als Problem auf. Mit unterschiedlichsten pädagogischen Intentionen wird Jugend entweder als Sicherheitsrisiko oder als sittlich gefährdete Gruppe thematisiert, und fast ausschließlich als problematisches Klientelverhältnis für Polizei, Justiz und/oder Sozialarbeit[1]. Über *Jugendliche in der Polizei* findet sich so gut wie keine wissenschaftliche Publikation[2].

Ich gebrauche hier den Begriff „Jugend" in einem allgemeineren soziologischen Verständnis, nämlich als Lebensphase (Hurrelmann 1985) bzw. auch als distinktive Kategorie zu den „Erwachsenen".

Darüber hinaus ist Jugend aber kein homogener Topos, sondern muss noch einmal nach geschlechtsspezifisch unterschiedlichen Dispositiven hin untersucht werden. Dass das auch für die Lebenswelt des Gewaltmonopols eine Rolle spielt, werde ich erläutern. Dabei bin ich bei einem die Jugend überlagernden Themenfeld angekommen, nämlich bei der sozialen Kategorie *Geschlecht*.

---

[1]  Vgl. für Deutschland etwa Kersten (1991, 1994, 1996, 1997a und b), Meuser (1999) und Steinert (1995); grundsätzlich zum Problem von Hilfe und Kontrolle vgl. Cremer-Schäfer/Steinert (1998).

[2]  Ich habe bei meinen Recherchen nach polizeiinternen Veröffentlichungen lediglich einen Aufsatz gefunden, der aber „NfD" (Nur für den Dienstgebrauch) klassifiziert ist. Hier schreibt der Diplom-Psychologe Harald Fiedler von der Bereitschaftspolizei Göppingen über die „Lebenswelt Bereitschaftspolizei. Zur Situation jugendlicher Beamtinnen und Beamten während der Ausbildung." (In: Polizei-Führungsakademie, Arbeitstagung „Führung und Einsatz, Aus- und Fortbildung der Bereitschaftspolizei und des Bundesgrenzschutzes vom 6.-8.7.1993).

119

## 2. Männlichkeit und Bürokratie

Die Auseinandersetzung um Männlichkeit und Weiblichkeit unterliegt der Gefahr, die Alltagsvorstellungen einer Bipolarität von Geschlecht zu reproduzieren, sozusagen eine anthropologische Konstante zu unterlegen oder auch einem *objektivistischen Rest* das Wort zu reden. Es geht in meiner Auseinandersetzung jedoch nicht um konkrete Männer und Frauen, also um handelnde Subjekte, sondern um die sozial konstituierte und determinierte Konstruktion von Geschlecht, was ja hinreichend in der zurückliegenden Sex-Gender-Debatte thematisiert wurde (z. B. Frevert 1995, zusammenfassend vgl. auch Gerhard 1993).

Als Gegenstand einer eigenständigen soziologischen Theoriebildung existiert der Topos *Männlichkeit* noch nicht lange. Erst im Zuge der (feministischen) Frauenforschung, später als Gegenstand der Geschlechterforschung, gewinnt die Kategorie an Bedeutung. Immerhin hatte das den Vorteil, dass man an die sex-und-gender-Diskussion anschließen konnte und sich in der Tradition konstruktivistischer bzw. de-konstruktivistischer Theoriebildung bewegte (zusammenfassend: Kühne 1996, Meuser 1998). Für meine eigene Position ist vielleicht noch die Ergänzung wichtig, dass Geschlecht *mehr* ist als eine soziale Zuschreibung, mehr auch als eine quasi gesellschaftlich geformte Attitüde, die mit dem biologischen Subjekt nichts zu tun hätte. Es ist eine Form der Vergesellschaftung, wirkt aber wechselseitig *auch* auf reales und bewusstes Handeln ein. Geschlecht hat schließlich auch einen gewichtigen Körper (Butler 1995). Darüber hinaus wird auch eine Positionierung innerhalb eines gesellschaftlichen Herrschaftskontextes ausgedrückt und gelebt. In dem damit verbundenen Machtdifferential hat Männlichkeit mehr gesellschaftliche Macht als Weiblichkeit, dies ist in der Geschlechterdebatte ausreichend belegt worden (vgl. etwa Maihofer 1995, bes. 109-136). Diese gesellschaftliche Macht ist historisch gewachsen und determiniert. Gemeinhin wird sie unter dem Begriff des Patriarchats behandelt.

Robert Connell überführt diesen Begriff mit dem Konzept der *hegemonialen Männlichkeit* in ein Modell, das die ökonomischen und reproduktiven Bedingungen des Patriarchats außer Acht lässt, dafür aber den *patriarchalen Gehalt* der von Männern dominierten kulturellen Praxen (besonders in der Produktionssphäre) betont. Connell nimmt, stärker als im Patriarchatsansatz, *Konkurrenz* und *Kompromiss* in der Herausbildung einer hegemonialen Männlichkeit in den Blick. Mit dem Begriff *hegemoniale Männlichkeit* ist

„eine Konfiguration von Geschlechtspraktiken gemeint, welche insgesamt die dominante Position des Mannes im Geschlechterverhältnis garantieren. Hegemoniale Maskulinität ist keine feste Charaktereigenschaft, sondern kulturelles Ideal, Orientierungsmuster, das dem doing gender der meisten Männer zugrunde liegt" (Meuser 1998, 98, die etwa gleichlautende Übersetzung findet sich in Connell 1995, 77).

*Hegemonie* unterstreicht das Einverständnis, die Zustimmung der subordinierten Männer und der untergeordneten Frauen zu ihrer jeweiligen Position innerhalb der Geschlechterordnung.

Über Männlichkeitskonstruktionen in der Polizei habe ich einiges herausgearbeitet, nicht aber über Weiblichkeitsmodelle. Einfach nur von Frauen als dem Gegenüber bzw. dem Anderen von Männern zu sprechen, ist offenbar analytisch nicht ertragreich. Ich werde deshalb im ersten Teil das Verhältnis von jungen Männern zu älteren Männern untersuchen, also einen weitgehend homosozialen Aspekt der Polizei behandeln. Im zweiten Teil beschäftige ich mich mit den Phantasien von Männern über Frauen in der Polizei.

Zunächst einige einleitende Bemerkungen, die meinen Zugang zur Polizei und zum Thema Männlichkeit und Jugend verdeutlichen mögen:

Ich habe in meiner Untersuchung bei der Hessischen Polizei nach grundlegenden Mustern gefragt, die den Alltag des Gewaltmonopols bestimmen. Dabei bin ich auf mindestens zwei Kulturen gestoßen, nämlich eine offizielle Polizeikultur und eine informelle, subkulturelle Polizistenkultur (Cop Culture vgl. Behr 2000). Die Cop Culture ist identitätsstiftend, zumindest für die Gruppe der sog. street cops (also der *handarbeitenden* Polizisten und Polizistinnen). Maßgebliches Element der Cop Culture sind spezifische Männlichkeitsmuster, ich habe sie, in Anlehnung an Robert Connell, in hegemoniale, vorherrschende und abweichende Männlichkeiten unterschieden. Hegemonial (i.S. von kulturell dominant) scheint mir nach wie vor eine kriegerische Männlichkeit zu sein, die ich gleich anschließend näher erläutere. Daneben gibt es eine quantitativ weit stärker verbreitete Form, die ich als *Schutzmännlichkeit* und als *unauffällige Aufsteigermännlichkeit* beschrieben habe (der Unterschied zwischen beiden liegt im Grad der Teilhabe an der Organisationsmacht). Neben den dominanten existieren abweichende Formen von Männlichkeit, die noch einmal graduell unterschieden werden können: eine integrationsfähige Form der Abweichung ist beispielsweise Homosexualität, sofern sie nicht in der effeminierten Form auftritt, also als eine den heterosexuellen Mann bedrohende, quasi *entmännlichte Männlichkeit*. Nicht mehr tolerierbar ist eine bestimmte Ausprägung von Idealismus, sofern er sich gegen die kollektiven Handlungsmuster richtet. Hier liegt der Unterschied zwischen beiden im Grad der Infragestellung der subkulturell dominanten Formen: eine bloß *additive* Männlichkeit (z. B. durch einen *maskulinen Schwulen*) kann toleriert werden (sofern er habituell garantiert, dass er das für heterosexuelle Männer geltende Berührungsverbot beachtet), während eine *alternative* Männlichkeit (z. B. eine *abweichende Moral*) meist zur Marginalisierung bzw. zum Ausschluss führt (oft über die Figur des *schwarzen Schafes*, das seine Kollegen verrät[3]). Von den hier skizzierten Männlichkeitsformen wird die Kriegermännlichkeit eine besondere Rolle spielen, weil sie auffällig oft gekoppelt ist mit Jugendlichkeit.

## 3.  Latente Konflikte: Alter, Geschlecht und Status

Quer zu den *Kulturkonflikten* in der Polizei (die hier nur beispielhaft für den Typus der bürokratischen Organisation im Weberschen Sinne steht) scheinen mir noch andere Konfliktdispositionen zu existieren, die sich um die Themen *Alter, Geschlecht und Status* herum gruppieren. Insbesondere die zunehmende Auflösung homosozialer (Männer-)Verbände in der Polizei hat dazu geführt, dass diese drei Strukturmerkmale der Organisation prekär geworden sind. Dies ist nach meinem Wissen bisher weder theoretisch noch praktisch reflektiert worden[4].

Was mich veranlasste, über Jugend in der Polizei nachzudenken, war meine Verwunderung über den Status junger Leute in der Polizei. Der Eintritt in den Beruf, so kann man zugespitzt sagen, bedeutet für die jungen Männer und Frauen rechtlich das Ende der Jugend. Im Gegensatz zum Strafrecht enthalten weder das Beamtengesetz noch die Disziplinarordnung formelle Regelungen, die den (Un-)Reifegrad von Jugendlichen berücksichtigen. Aber nicht nur rechtlich sind die jungen Leute nun Erwachsene, auch im Dienstbetrieb werden die Suchbewegungen und die damit verbundenen Integrationsbemühungen bzw. konflikthaften Auseinandersetzungen zwischen Jugendlichen und der Erwachsenenwelt institutionell nicht zur Kenntnis genommen. In diesem Sinne spreche ich von „gefährdeter Jugend" (Jugend wird hier also als eine konflikthafte Phase in der Subjektentwicklung und der Herausbildung bzw. Transformation von Identität betrachtet (so etwa bei Erikson 1991).

---

3   Mehr zu dieser besonderen Form der Marginalisierung, die sozusagen eine Art dialektische Aspektumkehr beinhaltet, habe ich in dem Aufsatz *Funktion und Funktionalisierung von Schwarzen Schafen in der Polizei* (vgl. Behr 2000c) beschrieben. Unter dem Diktat der subkulturellen Moral werden aus Straftätern Ehrenmänner und der Beamte mit Zivilcourage wird als „Kameradenschwein" stigmatisiert.

4   Zwar ist das Thema „Sexuelle Aktivitäten zwischen Männern und Frauen" äußerst virulent in der Polizei, darauf weisen die zahlreichen Versuche hin, das Verhältnis zwischen Männern und Frauen im Polizeidienst zu analysieren. Sie stehen jedoch ganz überwiegend unter der einschränkenden Prämisse, dass Sexualität zwischen Männern und Frauen ein Problem ist. So erhob der Psychologische Dienst der Bayerischen Polizei in einem standardisierten Fragebogen Daten zu diesem Thema. Demnach fühlten sich von 74 befragten Polizistinnen zehn (= 13.5%) als Opfer von „penetranter Anmache/sexueller Belästigung (verbal, körperlich, Pin-up-Girls, Pornos usw.)" (die Formulierung war vorgegeben). In der gleichen Studie bezeichneten sich allerdings auch vier der 76 befragten Männer (=5.3%) als Opfer sexueller Grenzüberschreitung, wobei aus der Veröffentlichung nicht hervorgeht, von wem in diesen Fällen die Übergriffe herrührten (vgl. Polizeipräsidium München 1997, 47).

Jugendliche beiderlei Geschlechts sind mit ihrem Eintritt in die Polizei in erheblichem Maße mit der Auseinandersetzung um *institutionalisierte Männlichkeit,* d.h. mit einer bürokratisch organisierten Männerwelt konfrontiert. Auf der Suche nach Identitätsbildung und gesellschaftlicher Integration, die ja die Post-Adoleszenz ausmacht[5] (Hurrelmann u.a. 1985) bietet die Polizei den Jugendlichen nicht nur als Arbeitgeber, sondern auch als Sozialisationsinstanz, als *Lebenswelt,* einen Orientierungsrahmen, sie kontrolliert und formiert aber auch die Identitätsentwicklung.

Darüber hinaus markieren die jungen Männer für die Organisation und die dort etablierte *institutionalisierte Männlichkeit* auch eine Störung: sie beugen sich nicht ohne weiteres den Normen und Traditionen der Institution, sondern müssen erst in sie hinein erzogen werden. Und sie sind in der Generationsabfolge eine Gefahr für die exklusive Verfügung über begehrte Positionen und Güter (z. B. Planstellen). Insofern sind sie innerhalb des Männerbundes (genauer: für das Prinzip der Seniorität) in der Polizei auch eine „gefährliche Jugend".

Ich habe die Altersspanne, um die es mir hier geht, relativ willkürlich auf den Zeitraum zwischen dem 20. Und dem 25. Lebensjahr festgesetzt (dies entspricht dem Entwicklungsstadium der Post-Adoleszenz z. B. bei Mertens 1996, 133). Die Anzahl der Polizeibeamten und -beamtinnen bis 25 Jahre in der Hessischen Polizei umfasst 1557 Personen (Stand: August 1999), das sind 10.3 % des gesamten Personals (die andere „große Minderheit" sind Frauen, ihr Prozentsatz beträgt 10.6 % des Gesamtpersonalbestandes (N=15063). Sie stellen jedoch 33.7 % der unter 25-Jährigen, während die männlichen Jugendlichen nur ca. 7.3 % vom Gesamtpersonal ausmachen.

Die Beziehung zwischen Männern unterschiedlicher Generationen und unterschiedlicher Statusgruppen in Organisationen ist immer prekär gewesen[6]. So bemerkt Steinert in seiner Patriarchatsanalyse, dass „(d)ie jungen Männer (..) zu Nachfolgern erzogen und zugleich (ziemlich lange) an der Übernahme dieser Nachfolge gehindert werden (müssen)" (Steinert 1997, 131). Was hier als grundsätzlicher Generationskonflikt im Patriarchat ge-

---

5   In dieser Zeit müssen Jugendliche zwei Aufgaben bewältigen, nämlich an der Komplettierung der eigenen Identität arbeiten und ihre gesellschaftliche Integration bewerkstelligen. In der (psychoanalytischen) Adoleszenzforschung wird diese Phase, z. B. bei Erdheim (1988), auch bezeichnet als „Schwanken zwischen 'Erinnerung' und 'Erwartung' „ (zitiert nach Krebs 1997, 132). Ich verfolge jedoch keinen psychodynamischen Adoleszenzansatz, sondern konzentriere mich auf die kulturellen Rahmenbedingungen, die junge Menschen in der Polizei vorfinden.

6   Bürokratische Organisationen sind permanent damit beschäftigt, die Konflikte zwischen den Statusgruppen bzw. den Hierarchieebenen zu befrieden bzw. unbewusst zu halten, ebenso wie die prekäre Beziehung zwischen den Generationen, wobei Statusunterschiede oft, aber nicht notwendig mit Alter verbunden sind. Das funktioniert unter anderem durch eine Laufbahnverordnung. Sie verhindert, anders als in den USA, dass statusniedrige und junge Beamte ohne Zertifikate an anderen vorbei in Leitungspositionen befördert werden, nur weil sie z. B. von einem Polizeichef als *Leistungsträger* erkannt worden sind.

nannt wird, gilt auch für das bürokratisierte Verhältnis von Männern in der Polizei[7]. In ihr entscheiden regelmäßig ältere Männer darüber, wie viele der jungen Männer (und Frauen) zu welchem Zeitpunkt und mit welchen Prüfungen von *unten* nach *oben* befördert werden sollen. Die Personalführung in der Polizei ist eigentlich nichts anderes als eine bürokratisierte Variante des Versuchs, junge Männer dazu zu bringen, das Vermächtnis der Alten in deren Sinne, d.h. loyal, weiterzuführen[8].

Die positive Konnotation von Jugendlichkeit bezieht sich auf Virilität, und Vitalität sowie den weiteren Zukunftshorizont (dies nicht nur in der Werbung, dort wird es uns lediglich aufdringlicher vorgeführt). Jugendliche Polizisten stellen auf diese Weise in mancherlei Hinsicht eine Konkurrenz für die älteren Männer dar. Die Jungen haben neben den Nachteilen, die mit der geringen Statusmacht verbunden sind, aber auch gewisse Vorteile: Sie haben die (berufliche) Zukunft noch vor sich, sie können ihren Körper aktiver ins Spiel bringen als ältere Männer, ihnen wird schließlich in begrenztem Umfang zugestanden, ungefestigt und innovativ zu sein. Sie dürfen (und sollen sogar) Ähnlichkeit mit der jugendlichen Klientel der Polizei haben, solange es sich auf Lebensstil, Outfit und Jargon bezieht. Nur Erfahrung und vielleicht Bildung haben sie nicht in dem Maße, wie die älteren Männer es haben können. Erfahrungen zu sammeln ist jedoch kein *Privileg*, es geschieht automatisch (die gesammelte Erfahrung geschickt einzusetzen, und sich dadurch Vorteile zu verschaffen, ist wiederum ein Privileg, das man z. B. gegen *Bildung* einsetzen kann). Dass jüngere und ältere Männer auch um Frauen in der Polizei konkurrieren, ist institutionell weitgehend tabuisiert, ebenso wie die

---

7  Die Behandlung des Topos *Alter* ist ohne Spezifizierung zunächst ziemlich unverbindlich. Mir geht es aber nicht um die Erfassung von Alterskohorten, ich will vielmehr beschreiben, wie sich die Spannungen zwischen der etablierten und der nachfolgenden Generation zeigen (was einigermaßen schwierig ist, denn dies wird in der Polizei nicht thematisiert). Ich lege den Generationsbegriff pragmatisch auf den Altersabstand etwa einer Eltern-Kind-Beziehung (also etwa 25-30 Jahre) fest. Was z. B. über den Generationsaspekt der Väter-Söhne-Relation hinausweist, insbesondere die Frage der divergenten Lebensstile, wird hier nicht weiter verfolgt. Je nach Bundesland liegt das Einstellungsalter zwischen 16 und 18 Jahren, der Ruhestand wird mit 60 Jahren erreicht; im Wesentlichen handelt es sich also um eine Zwei-Generationen-Abfolge in der Polizei. Nur wenn man als Generationsfolge etwa 20 Lebensjahre annimmt, könnten sich noch einige Großväter mit den Enkeln in der Polizei treffen, diese Konstellation findet man jedoch so selten, dass ich sie außer Acht gelassen habe (vgl. Fuchs-Heinritz et al. 1994, 630).

8  Ich bleibe in diesem Abschnitt eng an der Darstellung von Steinerts Patriarchatsanalyse (in: Steinert 1997). Für Frauen in der Polizei gilt allgemein, dass sie angesichts ihrer geringen Zahl, besonders in Führungspositionen, *das männliche Prinzip* nicht infrage stellen können, sondern allenfalls in dieses integriert werden. Beispielsweise gibt es im höheren Dienst der Schutzpolizei Hessens gerade einmal eine Frau, bei der Kriminalpolizei sind es derer vier, die nach A 13 und mehr besoldet werden. In den Führungspositionen der Besoldungsstufen „B1" bis „B5" fehlen Frauen ganz (Schreiben Hessisches Innenministerium vom 20.10.99 Az. III A 44-15h-).

Anmutung, dass die diversen Disziplinierungstechniken auch dazu dienen könnten, sich die Konkurrenz vom Hals zu halten.

Der Generationskonflikt in der Polizei wird hauptsächlich über die Technik der *bürokratischen Disziplin(ierung)* bearbeitet. Mit ihrer Hilfe löst die Organisation mehrere Probleme. Erstens kann sie lange genug auswählen, die Kandidaten müssen eine Reihe von (Laufbahn-)Prüfungen bestehen, der Zeitfaktor tut ein übriges, was z. B. zum Erlangen von Denk- und Handlungsroutinen nicht unwichtig ist. Zweitens lassen sich Konkurrenzen zwischen jungen und alten Männern auf diese Weise latent halten, da offiziell nicht das *Lebens*alter, sondern das *Dienst*alter für Beförderungen eine Rolle spielt[9]. Mit der sukzessiven Einbindung in die Berufswelt, die durch Beförderungen, Lehrgänge, Abordnungen zu anderen Qualifizierungsmaßnahmen, Lebenszeitanstellung, Versetzungen zu anderen Dienststellen, zeitlich getaktet ist, bekommt das Berufsleben eine feste Struktur, die einigermaßen berechenbar ist. So verschafft sich das Senioritätsprinzip allgemeine Anerkennung, denn die jungen Leute lernen in der Organisation *auch* das Warten.

Die Jugendlichen nehmen ihren (gefährlichen) Platz ein, sie identifizieren sich mit ihrer Position, kleiden sie mit Sinn aus und tun damit nicht nur etwas für sich, sondern auch für die Funktionsmechanismen der Institution.

In meiner Untersuchung der Kultur der Polizei verwende ich verschiedene Männlichkeitstypologien, u. a. die des Kriegers. Sie steht als komplementäre Männlichkeit der Herrschaft der Verwalter gegenüber und bildet den (physisch) riskanten Gegenpart der jungen Männer zur eher bürokratischen Männlichkeit der alten Männer. Ich halte analytisch die Figur des (meistens: jungen) Kriegers für die Erklärung der Verhältnisse in der Polizei nach wie vor für ertragreich (gerade weil sie im krassen Gegensatz zur Kundenorientierung und Dienstleistungssemantik der Polizeiführung steht). Die damit verbundenen Zuschreibungen beziehen sich nur in geringem Ausmaß auf die realen Tätigkeiten, in weit größerem Umfang dagegen auf die Phantasien und medialen Konstruktionen, die mit dem Begriff *Verbrechensbekämpfung* assoziiert werden. Mit ihnen bezeichnen Polizisten ihre Vorstellungen einer Polizeiarbeit, die beispielsweise von Manning (1997, 296) als „cops and robber game" bezeichnet wird. Die individuelle, aber auch die kollektive Einstellung zum Beruf wird notwendigerweise mitkonstituiert durch die Bilder, die über Polizei transportiert und in ihr informell weitergegeben werden.

---

[9]  In Organisationen in stabilen politischen Verhältnissen ist die Kongruenz zwischen Lebensalter und Dienstalter meist gegeben. Auffällig und konflikthaft wurde dieser Aspekt aber beispielsweise in den Polizeibehörden der Neuen Bundesländer. Junge wie ältere Polizisten mussten sich in gleicher Weise neu qualifizieren. Oft schnitten die Jungen im Wettbewerb um die Sammlung neuen Handlungswissens besser ab als die Alten, weil *Erfahrung* keine verlässliche Ressource mehr darstellte. Gleichwohl wurden oft die älteren Beamten wegen des Senioritätsprinzips schneller in höhere Positionen befördert, was die jüngeren Beamten nicht unerheblich frustrierte (vgl. Behr 1993, 42-46).

Diesen Zusammenhang möchte ich exemplarisch an einer Interviewszene darstellen und analysieren. Er weist neben dem Konzept des „jugendlichen Kriegers" auch auf das widersprüchliche Verhältnis zwischen handarbeitenden und kopfarbeitenden Polizisten hin.

Mein Interviewpartner war seinerzeit 25 Jahre alt, seit etwa zwei Jahren Angehöriger einer Sondereinheit der Bereitschaftspolizei[10]. Er berichtete von einem Einsatz 1995 im Innenministerium in Wiesbaden, als im Zuge zahlreicher Demonstrationen von Kurden eine Delegation dem hessischen Innenminister eine Petition übergeben wollte. Die Aktion kam für die Behördenleitung überraschend, sie alarmierte die Sondereinheit, die sich gerade in der Sportausbildung befand.

„Wir fahren dahin, rödeln uns auf, weil wir ja das Gebäude schützen sollten, ja, eigentlich die Hintern der Vorgesetzten. Die haben gesagt, es kommt keiner ins Gebäude rein. Das war nicht toll. Wir waren sowieso schon verschwitzt, dann noch das dicke Ding[11] angehabt, der Schweiß gelaufen ohne Ende. Und was kommt den nächsten Tag? Hat sich einer aufgeregt, warum wir uns so anziehen mussten. Wär' doch etwas übertrieben gewesen für die Lage. Weil die dann nur gekommen sind, haben sich hingesetzt und die Petition übergeben und sind gegangen. Also die Lage war gar nichts, Null. Aber das kann ich ja vorher nicht wissen. Wir haben den Auftrag gehabt, keiner von denen kommt ins Gebäude. Und nachher werd' ich angeschissen, weil ich eine Sitec[12] anhatte. Kann ich beim besten Willen nicht nachvollziehen."

Hier zeigt sich das konflikthafte Verhältnis zwischen den jungen und den älteren Männern in der Polizei, aber auch der Konflikt zwischen Handarbeitern und Kopfarbeitern. Die Krieger schützen die Verwalter, sie halten ihnen den Rücken in brenzligen Situation frei und ermöglichen ihnen so die politischen Entscheidungen. Die Ministerialbeamten stellten sich rascher auf die Entdramatisierung ein als die Einsatzbeamten. Sie hätten es offenbar am liebsten gehabt, wenn die jungen Krieger genauso schnell, wie sie kamen und sich

---

[10]  Die Einheit wird als BFE (Beweissicherungs- und Festnahmeeinheit) bezeichnet. Sie ist durch Ausbildung und Ausrüstung spezialisiert auf die Festnahme von „Rädelsführern" bei Demonstrationen und anderen besonderen Zugriffssituationen und genießt innerhalb der Polizei den Ruf des „Spezialeinsatzkommandos (SEK) der Bereitschaftspolizei".

[11]  Damit meint er den Einsatzanzug mit der dazugehörenden Körperschutzausstattung, inklusiv der Schutzweste. Diese Kombination ist Standard der BFE und verleiht den Beamten ein sehr martialisches Aussehen.

[12]  Sitec ist der Name der Schutzweste, die zur Standardausrüstung der BFE-Einheit gehören. Von kundigen jungen Leuten der sog. Alternativen Szene in Frankfurt werden diese Polizisten u.a. deshalb auch *Robocops* genannt, was das äußere Erscheinungsbild der „aufgerödelten" BFE authentisch wiedergibt, aber auch etwas über deren Einfühlungsvermögen in diesem Zustand sagt. Im Zusammenhang mit der Auflösung einer Nachttanz-Party in der Nacht vom 5. auf den 6.6.97 war in einem Szene-Blatt unter dem Titel Inner City Rave Riot zu lesen: „Doch die herrschenden 'Power Dangerz' hatten mehrere Hundertschaften 'Robocops' aufgeboten gegen friedfertige Party-People". (Alex Karschnia in: Nachtexpress Sonderausgabe Juli 1997, 1). Es fällt also auch (nicht gänzlich) Außenstehenden die besondere Ausrüstung und das Auftreten der BFE auf.

aufgerüstet hatten, wieder verschwunden oder zumindest diskret im Hintergrund geblieben wären. Doch für die Polizisten gehört das *Aufrödeln* zum Bestandteil der Habituspräsentation. Sie fühlen sich durch die Kritik an ihrer Ausrüstung ungerecht behandelt und missverstanden. Erst angefordert und dann gebremst zu werden, erfordert schon genug Disziplin. Dann aber noch wegen einer Kleiderfrage kritisiert zu werden, geht über ihr Verständnis. Für sie setzt die Führung schlicht die falschen Prioritäten.

Die Szene vor dem Gebäude des Innenministeriums veranschaulicht das allgemeine Dilemma, in dem der Krieger steckt (und das auch für die gesamte Polizeiarbeit gilt). Die Polizeiführung will einerseits effektive Arbeit und umfassenden Schutz, andererseits gewährt sie den Kriegern nicht die nötige Anerkennung für ihr Statusmanagement. Das erleben die Krieger als Uneindeutigkeit und Schwäche. Sie tun sich schwer mit der Anerkennung von Autoritäten, besonders dann, wenn die Polizeiführung anders entscheidet, als sie es für richtig halten.

Offenbar wusste man nichts über die Begleitumstände, fürchtete eine Besetzung des Ministeriums oder Schlimmeres und alarmierte sicherheitshalber die Elite der Bereitschaftspolizei aus deren nahegelegenem Standort[13]. Die wollten ihren Job hundertprozentig machen, bereiteten sich auf den schlimmsten Fall vor, zogen die Ausrüstungsgegenstände für den geprobten Ernstfall an und sahen dabei entsprechend martialisch aus. Immerhin dürften sie sich darüber bewusst gewesen sein, dass sie von ihren höchsten Vorgesetzten gesehen und bewertet würden, es war sicher kein Einsatz wie jeder andere. Die Realität zeigte sich dann viel harmloser, das aber konnten zu diesem Zeitpunkt weder die Leitungsbeamten noch die Einsatzkräfte wissen.

Der Männlichkeitstypus des jugendlichen Kriegers ist eine ambivalente Figur in der Bürokratie[14]. Sie ist notwendig und gleichzeitig gefährlich, deshalb muss sie gezügelt und kontrolliert werden. Bürokratisch geschieht das in der Regel durch Disziplinarmaßnahmen und die Zuweisung von körperlich riskanten Tätigkeiten. Die jungen Männer (und Frauen) sind bereit, beides in Kauf zu nehmen, denn sie begründen ganz überwiegend ihre Berufswahl damit, keinen Schreibtischjob ausüben zu wollen.

Hervorstechendes Merkmal der Kriegermännlichkeit ist ihre körperliche Risikobereitschaft und die Suche nach einem *sinnvollen* Kampf. Allgemeiner kann man es fassen als öffentliche Körperpräsentation in prekären sozialen Situationen, die in der Polizei hegemonial wirkt.

---

13  Das Gebäude des Innenministeriums in Wiesbaden war zu dieser Zeit auch der Sitz der Direktion der Bereitschaftspolizei. Es arbeiteten dort nicht nur politische Beamte und die Ministerialbürokratie, sondern auch die höchsten Vorgesetzten der BFE. Die Unterkunft der BFE ist etwa 15 Autominuten von Wiesbaden entfernt.

14  Steinert (1997) verwendet auch die Kriegermetapher, rückt den Krieger aber in die Nähe des „einsamen Wolfes", also des in sozialer Distanz verharrenden, ruhelosen Einzelgängers, während es sich bei mir um eine durchaus gruppenfähige und disziplinierte Männlichkeit handelt.

Die noch nicht habitualisierte Krieger-Männlichkeit weiß nicht immer, *wen* sie vor *wem* oder *was wie wann* und *warum* schützen soll. Deshalb orientiert sie sich einerseits am eindeutigen (und starken) Gesetz, und entwickelt andererseits ihre Identität aus Bruchstücken von Mythen um die Polizei bzw. medialen Helden (Rambo, Van Damme). Dabei geht sie in der Identifizierung mit ihrem Auftrag ein fast symbiotisches Verhältnis zu den Gegnern ein, das sie geradezu braucht, um sich zu inszenieren, und mit denen sie vielleicht mehr Gemeinsamkeiten als Trennendes hat. Beide stehen, nur durch den normativen Kontext unterschieden, auf zwei verschiedenen Seiten ein und desselben Handlungszusammenhangs, sie kämpfen beide um ihre Ehre und beide riskieren dabei ihren Körper bzw. ihre Gesundheit. Schließlich befinden sich beide im Normenzusammenhang des „doing masculinity" (Meuser 1999, 58).

Der jugendlichen Krieger-Männlichkeit muss man die Lust am Kampf nicht mit bürokratischen Mitteln beibringen, sie ist bereits motiviert. Was durch die Organisation aber geleistet werden muss, ist die Disziplinierung der Krieger, insbesondere ihre Verpflichtung auf normative Bindungen (Gesetze) und die Motivation derjenigen Polizisten (und hier auch: der Polizistinnen), die wenig oder keine Lust zum Kampf haben[15].

Auf den ersten Blick widerspricht die Krieger-Männlichkeit deutlich dem Image, das die Polizei von sich vermittelt. Bei näherem Hinsehen ergibt sich jedoch ihre Funktionalität für die Organisation: die Imagepflege der Polizei als *Freund-und-Helfer* geht implizit davon aus, dass es eine Anzahl von Krieger-Männlichkeiten gibt, die den unfreundlicheren Part der Polizeiarbeit weiterhin zu übernehmen bereit sind.

## 4. Der männliche Blick auf die Kollegin

So, wie das Thema „Frauen in der Polizei" im derzeitigen Medienbetrieb behandelt wird, erscheint es als eines von vielen Spezialproblemen, das man sensationalisieren kann. Die Skandalisierungsschraube funktioniert dabei in altbewährter Weise. Es fängt mit einem Drama an (Suizid einer Polizistin in Berlin [vgl. taz vom 9.9.97] oder in München [vgl. Frankfurter Rundschau v.

---

[15]  Ich habe aus den verschiedenen Männlichkeitsmodellen eines gewählt, von dem ich annehme, dass es eine für die Polizei hegemoniale Wirkung besitzt. Außerdem scheint es in der Tat so zu sein, dass Jugendliche stärker als in andere Positionen zunächst in die Rolle des Kriegers gedrängt werden. Aber selbstverständlich greifen nicht alle (jungen) Polizisten in gleichem Ausmaß auf diese Männlichkeitsdarstellungen zu. Es gibt diejenigen, die Angst haben vor Einsätzen oder zumindest keine Lust, sich auf diese Weise zu gefährdan. Im Unterschied zu ihren Gegnern, die das Risiko der Gesundheitsbeschädigung mehr oder weniger freiwillig auf sich nehmen, werden Polizisten aber weder nach ihrer Lust noch nach ihrer Angst gefragt und meistens auch nicht danach, ob sie am Samstag Zeit für eine Schlägerei mit Hooligans haben oder lieber etwas anderes täten.

2.5.98]). Das dramatische Ereignis wird medial zunächst als Mahnung benutzt: so kommt es, wenn man eine Frau in die Enge treibt[16]. Gleichzeitig gilt das Drama als stärkstes Indiz für eine alltägliche Problemkonstellation. Man muss nicht lange nach tieferen Ursachen suchen, sondern stößt sehr schnell auf den Problemzusammenhang „Frauen in Männerberufen". Erst einmal auf dieser Spur, finden sich schnell weitere Problemfelder: Sexuelle Übergriffe, Mobbing, oft wird auch zusammengebracht, was nicht zusammen gehört. Die Thematisierung von „Gewalt gegen Frauen" in der Polizei aus der Deduktion eines Suizids folgt der Strategie einer Sensationsberichterstattung, gibt aber keinen Einblick in die Realität des Alltags.

Die Reden von Polizisten über Frauen, die ich untersucht habe, sind eng verknüpft mit dem Merkmal „Jugendlichkeit", denn es geht in der Polizei meistens um junge Frauen. Man kann vermuten, dass es bei der gesamten Konflikthaftigkeit von Frauen in Männerberufen, vor allem um *junge Frauen* geht, die die Phantasie der Männer beflügeln und die einen Konfliktzusammenhang auslösen, den man, in Anlehnung an eine Terminologie von Kurt Lewin (1953), als Appetenz-Aversions-Konflikt bezeichnen könnte. Die jungen Männer (und nicht nur sie) fühlen sich einerseits von Frauen mehrheitlich angezogen, sie finden sie attraktiv, wollen ihnen imponieren, wollen ihre männliche Sexualität ins Spiel bringen. Sie suchen und genießen die Anwesenheit von Frauen, sie wollen sich ihnen annähern. Als Kollegin allerdings bringen sie ihnen ihre Vorurteile und Vorbehalte entgegen, sie meiden die Nähe und das Vertrauen tendenziell, weil sie nicht wissen, ob sie die gleichen Voraussetzungen mitbringen wie männliche Kollegen.

Eine gründliche Erforschung des Geschlechterverhältnisses in der Polizei ist lange überfällig, schon um andere als die Opfer- oder Defizitdiskurse zu ermöglichen. Schließlich haben Frauen erheblich dazu beigetragen, das Thema Männlichkeit als *prekär gewordene Männlichkeit* weiterzuschreiben[17]. Wer heute noch eine Auseinandersetzung mit Männlichkeit angesichts des zunehmenden Frauenanteils in der Polizei führt, muss sich fragen lassen, ob sie überhaupt noch zeitgemäß sei. Darauf ist zu antworten, dass die Männ-

---

[16]  In den Länderpolizeien wird nach wie vor keine Selbstmordstatistik geführt, sodass man nichts darüber sagen kann, aus welchen Gründen sich Männer in der Polizei das Leben genommen haben.

[17]  Die Polizei-Führungsakademie ermittelte in einer Bund-Länder-Umfrage im Jahr 1994 einen prozentualen Frauenanteil am Gesamtpersonal der deutschen Polizei von 7,3%, wobei der Anteil für die Schutzpolizei mit 6,7% und der bei der Kriminalpolizei mit 11,7% angegeben wurde (vgl. Murck/Werdes 1996, 1267 f.). In Hessen ergibt sich fünf Jahre später (Stichtag: 10.8.1999) eine davon deutlich abweichende Verteilung: Der Frauenanteil in der Vollzugspolizei (N = 14227) lag bei 10,6 %, in der Ausbildung bei 38%. In der Schutzpolizei betrug die Quote etwa 10,1 %, in der Kriminalpolizei 12,8 % (diese und die Zahlen für Hessen unter Fußnote 73 und 74 sowie Kap. 1, Fußnote 11 wurden mir vom Personalreferat im Hessischen Innenministerium zur Verfügung gestellt [Schreiben vom 20.10.99 Az. III A 44-15h-]).

lichkeitskultur in der Polizei erst zu einem Zeitpunkt als Problem artikuliert wurde, als über Frauen als Kolleginnen gesprochen wurde, denn dies löste eine Welle von Aversionen und Bedenken aus, die auf eine tief sitzende Verunsicherung der Männer schließen lässt. Wenn Männlichkeit verteidigt wird, dann muss man nach den Gründen dafür fragen.

Die (Schutz-)Polizei war bis zu Beginn der 80er Jahre praktisch *frauenfrei*. Erst mit Beginn und in stärkerem Maße Mitte der 80er Jahre besetzten Frauen diese Männerbastion (man müsste genauer sagen, dass sie in die Männerbastion hineingelassen wurden)[18].

Nach meinem Eindruck wurde mit der Verlagerung der Debatte auf das Pro und Kontra von Frauen in der Polizei die Auseinandersetzung um das Verhältnis der Männer untereinander vermieden. Nach wie vor ist der Begriff *Mann* konnotiert mit *guter (Schutz-) Mann*, wohingegen Frauen in der Polizei stets beweisen müssen, dass sie *gute (Schutz-)Frauen* sind. Die Frage nach den Standards bzw. den Gütekriterien des Berufshandelns wird in Männerberufen von Männern beantwortet, d.h. was als gut oder nicht gut gilt, richtet sich nach den von Männern dominierten Diskursen und den ebenfalls von ihnen entwickelten Handlungsmustern. Ich habe nicht genügend Frauen befragt, um dem etwas entgegenzuhalten, ich glaube aber ausreichendes Material dafür zu haben, dass es den Männern nicht mehr ungebrochen gelingt, Frauen in ihre Männlichkeitsvorstellungen mit einzubeziehen. Noch nehmen die meisten Frauen in der Polizei die ihnen zugewiesenen Rollen ein, ohne die Cop Culture infrage zu stellen. Es bleibt abzuwarten, ob es auf Dauer dabei bleibt.

Die Diskussion, ob Frauen ebenso gute Polizisten sein können wie Männer, wirft die Frage nach den Kriterien für eine gute Polizeiarbeit auf. Auf der einen Seite des Kontinuums hört man allenthalben Antworten wie: Recht und Gesetz durchsetzen, für Sicherheit und Ordnung sorgen, die Kriminalität bekämpfen (bzw. ausrotten), Straftaten verhindern und aufklären, die Gesellschaft vor Kriminalität schützen. Am anderen Ende des Kontinuums stehen Antworten wie Zuhören können, sich in den anderen hineinversetzen, den

---

18    Die Bundesländer begannen zu unterschiedlichen Zeiten damit, Frauen in die uniformierte Polizei einzustellen (vgl. Hempel 1989, 6; Murck/Werdes (1996, 1269): Hamburg 1979, Berlin 1980, Hessen und Niedersachsen 1981, Nordrhein-Westfalen 1982, Saarland und Schleswig-Holstein 1986, Baden-Württemberg, Bremen, der Bundesgrenzschutz und Rheinland-Pfalz 1987, Bayern 1990. Hier sind nur die alten Bundesländer aufgeführt, in den neuen Bundesländern wurden generell mit der Aufstellung der Landespolizei Frauen in den Dienst eingestellt, vielfach wurden auch Polizistinnen aus der Volkspolizei (VP) übernommen, manchmal unabhängig davon, ob sie dort als Vollzugspolizistinnen gearbeitet hatten oder in der Verwaltung. Murck/Werdes (1996, 1269) berichten, dass in Berlin bereits 1978 Frauen in die Polizei eingestellt wurden, und zwar über eine Umschulung von Politessen zu Schutzpolizistinnen und mit einer Tätigkeitsbeschränkung auf *frauenspezifische Bereiche*.

Menschen helfen wollen, Leute zufrieden stellen, Konflikte schlichten, mit Menschen arbeiten wollen.

Diese Bandbreite von Eigenschaften und Kompetenzen zeigt, dass die traditionelle Aufgabenbeschreibung der Polizei brüchig geworden ist. Dazu hat neben der Anhebung des Bildungsstandards die fortschreitende Bürokratisierung und die Technisierung des Apparats beigetragen, in dem keine *harten Männer* mehr gebraucht werden, von einigen Ausnahmen, die ich bereits angedeutet habe, abgesehen. Es sind vor allem die disziplinierten Büro-Männlichkeiten, die heute gefordert (und befördert) werden, nicht die *Haudegen* oder die aggressiven *Krieger-Männlichkeiten*.

In dem Maße, wie in der polizeilichen Alltagsarbeit die ehemals typisch männlichen Tätigkeiten abgenommen haben, sind die Argumente (und die Polemiken) gegen Frauen im Polizeidienst auch geringer geworden. Lediglich in einigen männlichkeitsbetonten Milieus, besonders in geschlossenen Einheiten, wie den Spezialeinsatzkommandos (SEK) oder der BFE, gelingt es noch, über das Argument der körperlichen Schwäche, Frauen fern bzw. die Quote gering zu halten. Der Alltag der Polizei ist aber nicht nur unspektakulärer, sondern auch bürokratischer und disziplinierter geworden.

Zwar sind Frauen statistisch heute in der Polizei stärker wahrzunehmen, trotzdem ist ein weiblicher *Gegenentwurf* zum männlichkeitszentrierten Polizeibild noch nicht zu erkennen. Frauen besetzen (noch) keine prestigehaltigen Funktionen und können deshalb nicht über ihre exponierte Stellung in der Organisation einen Wandel im Geschlechterverhältnis stimulieren. Dies geschieht, wie in anderen früheren Männerberufen, langsam und von den unteren Diensträngen aus.

Frauen in der Polizei bewirken aber durchaus jetzt schon eine Veränderung von Männlichkeitsmodellen, und der vorsichtige Übergang von einem eher aggressiven zu einem eher friedlichen Modus von Männlichkeit hat sicher etwas mit der Verfügbarkeit über weibliche Rollen zu tun.

Der *männliche Blick auf die Kollegin* ist heterogen und ambivalent. Aus den Interviews und den Eindrücken während des Feldaufenthaltes kristallisierten sich für mich einige dominierende Perspektiven auf die Kolleginnen heraus: Zum einen sah man sie unter dem Aspekt ihrer *Nützlichkeit*, besonders ihre pazifizierende Wirkung auf Männer (auch Kollegen) und ihr Einfühlungsvermögen in Opfer. Zum anderen spielte die *Defizit-Perspektive* eine Rolle, festgemacht an der körperlichen Unterlegenheit und der Schutzbedürftigkeit der Kolleginnen.

Diese Varianz gibt es bei männlichen Kollegen auch, nur tritt sie dort als Bestätigung von Ressentiments nicht in Erscheinung. Gerd Hauser muss mehr Männer als Frauen kennengelernt haben, die nach seinen Kriterien *Nieten* sind. Dies wird nicht nur von ihm, sondern den meisten polizeiinternen Diskursen über Frauen in der Polizei ausgeblendet: Über die vielen schwachen, langsamen, begriffsstutzigen, feigen, unbeholfenen, egozentrischen und hinterlistigen Männer, die allesamt nicht in der Lage sind, die Standards eines *guten Polizisten* oder eines *anständigen Kollegen* zu erfüllen, hört man jedenfalls nichts, schon gar nicht öffentlich, und schon ganz und gar nicht unter Zuhilfenahme der Kategorie Geschlecht. Bei Frauen ist das anders. Während Männer per se gute Polizisten sind (wovon es Ausnahmen gibt), müssen Frauen erst (und jede Frau neu) beweisen, dass sie ein *guter Polizist* ist. Manchmal gelingt es der einen oder anderen, den Unterschied zwischen einem *guten Polizisten* und einer *guten Polizistin* zu zeigen.

Das Männlichkeitsideal bzw. die Selbstkonstitution der „Polizeimännlichkeit" ergibt sich durch die Markierung von Differenz zur Frau bzw. zur sozialen Kategorie Weiblichkeit. Ein Auszug aus dem Interview mit Lutz Gerber verdeutlicht dies:

„Frauen sind sehr nützlich bei der Polizei, aber im ausgewogenen Verhältnis. Die Hälfte Männer und Frauen finde ich nicht gut, weil Frauen die körperliche Durchsetzungsfähigkeit fehlt. Wenn in einem Zug der Bereitschaftspolizei 17, 18 Frauen sind und die auf 'ne Demo auflaufen, dann sind die nichts mehr wert. Auch in den Augen von den Störern nicht mehr. Es gibt bestimmt gute Frauen, es fehlt ihnen aber die körperliche Kraft, sich massiv durchzusetzen. Frauen verschaffen sich nicht so leicht Respekt. Andererseits können Frauen besser Spannungen abbauen. Bei der Sitte sind sie z. B. gut zu gebrauchen, weil die sich besser auf so was einstellen können. Frauen sind psychologisch geschickter als Männer, also bei gewissen Dienststellen der Kriminalpolizei sind sie sogar erfolgreicher. Also ich würde sagen, Frauen ja, aber in Maßen, nicht in Massen. Zur Betreuung von Vergewaltigungsopfern oder so sind sie auch bei uns (der Schutzpolizei, R.B.) wichtig".

Die Einstellung zu den Kolleginnen ist ambivalent. Deutlich wird zunächst der Versuch, die Macht der Frauen gering zu halten. Die quantitative Begrenzung von Frauen in der Einheit auf einen bestimmten Prozentsatz kann als Verschiebung gedeutet werden, die eigentlich die Sorge über ihren qualitativen Einfluss ausdrückt.

Frauen haben in diesem Verständnis einen anderen Platz in der Organisation als Männer. Sie gehören in einige berufliche Nischen oder in die Etappe, dort wo Beziehungsarbeit und „Emotionsmanagement" (Hochschild 1985) geleistet wird. Der Ort der körperlichen Auseinandersetzung ist ein Ort exklusiver Männlichkeit, hier kann man keine Frauen gebrauchen, sie sind „nichts mehr wert". (Später, wenn Schmerzen und Angst zu bewältigen sind, wenn verletzte Männer gepflegt werden müssen, werden Frauen wieder zu einer zentralen Figur in der männlichen Wahrnehmung, besonders als Krankenschwester oder Seelentrösterin).

Lutz Gerber schließt sich dem in der Polizei weit verbreiteten *Defizitdiskurs* an: Er misst die Frauen an den Eigenschaften der Männer in seiner Einheit, und dabei schneiden sie schlechter ab, weil sie kleiner sind und nicht in der Lage, sich „massiv durchzusetzen". Frauen werden an der zentralen Kategorie des *Krieger-Polizisten*, der körperlichen Konfrontationsfähigkeit, gemessen und dann als Mängelwesen wahrgenommen. Man kann sie hingegen ganz gut gebrauchen, wenn Polizeiarbeit etwas mit Empathie zu tun bekommt. Lutz Gerber thematisiert ungewollt die eigenen Defizite, er drückt aus, dass er zwar Spannungen auf- aber nicht abbauen kann, und dass er für Einfühlungsvermögen nicht viel übrig hat. Im Übrigen teilt er die streng funktionalistische Sicht auf Frauen: Sie sind *nützlich*, d.h. sie verfügen über besondere Qualitäten, derer man sich bedienen kann, allerdings nicht dort, wo es Lutz Gerber am liebsten ist, nämlich im *Kampf* und unter starken Männern, mit denen (bzw. gegen die) man kämpfen muss.

Frauen in Männerberufen werden, anders als ihre männlichen Kollegen, in erster Linie kollektiv, und zwar unter der Kategorie Geschlecht, wahrgenommen (vgl. Kanter 1987). Sie werden deshalb genauer beobachtet als Männer, ihre Aktivitäten haben Konsequenzen, die sich auf ihre Geschlechtsrolle beziehen. Auf diese Weise deuten Männer eine für sie potentiell bedrohliche Situation um in eine Gelegenheit,

„die Gültigkeit der dominanten Kultur zu bekräftigen. Den Frauen bleiben nur zwei Reaktionsformen: Entweder sie ziehen sich zurück oder sie werden Insider, 'one of the boys', indem sie sich als Ausnahmen ihrer eigenen sozialen Kategorie definieren. In beiden Fällen bestätigen sie die dominierende Geschlechterordnung" (Meuser 1998, 69).

Nach meinem Beobachtungsstand orientieren sich Polizistinnen bislang mehrheitlich an den von Männern vorgegebenen Standards der Polizeiarbeit und definieren sich demnach aus der Position der (zu erreichenden) *Gleichheit* heraus, nicht aus der einer (selbstverständlichen) *Differenz*. Auch dort, wo das männliche Verhaltensrepertoire explizit abgelehnt wird, bleibt es bis auf weiteres hegemonial, d.h. es stellt das dominierende Muster dar, an dem Frauen sich abarbeiten müssen.

Polizistinnen werden weiterhin versuchen, dem normativen Raster der Männer zu entsprechen. Sie wollen ihnen tendenziell ebenbürtig sein und verweisen in diesem Bemühen auf ihre kompensatorischen Fähigkeiten. Für den Diskurs um *Gleichheit in der Differenz* scheint die Zeit in der Polizei noch nicht reif zu sein.

## 5. Polizei: männlich oder weiblich?

Nicht alle Frauen lassen sich allerdings auf die männlich geprägten Handlungsmuster ein und einige von ihnen können auch männliche Kollegen dazu ermuntern, es ihnen gleichzutun[19]. Dies jedoch nicht konfrontativ, sondern

---

[19]  Das hat z. T. schon praktische Folgen: zwar beklagen sich die Männer nicht unerheblich über teilzeitarbeitende Frauen oder solche im Erziehungsurlaub, aber diese führen ihnen auch vor, dass es eine gewisse Varianz in den Arbeitszeitmodellen gibt und dass das Beamtengesetz mehr Spielraum lässt, als die meisten Männer wussten (Urlaub ohne Dienstbezüge mit oder ohne Betreuung eines Kindes können gleichermaßen Männer in Anspruch nehmen, tun es aber äußerst selten). Auch Teilzeitarbeit kannte man vorher kaum. Mittlerweile nehmen immerhin einige Männer diese Möglichkeiten wahr. Zum Stichtag 10.8.99

durch eine eher *diskursive Infragestellung* der gängigen Vorstellungen von Stärke und Schwäche, von sinnvollen und weniger sinnvollen Interventionen, von den Aufgaben der Polizei etc. Sie sind jedenfalls nicht die *Anstandsdamen*, für die sie von einigen Männern ausgegeben und wahrgenommen werden. Vermutlich müssen Männer ihre *chauvinistischen Anteile* vor allem gegenüber anderen Männern und öffentlich beweisen, noch nicht einmal gegenüber den Frauen, schon gar nicht, wenn keine männliche Konkurrenz in der Nähe ist. Weiterhin wäre zu prognostizieren, dass sich mit zunehmender Frauenpräsenz nicht nur die Umgangsformen, sondern auch die Selbstbilder der Männer ändern. Diese Prognosen und Vermutungen müssten jedoch theoretisch noch systematisiert und empirisch vertieft werden.

Die Polizeiarbeit hat sich vielleicht nicht grundsätzlich, wohl aber in der Form verändert. Deutlich ist z. B. eine Hinwendung zu einem Fürsorglichkeitsansatz zu bemerken. Dies hat etwas mit dem Verlust traditioneller „Arenen aggressiver Männlichkeit" zu tun (wie es die großen sozialen Konflikte in den 60er, 70er und 80er Jahre noch waren, die heute allenfalls in den Castor-Transporten noch fortleben). Die zunehmende Obsoleszenz dieser Form der Männlichkeit(sdarstellung) stimuliert neue Handlungsmuster. Institutionell lässt sich das am besten an einem konkreten Beispiel zeigen, z. B. am Wirken der Polizei im Zusammenhang mit Beziehungsgewalt. Früher konnte (bzw. musste) sich die Polizei und konnten (bzw. mussten) sich die Polizisten weitgehend aus dem Komplex heraushalten, weil es sich um sog. „Privatstreitigkeiten" handelte, für die es keine rechte Handhabe im Polizeigesetz bzw. im Strafgesetzbuch/ der Strafprozessordnung gab. Wenn nicht eine unmittelbar bevorstehende Gefahr für Leib oder Leben zu konstatieren war, wurde das Opfer (in der Regel die Frau) auf den Rechtsweg hingewiesen oder maximal noch aus der Wohnung geleitet. Der Hinweis auf ein Frauenhaus war mehr oder weniger ins Belieben der Beamten gestellt und abhängig von der Existenz eines solchen (vgl. zusammenfassend Steffen 1991). Mittlerweile hat man der Polizei in diesem Bereich andere Interventionsmöglichkeiten zugestanden, und zwar auf Druck von Frauenverbänden und anderen Interessengruppen (vgl. „Polizei geht 'sensibel, aber konsequent' gegen prügelnde Männer vor", in Frankfurter Rundschau (FR) vom 26.1.1998 [neue Dienstanweisung für die Polizei in Nordrhein-Westfalen] und „Mehr Schutz vor Gewalt in der Familie", FR vom 6.2.1998 [Bericht über das „Berliner Interventionsprojekt gegen häusliche Gewalt"]). Die (fach-)öffentliche Meinung hat sich geändert und mit ihr auch die Stellung der Polizei im Konflikt: Nicht mehr Sicherstellung des rechtlichen Verfahrens standen nunmehr im Vorder-

---

befanden sich in Hessen 271 Beamtinnen und Beamte in einem Teilzeitarbeitsverhältnis, davon 177 Frauen und 94 Männer. Auf eigenen Antrag beurlaubte waren dagegen 51 Beamte und 21 Beamtinnen. Der hohe Anteil der teilzeitarbeitenden Frauen könnte ein Hinweis auf differente Lebensentwürfe sein, die vermutlich mit familialer Reproduktion zusammenhängen.

grund, sondern die aktive Intervention zum Schutz von physischen Übergriffen, aber auch zum Schutz der weitergehenden Interessen von (weiblichen) Opfern von Beziehungsgewalt[20]. Nun muss nicht mehr (unbedingt) die Frau – und mit ihr vielleicht die Kinder – aus der Wohnung flüchten, sondern der Aggressor kann per Platzverweis aufgefordert werden, den Ort zu verlassen. Die Rolle der Polizei hat sich in diesem Einsatzgebiet sehr deutlich von der allgemeinen Gerechtigkeitsdurchsetzung (diese Frage kann vor Ort selten geklärt werden) zum konkreten Schutz, nicht nur vor der unmittelbaren Lebensgefahr, verändert. Dies scheint mir ein deutliches Zeichen von staatlicher *Fürsorge* zu sein. Dies ist sicher noch kein Paradigmenwechsel, man könnte jedoch unter der Perspektive (Wechsel von der Gerechtigkeit zur Fürsorglichkeit) die diversen Präventionsprojekte, in die die Polizei involviert ist, näher untersuchen. Ich bin davon überzeugt, dass es zumindest zu einer Ergänzung der traditionellen Rolle der Polizei (als Friedenssicherungsinstanz) gekommen ist. Deren Dienste und deren Präsenz werden zunehmend auch im konkreten Konflikt stärker unter der Perspektive einer *Parteilichkeit für die jeweils schwächere Partei* und nicht unter der alleinigen Perspektive der Durchsetzung von Recht und Ordnung wahrgenommen werden. Eine Herausforderung, auf die sich die Polizei erst zögernd einstellt. Diese Entwicklung wurde zwar nicht von der Polizei initiiert, jedoch weisen einige interne Bedingungen darauf hin, dass die Rezeptionsbereitschaft und der Umsetzungswille größer geworden ist. Und dazu haben nicht zuletzt die neuen Polizistinnen und Polizisten beigetragen. Nicht nur die Frauen, sondern auch junge Leute aus allen Hierarchieebenen und die veränderungswilligen älteren Kollegen, denen es gut tut, sich dem zivilen und friedenstiftenden Aspekt des Polizeiberufs zu verschreiben.

## Literatur

Behr, Rafael (2000a): Cop Culture – Der Alltags des Gewaltmonopols, Opladen

Behr, Rafael (2000b): Paradoxien gegenwärtiger Polizeiarbeit: Zwischen „Smooth-Policing" und „Knüppel-aus-dem-Sack", in: Lange, Hans-Jürgen (Hg.) (2000): Staat, Demokratie und Innere Sicherheit in Deutschland, Opladen, S. 221-234

Behr, Rafael (2000c): Funktion und Funktionalisierung von Schwarzen Schafen in der Polizei, in: Kriminologisches Journal 3/2000, S. 219-229

Butler, Judith (1995): Körper von Gewicht, Berlin

---

20  Wesentlich dazu beigetragen hat die „Berliner Initiative gegen Gewalt gegen Frauen" (BIG), die zu diesem Komplex zwei Broschüren herausgegeben hat. Heft 1 trägt den Titel „Gewalt gegen Frauen im häuslichen Bereich. Alte Ziele neue Wege" von Heidrun Brandau und Karin Ronge, Heft 2 heißt „Jetzt erst Recht. Rechte für mißhandelte Frauen – Konsequenzen für die Täter", von Susanne Baer und Birgit Schweikert. Zu beziehen sind die Texte und weitere Informationen über die *Koordinationsstelle des Berliner Interventionsprojekts gegen häusliche Gewalt*, Paul-Lincke-Ufer 7, 19 999 Berlin.

Büttner, Christian (1997): Subkulturelle Aspekte des Übergangs vom Kind zum Erwachsenen, in: Krebs/Eggert Schmidt-Noerr (Hg.) (1997), S. 80-92

Cremer-Schäfer, Helga/Heinz Steinert (1998): Straflust und Repression, Münster

Erikson, Erik H. (1991): Identität und Lebenszyklus, 12. Auflage, Frankfurt/M.

Frevert, Ute: „Mann und Weib, und Weib und Mann". Geschlechter-Differenzen in der Moderne, München (Beck) 1995

Gerhard, Ute (1993): Differenz und Vielfalt – Die Diskurse der Frauenforschung, in: Zeitschrift für Frauenforschung 11, Heft 1 u. 2/1993, S. 10-21

Hurrelmann, Klaus, u.a. (1985): Lebensphase Jugend, Weinheim

Kersten, Joachim (1991): Kriminalität, Kriminalitätsangst und Männlichkeitskultur, in: Kriminalsoziologische Biografie, 18. Jg. Nr. 72/73 1991, S. 41-64

Kersten, Joachim (1994): Geschlecht als Gegenstand kriminologischer Theorie- und Praxisanalyse, in: Monatsschrift für Kriminologie und Strafrechtsreform, Jg. 77, 2/1994, S. 118-125

Kersten, Joachim (1996): Skinheads, in: Neue Kriminalpolitik 3/1996, S. 27-31

Kersten, Joachim (1997a): Risiken und Nebenwirkungen: Gewaltorientierungen und die Bewerkstelligung von „Männlichkeit" und „Weiblichkeit" bei Jugendlichen der underclass, in: Kriminologisches Journal, 6. Beiheft 1997, S. 103-114

Kersten, Joachim (1997b): Gewalt und (Ge)schlecht, Berlin

Kersten, Joachim/Heinz Steinert (1997) (Hrsg.): Jahrbuch für Rechts- und Kriminalsoziologie '96, Baden-Baden

Krebs, Heinz/Annelinde Eggert Schmidt-Noerr (Hg.) (1997): Lebensphase Adoleszenz, Mainz

Kühne, Thomas (1996) (Hrsg.): Männergeschichte – Geschlechtergeschichte, Frankfurt/M.

Lewin, Kurt (1953): Die Lösung sozialer Konflikte, Bad Nauheim

Manning, Peter K. (1997, [orig. 1977]): Police Work, Illinois

Mertens, Wolfgang (1996): Entwicklung der Psychosexualität und der Geschlechtsidentität, Bd. 2, Stuttgart u.a., 2. Auflage

Meuser, Michael (1998): Geschlecht und Männlichkeit, Opladen

Meuser, Michael (1999): Gewalt, hegemoniale Männlichkeit und „doing masculinity", in: Kriminologisches Journal, 7. Beiheft 1999, S. 49-65

Polizeipräsidium München (1997): Frauen in der uniformierten Polizei. Eine explorative Studie, München (Eigenverlag Zentraler Psychologischer Dienst der Bayerischen Polizei)

Steffen, Wibke. (1991): Familienstreitigkeiten und Polizei. Befunde und Vorschläge zur polizeilichen Reaktion auf Konflikte im sozialen Nahraum, München

Steinert, Heinz (1995): „Die Jugend wird immer gewalttätiger", in: Zeitschrift für Sozialisationsforschung und Erziehungssoziologie (ZSE), Jg. 15, 2/1995, S. 183-192

Steinert, Heinz (1997): Schwache Patriarchen – gewalttätige Krieger, in: Kersten, J./ H. Steinert (1997) (Hrsg.), S. 121-157

Weber, Max (1985): Wirtschaft und Gesellschaft, 5. Auflage (Studienausgabe), Tübingen

S. Karin Amos

# Boys in the Gang! Girls in the Gang?

## Madeleine und Monster

## Implikationen unterschiedlicher Redeweisen über Geschlecht und Devianz für Bildung und Erziehung

Die nachfolgenden Überlegungen referieren und reflektieren zwei unterschiedliche Perspektiven, zwei unterschiedliche Redeweisen über den Zusammenhang von Geschlecht und Devianz. Zum einen die sozial- und erziehungswissenschaftliche Rede, die darin enthaltenen Zuweisungen von Subjektpositionen und zum anderen die Frage nach den Möglichkeiten und Bedingungen der Formulierung einer Gegenpositionierung, einer Modifikation von oder eines Einspruchs gegen die Definitionsmacht wissenschaftlicher Autorität seitens der von wissenschaftlichen – und natürlich auch von populären, aber dies ist hier nicht Thema – Diskursen auf eine bestimmte Position verwiesenen.

Unter dem Titel: „Boys in the Gang! Girls in the Gang? Zur Diskussion des Zusammenhangs von Geschlecht und Devianz in der Ghettoforschung" ging es im Vortrag um die Frage nach geschlechtsspezifischer Beobachtung von Devianz und Delinquenz in erziehungs- bzw. allgemein sozialwissenschaftlichen Zusammenhängen am Beispiel der Beteiligung von Mädchen und Jungen in Jugendgangs. Die Gangthematik hängt – wie diesem ursprünglichen Titel zu entnehmen ist – mit meinen Interessen an der amerikanischen Ghettoforschung zusammen. In der Darstellung bin ich kurz auf Aspekte der sozialwissenschaftlichen und öffentlichen Diskussion um Konstitution und Klassifizierung der (Jungen)Gangs in historischer und aktueller Perspektive eingegangen, um dann einige Feldforschungen zu Mädchengangs bzw. zu Mädchen in Gangs in den Mittelpunkt der Betrachtung zu stellen. Mein Interesse galt also bereits damals den Redeweisen, der Frage, wie jeweils beobachtet und interpretiert, beschrieben und bewertet wird. Dieses Interesse steht auch im Zentrum des vorliegenden Beitrags, der allerdings um eine damals nicht berücksichtigte Textsorte, die ich zusammenfassend als „Selbstbeschreibungen", also im weiteren Sinne als autobiographische Schriften bezeichnen möchte, erweitert wurde.

Das Thema „Gang", ähnlich wie „Ghetto", mit dem es vor allem in der jüngeren populären und wissenschaftlichen Diskussion häufig in Zusammenhang gebracht wird,[1] markiert einen Überschneidungsbereich sehr unterschiedlicher wissenschaftlicher, professioneller und populärer Diskurse. Beteiligt an dieser Rede sind vor allem die Soziologie und die Sozialarbeit, die Kriminologie und die Ordnungspolitik, die Psychologie und die Pädagogik sowie natürlich die Medien. Neben den bekannten Printmedien, spielen Filme unterschiedlicher Genres und das World Wide Web eine herausragende Rolle. Mühelos lassen sich dicke Ordner mit den unterschiedlichsten Internet Seiten zu Gangs füllen. Es ist evident, daß die Rede über Gangs einen Markt bzw. Märkte markiert.

Natürlich fokussieren nicht alle Redeweisen über Gangs den gleichen Aspekt. Plakativ, schlaglichtartig, stark verkürzt läßt sich formulieren: die Polizei betont die Gefährlichkeit und das hohe Maß militärischer Organisation sowie die Ausstattung der Gangs mit modernster Waffentechnologie, um Mittel zur Verbesserung des eigenen technischen Standards sowie zusätzliches Personal zu erhalten. Der Aspekt „Gefährlichkeit" wird auch von der Sensationspresse und anderen Medien aufgegriffen, die allerdings neben spektakulären Täterportraits auch Bilder und Berichte zur Situation in den medizinischen Notaufnahmen präsentieren. Die Pädagogik und die Sozialarbeit legen den Akzent eher auf Resozialisierung und Prävention, allgemein auf Intervention und betonen, daß Bildung und Integration ins Erziehungssystem Schutz vor Gangs böten bzw. sicherer Weg zur Vermeidung von Rückfälligkeit sei.[2] Die Soziologie bemüht sich um die Analyse der gesellschaftlichen Faktoren, die zur Gang-Bildung führen. Die Kriminologen thematisieren die Verbindung zwischen Kriminalität und Gangs – vor allem verstärkt durch das Aufkommen von Crack-Kokain in den Inner Cities in den achtziger Jahren. Unterschiedlichkeit und Vielstimmigkeit der Redeweisen sind wahrscheinlich auch wichtiger Grund dafür, daß es keine allgemeingültige Definition von „Gang" gibt.[3]

---

[1]  Vgl. Sudhi Alladi Venkatesh, „The Social Organisation of Street Gang Activity in an Urban Ghetto", *American Journal of Sociology*, Vol. 103, No. 1 (July 1997):82-111

[2]  hier ist natürlich anzumerken, daß auch die Pädagogik bzw. die Sozialwissenschaften im allgemeinen an der "Dramatisierung" von Themen beteiligt sind. Vgl. im Kontext der hier behandelten Fragen insbesondere den in der Reihe Frankfurter Beiträge zur Erziehungswissenschaft von Heiner Barz herausgegebenen Band: *Pädagogische Dramatisierungsgewinne. Jugendgewalt, Analphabetismus, Sektengefahr.* Frankfurt am Main 2000

[3]  Vgl. Mark S. Fleisher: *Dead End Kids. Gang Girls and the Boys They Know.* Madison, Wisconsin: Wisconsin University Press, 1998, S. 6: First, gang researchers and law enforcement agencies use no national definition of what constitutes a gang. ... With no national definition of gangs, there is so much variation in the criteria used to classify juvenile crime into categories, such as „gang" crime versus „gang-related" and „non-gang-related" crime, as well as variations among the categories themselves, that such classifications are unreliable."

## Zur Devianzdebatte

Die Devianzdiskussion umfaßt unterschiedliche Zugänge. In der soziologischen und kriminologischen Diskussion wurden vor allem Robert K. Mertons Anomiekonzept,[4] Donald Sutherlands Konzept der Differential Association[5] sowie der Labelling Approach angewandt. Letzterer betont die Tatsache, daß die Definition von deviantem Verhalten diejenigen berücksichtigen muß, die es beurteilen. Je nach Publikum kann fast jedwedes Verhalten deviant sein. Devianz ist damit keine einem bestimmten Verhalten inhärente Eigenschaft. Soziologisch ist die kritische Variable also „das Publikum",[6] weil das Publikum darüber entscheidet, ob bestimmte Verhaltensformen ein Fall von Devianz sind oder nicht.[7]

Wie bei anderen Interaktionsformen, so hängt auch Devianz von der relativen Macht der Akteure und der jeweiligen Situation ab. Aus dieser Perspektive sind also die entscheidenden Fragen, wer die Handlungen vollzieht, welchen Zweck die Handlung hat, wer sie beobachtet und in welcher Situation das Verhalten stattfindet. Dieser Zusammenhang verweist auf den Faktor „Macht". Folglich werden in einigen Untersuchungen, die den Labelling Approach verwenden vor allem diejenigen in den Blick genommen, die die Kontrolle ausüben, die Eliten, Autoritätspersonen, das Establishment usw., also Personen und Gruppen, die ein Interesse daran haben, die gesellschaftlichen Definitionen von Devianz zu prägen. In dem Maße, in dem soziale Ordnung existiert, hängt sie von der Aufrechterhaltung eines allgemeinen Konsens bezüglich der Definition von „gutem" und „schlechtem" Verhalten ab.[8]

---

4   Robert K. Merton: *Social Theory and Social Structure*. Glencoe: The Free Press 1957
5   Edwin H. Sutherland: *Principles of Criminology*. Chicago: Lippincott 1949
6   Das unspezifische 'Publikum' ist hier als eine Art Platzhalter verwendet, der je nach Kontext: Beobachter, Öffentlichkeit, Interaktionspartner usw. vor allem aber „mit besonderer Definitionsmacht ausgestattete Agenten formeller sozialer Kontrolle wie Sozialarbeiter, Lehrer, Richter, - aber auch Lehrer" bedeuten kann. Das eingeschobene Zitat ist Manfred Bunsen, Klaus Hurrelmann: *Abweichendes Verhalten in der Schule. Eine Untersuchung zu Prozessen der Stigmasierung*. München: Juventa. 1976 (3. Auflage), S. 27 entnommen
7   Die ältere, aber noch immer einschlägige Devianzdiskussion findet sich zusammengefaßt bei Bunsen/Hurremann, op. cit., Kapitel 1. Verwiesen wird u.a. auf Cicourel, A.J. und Kitsuse, J.I.: The Social Organisation of the High School and Deviant Adolescent Careers, in: Rubington, E. and Weinberg, M.S.:*Deviance - The Interactionist Perspective*. London 1970; Goffmann, E.: *Stigma - über Techniken zur Bewältigung beschädigter Identität*. Frankfurt 1967; Matza, D.: *Becoming Deviant*, Englewood Cliffs, N.J. 1967;. Kai Erikson: *Wayward Puritans*, New York: Wiley 1966 sowie, Edwin Lemert: *Human Deviance, Social Problems, and Social Control*. Englewood Cliffs, N.J. Prentice Hall 1967
8   Clinton R. Sanders: *Marginal Conventions: Popular Culture, Mass Media and Social Deviance*. Bowling Green Ohio: Bowling Green State University Popular Press, 1990

## Aspekte der sozialwissenschaftlichen Rede über Gangs

Soziologen untersuchen Jugendgangs in urbanen Zusammenhängen seit siebzig Jahren. Frederick M. Thrasher, der „Vater" der Urban Gang Studies, definierte Gangs im Jahre 1927 als: „interstitial group", die sich zunächst spontan formiert, als Einheit durch den Raum bewegt – Territorialität als wichtiges Kennzeichen der Gangs – bestimmte Traditionen und interne Strukturen ausbildet, ein Gruppenbewußtsein entwickelt und durch face-to-face Kontakte charakterisiert ist.[9] „Territorialität" und „Räumlichkeit" verbinden die Gang- mit der Ghettothematik. So ist es auch kein Zufall, daß in den von der Chicago School begründeten Urban Studies den Gangs besondere Aufmerksamkeit gewidmet wurde. Erinnert sei hier nur an Harvey W. Zorbaughs, *The Gold Coast and the Slum*[10] der die Attraktivität der Boys' Gang unmittelbar mit Bedürfnissen in Zusammenhang bringt, die weder die Familien noch die Gemeinden befriedigen können. Aufgrund der beschränkten Lebensperspektiven für die junge Generation sind die „foreign slums" für ihn „ganglands".[11] Obwohl Zorbaugh in den Gangs eine Ursache von Jugenddelinquenz und Kriminalität sah, einen Ort der Unordnung und der Probleme für Gemeinde, Schule und andere öffentliche Institutionen, war er der Überzeugung, daß die Gang vor allem eine Form der Adaptation an bestimmte Umstände[12] – somit aber durch entsprechende Intervention grundsätzlich reformierbar sei.

Im Laufe der Zeit wurden unterschiedliche Aspekte von „Gangs" in den Mittelpunkt des wissenschaftlichen Interesses gestellt; so spielte in den 1950er und 1960er Jahren die Debatte um die Zurückweisung von Mittelklassewerten eine wichtige Rolle – eine Sichtweise, die auch an der medialen Darstellung abzulesen ist. Zu denken ist hier an das Musical West Side Story oder den Hollywoodfilm: Rebel without a Cause. Studien zur Konfrontation jugendlicher Gangmitglieder mit der Polizei aus dieser Zeit wurden in der Regel als Konflikt zwischen Mittelklassewerten und den Werten der jugendlichen Subkultur interpretiert, eine Subkultur, die häufig unter dem Aspekt „ethnisch markierte Jugend" beobachtet wurde. Diese Sichtweise blieb nicht unwidersprochen. Andere soziologische Perspektiven wiesen die These, hier äußere sich eine spezifische Subkultur mit dem Hinweis zurück, es gäbe keine abgeschlossene, selbstgenügsame, selbst-generierte „innere" Welt mit

---

9   Vgl. Frederick M. Thrasher: *The Gang.* Chicago: University of Chicago Press, 1927
10  Harvey Warren Zorbaugh: *The Gold Coast and the Slum. A Sociological Study of Chicago's Near North Side.* Chicago and London: University of Chicago Press 1929 (1976)
11  Ibid., S. 154. Vgl. auch: Marco d'Eramo: *Das Schwein und der Wolkenkratzer. Chicago: Eine Geschichte unserer Zukunft.* Deutsch von Friederike Hausmann und Rita Seuß, Reinbek bei Hamburg: Rowohlt 1998, bes. das Kapitel" Das Faszinosum der Unordnung, S. 255-269
12  Ibid., S. 156

klaren Grenzen zur „äußeren": Im Gegenteil: die Welt „draußen" ist auch „drinnen" allgegenwärtig.

Eine der aktuellen Gangstudien möchte ich nicht zuletzt wegen der hier angelegten vergleichenden Perspektive – untersucht wurde im Ländervergleich Deutschland – USA – kurz vorstellen:[13]

Die Autoren, Carl Taylor und Gisela Thiele, definieren „Gang" unspezifisch als losen Zusammenschluß von Kindern oder Jugendlichen, um gemeinsam etwas zu unternehmen. Was sie unternehmen, kann unterschiedlich sein und von gemeinsamer Freizeitgestaltung zu kriminellen Aktivitäten reichen. Zu den Merkmalen von Gangs gehört, daß sie in einem spezifischen Raum agieren, also lokal organisierte, meist homogene (in Bezug auf Geschlechts-, ethnische und soziale Herkunft) Gruppen sind, die:

- ‚ihr' Territorium besetzen
- über interne Strukturen, Rollenzuweisungen und Führerschaft verfügen,
- über eine relativ stabile Mitgliedschaft mit festen Ein- und Ausstiegsregeln gekennzeichnet sind
- einen bestimmten Stil kreieren: outfit, Graffiti, Verwendung spezieller Kommunikationsformen

Taylor und Thiele unterscheiden Gangs nach folgenden Führungsmodellen: militärische Organisation, Körperschaftsmodell (Präsident, Vizepräsident, Sprecher), Familienmodell; nach Aufbau der Gang: Wannabe bzw. Gonnabe (erste Stadien im evolutionären Prozeß der Mitgliedschaft), Affiliate (auch reguläre Mitglieder, gangbangers), Hardcore (5-10% der Mitglieder, haben den höchsten Status und den größten Einfluß); nach Typus: Scavenger, Territorial Gang, Commercial, Corporate Gang und schließlich den Covert Gangs. Von Scavenger bis Covert werden die Gangs organisierter, hierarchisch strukturierter und von zunehmender Bedeutung für die Mitglieder.

## Girls(Boys) und Gangs

Die Forschung hat den Mädchen zunächst nur eine marginale Rolle beigemessen und sie lediglich in ihrem Verhältnis zu den männlichen Gang-Mitgliedern definiert. Noch in den Mittsiebzigern ging man davon aus, daß die Mädchen Gangs rar waren – die weibliche Beteiligung lag unter 10%

---

13  Gisela Thiele und Carl S. Taylor: *Jugendkulturen und Gangs*. Berlin: Verlag für Wissenschaft und Bildung 1998. Weitere Beispiele für die amerikanische jüngere Gangforschung sind: Scott H. Decker and Barrik van Winkle: *Life in the Gang*. Cambridge: Cambridge University Press, 1996; Malcolm Klein: *The American Street Gang: Its Nature, Prevalence and Control*. New York: New York University Press, 1995; John M. Hagedorn: *People and Folks: Gangs, Crime and the Underclass in a Rustbelt City*. Chicago: Lake View Press, 1988; Irving Spergel: *The Youth Gang Problem*. New York: Oxford University Press, 1995

aller untersuchten Gangs. Die Strafhandlungen von Mädchen wurden als geringfügiger als die der Jungen bewertet und Mädchen galten als deutlich weniger gewaltbereit und gewalttätig.

Neuere Untersuchungen fokussieren die zunehmende Unabhängigkeit der Mädchen, ihr Durchbrechen stereotyper Geschlechtsrollen. In den vergangenen zwanzig Jahren wurden zahlreiche einschlägige Studien zu unterschiedlichen Girl-Gangs veröffentlicht – unterschiedlich sowohl im Blick auf ethnische, soziale und weltanschauliche Merkmale als auch die geographische Verortung und die Zielsetzungen. Eine der bekanntesten Studien wurde 1984 von Anne Campbell vorgelegt, 1991 erschien die zweite Auflage.[14] Campbell hat in ihrer Untersuchung überzeugend dargestellt, wie die auf Mittelklasse-Vorstellungen beruhende Unterscheidung in „Good Girls" und „Bad Girls" die Gang-Forschung durchzieht. Dies hat in Bezug auf pädagogische Interventionen zu dem geführt, was als „Pygmalion-Syndrom" bezeichnet wurde, das heißt: Für die Pädagogen sind Gang Girls Eliza Doolittles,[15] die durch entsprechende Erziehung zu „Ladies" gemacht werden können. Daher der lange Zeit vorherrschende und in vielen Programmen noch immer deutlich sichtbare Akzent auf Sprachschulung, Kleidung, Benimm und „weibliche" Fertigkeiten wie nähen, stricken oder kochen. Hinter dem Interesse an den Mädchen steht (bzw. stand, da dieses Konzept heute keine uneingeschränkte Geltung mehr beanspruchen kann) nicht zuletzt die Sorge um die Jungen, denn die Good Girls, deren Aspirationen Anlaß zu Hoffnung auf soziale Integration bieten, ebnen den Weg zur Rettung der Bad Boys, die mit pädagogischen Maßnahmen schwer erreichbar sind. Zudem sind die „Bad Girls" von den „Good Girls" fernzuhalten, da die „Bad Girls" die „Good Girls" durch ihren negativen Einfluß zu verderben drohen. Auch wenn der Einfluß der Mädchen auf die Jungen heute nicht mehr unbedingt im Zentrum der Aufmerksamkeit steht, so ist dennoch Ziel der Intervention – bei aller Toleranz für subkulturelles Verhalten – letztlich noch immer die Anpassung der Mädchen an die akzeptierten gesellschaftlichen Normen.[16] Anne Campbells Feldstudie war nun wesentlich dem Impuls geschuldet, die weitgehend ungesicherten Vorstellungen und Stereotypen der Forschung durch eine eigene Untersuchung zu überprüfen. Zugang zum Feld erlangte sie durch die klassische Schlüsselfigur, in ihrem Fall: ein Polizeibeamter der Manhatten Gang Intelligence Unit, der bei den von ihr untersuchten Gangs in hohem Ansehen stand. Campbell gab als Grund für ihren Wunsch nach Interviews und teilnehmender Beobachtung an, ein Buch über Girls in the Gang schrei-

---

14  Anne Campbell: *The Girls in the Gang*, 2nd. Edition. New York: Blackwell, 1991.
15  so benannt nach der Hauptfigur in George Bernard Shaws Theaterstück: Pygmalion. Eliza ist eine Blumenverkäuferin, die von Prof. Higgins instruiert wird, wie sich eine richtige Lady zu verhalten, wie und worüber sie zu sprechen, wie sich zu bewegen hat.
16  So in modifizierter Form auch *Mark S. Fleisher: Dead End Kids. Gang Girls and the Boys They Know*. Madison, Wisconsin: University of Wisconsin Press, 1998.

ben zu wollen, eine Erklärung, die bereitwillig akzeptiert wurde und häufig zu sofortiger Kooperationsbereitschaft führte. Mit dieser Begründung steht sie in bester Feldforschungstradition. Von William Foote Whytes Street Corner Society bis zu Philippe Bourgois' In Search of Respect wird diese Begründung nach Angabe der Forschenden fast immer akzeptiert. Zwar war sich Campbell vollständig darüber im klaren, daß sie Außenseiterin war und blieb; dies ändert jedoch nichts an dem Befund, daß sie durch ihre Präsenz im Alltag der Frauen in der Lage war, einen wichtigen Einblick in soziale Netzwerke, Wünsche und Träume, die unterschiedlichen Rollen der jungen Frauen zu erhalten und somit ein differenzierteres Bild zu zeichnen, als bis dato in der Gangforschung üblich.

Campbell identifizierte unter Berufung auf polizeiliche Daten 400 Gangs in New York City; nur 10% der Mitglieder waren Frauen. Die meisten hatten einen sozial unterprivilegierten familialen Hintergrund, waren zwischen fünfzehn und dreißig Jahre alt und hatten häufig eigene Kinder. Anne Campbell unterstreicht, daß Frauen nicht in der gleichen Weise rekrutiert werden wie Männer, daß auf sie weder Druck ausgeübt wird, noch sie zur Mitgliedschaft auf andere Weise gezwungen werden. Die Mitgliedschaft erfolgt vielmehr durch familiäre oder freundschaftliche Verbindungen. Wenn sich aktuell eine zunehmende Angleichung der Mädchen – und Jungengangs beobachten läßt, so ist dies vor allem mit veränderten wirtschaftlichen Optionen zu erklären. Campbell unterstreicht in diesem Zusammenhang, daß die Mädchen eine ambivalente Haltung zwischen Ablehnung und Internalisierung von Mittelklassewerten einnehmen. Ihre Situation ist vor allem gekennzeichnet durch die Aussicht auf eine wenig attraktive, unterbezahlte Arbeit mit geringer Hoffung auf Weiterbildung und Aufstiegsmöglichkeiten. Die meisten jungen Frauen haben die Schule abgebrochen und besitzen wenig vermarktbare Fähigkeiten.

Die düstere Realität hindert die jungen Frauen nicht daran – ebensowenig wie die jungen Männer – von einer rosigen Zukunft als Rockstar, Rapstar, Model oder Starathlet zu träumen. Vor dem Hintergrund der schwierigen persönlichen Situation und unter Bezug auf Maslows Skala erfüllt die Gang zwei wichtige Bedürfnisse: Akzeptanz und Sicherheit (Schutz vor Gewalt um den Preis der eigenen Gewaltbereitschaft) – dies um so mehr als viele Mitglieder vor ihrer Zeit in der Gang Einzelgänger und Einzelgängerinnen waren. Mitgliedschaft in einer Gang signalisiert: „Don't mess with me, I am a crazy woman".[17] Im Unterschied zu den oben erwähnten Lebensträumen entwirft die Statistik für beide Geschlechter ein anderes Bild – um nur für die weibliche Seite zu sprechen: 94% der Mädchen werden sehr früh Mütter werden und 84% werden ihre Kinder alleine erziehen; die meisten werden

---

17  In ihrer Klassifikation der Girl Gangs sind Mädchen, die ihr Verhalten an 'männlichen' Verhaltenstandards orientieren 'tomboys' (op. cit., S. 245)

Sozialhilfe-abhängig bleiben, werden in ihren Familien und Liebesbeziehungen häufige gewalttätige Auseinandersetzungen erleben.

Nach Campbell gibt es drei Formen der Mitgliedschaft in der Gang. 1. Zugehörigkeit zu einer männlichen Gang als „Koed", 2. eine eigene Girl-Gang und schließlich 3. die Form des „Auxiliary", eine Art Hilfstrupp, wobei die dritte Form die häufigste ist. „Auxiliaries" formieren sich, nachdem eine männliche Gang gegründet wurde und geben sich einen feminisierten Namen dieser Gang.

In der veröffentlichten Fassung ihrer Untersuchung konzentriert sie sich auf drei Fallbeispiele, die unterschiedlichen Gang-Typen zuzuordnen sind. Sie beginnt mit Connie, puertoricanischer Herkunft, Anführerin des weiblichen Teils einer Bikergang, den Sandman, Mutter und mit dreißig Jahren die älteste der interviewten Frauen. Ihr Alter verweist sie auf die Lebensphase jenseits der Adoleszenz, aber ihre Zugehörigkeit zu einer Gang, die lange Zeit als typisch adoleszente Lebensform galt, verdeutlicht, daß auch für diese Gruppe das biologische Alter nicht mehr maßgeblich für die Lebensplanung ist. Offiziell als Club geführt, in der Selbstbeschreibung als Familienersatz bezeichnet, wird die relativ kleine Gruppe von der New Yorker Polizei als Gang klassifiziert. In den Clubräumen der Gang dominieren satanistische und nationalsozialistische Paraphernalia, obwohl sich die Sandman von extremen faschistischen Orientierungen abgrenzen. Die hispanische Gang wurde auf ca. 35 Mitglieder geschätzt, davon 10 Kernmitglieder. Diese Daten stammen aus dem Jahr 1979; kurz nachdem Campbell ihre Studien beendet hatte, löste sich die Gruppe wegen gewalttätiger Konfrontationen mit anderen Gangs auf. Wichtigste Einkommensquelle bestand im Drogendealen.

Campbell thematisiert am Beispiel von Connie vor allem die Widersprüche zwischen „toughness" und Geborgenheitsbedürfnis, zwischen Zweifeln an und Konflikten mit der Mutterrolle einerseits und der Bestätigung der Mutterrolle als zentralem weiblichem Identitätsmoment andererseits.

Das zweite Fallbeispiel ist Weeza, 26, zwei Kinder, ebenfalls puertoricanischer Abstammung. Im Gegensatz zu Connie, die eine Ausbildung als Krankenschwester begonnen hatte, ist Weeza funktionale Analphabetin. Zur Zeit des Interviews war sie Mitglied der Sex Girls; aufgrund der unklaren Strukturen der Gang blieb aber offen, welche Position sie dort einnahm. Die Sex Girls entstanden etwa zeitgleich mit den Sex Boys, eigentlich Essex Boys, einer typischen Straßengang. Mitglieder beider – des männlichen und des weiblichen Teils – der 1972 gegründeten Gruppierung waren Jugendliche vorwiegend hispanischer und afro-amerikanischer Abstammung, die in den frühen siebziger Jahren noch mit den typischen Aktivitäten der Gangfehden, gewaltsamen Auseinandersetzungen zur Verteidigung ihres Territoriums befaßt waren, in den späten Siebzigern hatte sich das Betätigungsfeld verschoben und Raubkriminalität kam hinzu: bewaffnete Überfälle, Einbrüche und Drogenhandel. Die Sex Girls formierten sich, weil sie mit Mitgliedern der Sex Boys bekannt oder mit ihnen verwandt waren. Campbell kondensiert ihre über einen längeren Zeitraum verteilten Beobachtungen zu „einem Tag mit Weeza". Im Mittelpunkt stehen die täglichen Routinen der Kinderbetreuung und des Wohnungssäuberns, des Fernsehens und Wartens auf ihren derzeitigen Freund Popeye. Die Tristesse der Umgebung wird geschildert und die Ausweglosigkeit der Situation; einzige Abwechslung: ein par Einkäufe, wenn der Sozialhilfescheck eingeht. In den Gesprächen mit Campbell geht es um die Beziehung zu Eltern und Liebhabern – Frauenfreundschaften spielen eine geringe Rolle. Der Robin-Hood Glamour der expliziten Gang Philosophie steht in krassem Widerspruch zur Kriminalstatistik und auch Weezas Sanftheit sollte nicht darüber hinwegtäuschen, daß sie sich einen Ruf als „Tough Girl" erworben hatte.

Der dritte Kontakt bestand zu einem sechzehn Jahre alten Mädchen, Mitglied einer, wie sie sich selbst beschreiben, religiös-kulturellen Gang, mit dem Namen Five Percent Nation. Der Name leitet sich aus der Überzeugung der Mitglieder ab, daß 10% der Weltbevölkerung 85% ausbeuten, 5% aber zu den „Zivilisierten" zählen; Muslime und Söhne von Muslimen, deren Aufgabe es ist, ihre schwarzen Mitbrüder in der wahren Religion zu unterweisen.

Zwischen 1976 und 1979 wies die Kriminalstatistik die Five Percenters als besonders aktiv in Raubüberfällen, unerlaubtem Waffenbesitz, schwerem Diebstahl und Einbrüchen aus. Sun-Africa, ursprünglich aus Panama stammend, kam zu den Five Percenters nachdem sie bereits eine Zeitlang Mitglied einer vor allem von Ladendiebstählen und kleineren Überfällen lebenden Mädchen-Gang, den Puma Crew, gewesen war. Während dieser Zeit, sie war damals ca. vierzehn Jahre alt, betrachtete sie sich als selbstbewußt, affirmativ, hedonistisch. Dieses Selbstbild änderte sich jedoch, als sie nach Auflösung der Puma Crew zu den Five Percenters driftete. Die Philosophie dieser Gang verweist Frauen auf eine submissive, die Anordnungen des Mannes jederzeit respektierende Rolle, spricht aber kein ausdrückliches Verbot gegen kriminelle Handlungen aus. Die Pflicht des Mannes, des Gottes, besteht in der Unterweisung seiner Frau, der Earth und der Erziehung männlicher Nachkommen ab dem siebten Lebensjahr. Als Anne Campbell Sun-Africa einige Zeit nach der Durchführung der Interviews noch einmal aufsuchte, hatte sie sich von ihrem Freund getrennt und kümmerte sich gemeinsam mit einer Frau um die Kinder. Sun-Africas Weltbild läßt sie die Welt als Dschungel wahrnehmen, in der Aggressivität, gewaltvolle Auseinandersetzungen, Drogen und Kriminalität dominieren.

Alles in allem, so Cambell, unterscheiden sich Lebensformen und Lebensentwürfe der Gang Girls nicht wesentlich von den tradierten gesellschaftlichen Weiblichkeitsvorstellungen – das „Ghetto" ist kein Raum, in dem diese Werte und Rollenvorgaben suspendiert wären. Die emotionale Abhängigkeit der Gang Girls von ihren Partnern steht in eklatantem Widerspruch zu im Alltag geforderter Eigeninitiative und Selbstständigkeit. Die Gang ist ein Mikrokosmos der amerikanischen Kultur.

Zwei weitere Untersuchungen sollen kurz zur Sprache gebracht werden. Die eine, bereits in Fußnoten angeführte von Mark Fleisher mit dem Titel: Dead End Kids, ist mit Mädchen in einer Jugendgang in Kansas City befaßt; die andere untersucht den Alltag von Crackdealern in East Harlem und wurde von Philippe Bourgois durchgeführt. In beiden Studien wird die Geschlechterdifferenz thematisiert, jedoch auf unterschiedliche Weise. Ich beginne mit Bourgois' Untersuchung mit dem Titel: In Search of Respect. Selling Crack in El Barrio.[18] In gewisser Hinsicht kann sie komplementär zu Campbells gelesen werden. Denn während Campbell den Mädchen und Frauen ins häusliche Innen folgt, was sich nicht zuletzt aus der Präsenz der Kinder ergibt, führt Bourgois den Großteil seiner Interviews im halb-öffentlichen Game Room durch. Bleiben in dem einen Fall die öffentlichen Aktivitäten der Mädchen Anhängsel und Ergänzungen zur häuslichen Kernzone, so ist es im Falle der Männer umgekehrt. Der Ort, an dem die Gespräche geführt werden, hat weitreichende Konsequenzen für die Deutungen. Sieht Campbell in ihren Beobachtungen eine Bestätigung für die Vorherrschaft der Wertvorstellungen des gesellschaftlichen Mainstream in Bezug auf den weiblichen Lebensentwurf, so interpretiert Bourgois seine Beobachtungen als Bestätigung für die Existenz einer besonderen Subkultur, die sich erst durch den sozialen Ausschluß und die Marginalisierung ganzer Bevölkerungssegmente herausgebildet hat, eine selbstzerstörerische, gewalttätige und dennoch regelgeleitete Kultur, die ihre Verankerungen im Mainstream immer mehr verliert. Er nimmt wahr, daß die männlich konnotierte öffentliche Rolle, eine Rolle, die mit außerhäuslicher Erwerbsarbeit zu tun hat, mit für die Familie sorgen und die Verbindung zwischen Familie und „Außenwelt" herstellen, von den Protagonisten in seiner Untersuchung nicht mehr wahrgenommen werden kann. Er spricht daher vom Auseinanderdriften der Lebenswelten. Zur Illustration: Bourgois beschreibt die gescheiterten Versuche eines erfolgreichen Drogenhändlers das erworbene Geld in legalen Unternehmungen anzulegen. Dabei scheitert dieser jedesmal an den bürokratischen Regeln, die er nicht durchschaut und nicht beherrscht – für deren Handhabung ihm die zentralen Voraussetzungen fehlen: er ist Analphabet, hier also hochgradig abhängig von anderen. Unter Nutzung Bourdieuscher Vorgaben beschreibt Bourgois an einem weiteren Beispiel die Inkompatibilität des symbolischen und kulturellen Kapitals männlicher Straßensozialisation mit postfordistischen Arbeitsmarktanforderungen. Andererseits ist der Erfolg der Dealer nicht nur der Virtuosität im Umgang mit subkulturellen Organisationsmustern zu verdanken, sondern auch der Tatsache geschuldet, daß die Drogenökonomie ihre

---

18    Philippe Bourgois: *In Search of Respect. Selling Crack in El Barrio*, Cambridge (Ma): Harvard University Press 1996

Attraktivität für marginalisierte Gruppen nicht zuletzt deswegen hat, weil sie einen – vor allem in der amerikanischen Gesellschaft – zentralen Mythos: vom Tellerwäscher zum Millionär, from rags to riches, zu realisieren verspricht. In jedem Falle setzt dieser Erfolg Verhaltensmuster und organisatorische Kompetenzen voraus, die durchaus marktförmig sind. Bourgois selbst hat dies thematisiert.

Mark Fleisher begleitete eine kleine Gruppe jugendlicher Gangmitglieder. In Dead End Kids beschreibt er sein fast väterliches Verhältnis zu einem weiblichen Mitglied der Fremont Hustlers – eine Rollendiffusion, die er billigend in Kauf genommen hat, weil er sich in erster Linie als Anwalt versteht und nicht allein als distanzierter Sozialwissenschaftlicher.[19] Auch er sieht ein wesentliches Problem in der Inkompatibilität zwischen der Gang-Sozialisation und den Erfordernissen des gesellschaftlichen Mainstream. Damit ist gleichzeitig angedeutet, daß bei allen Spötteleien über das Eliza Doolittle Syndrom in Begriffen einer bourdieuschen Analyse gesprochen, ein durchaus ernstzunehmender Punkt berührt ist: die Bedeutung von sozialem und kulturellem Kapital und die Rolle der öffentlichen Institutionen bei deren Vermittlung – hier vor allem des Erziehungssystems. In Fleishers Feldstudie werden die unterschiedlichen Sprachregister und Codes (vor allem die Unterschiede zwischen mündlicher Rede und Schriftsprache) betont mit dem Hinweis darauf, daß „Street language" nicht die einzige Ausdrucksform der Gangmitglieder ist. Fleisher zeigt dies vor allem an der Versatilität von Cara, der Protagonistin seiner Untersuchung, die sich sehr genau auf unterschiedliche Rollen und Sprachregister einstellen kann. Der Zusammenprall der „häuslichen Welten" (Mark Fleishers und Caras) wird bereits an der Eingangssequenz von Dead End Kids deutlich. Fleisher gab seine Telefonnummer an die Gang Kids weiter mit dem Hinweis, auf diese Weise jederzeit erreichbar zu sein. Vor diesem Hintergrund beginnt sein Buch: „On December 18th, 1996, at 10:15 P.M., while my 18-year-old daughter, Emily, baked Christmas cookies, and my 15-year-old son, Aaron, practiced the cello, the phone rang in the kitchen of my house in Normal, Illinois."[20] Die Anruferin, Cara, teilte Fleisher mit erneut schwanger zu sein; die vierte Schwangerschaft eines Mädchens des gleichen Alters wie seine Tochter Emily. Bereits auf der ersten Seite wird deutlich, wie sehr sich das Leben der Gang Kids von der familiären Idylle in Normal (keine beabsichtigte Ironie, sondern ein Eigenname) unterscheidet. Fleishers erhobener Zeigefinger gilt nicht so sehr den Aktivitäten der Jugendlichen wie dem Versagen von familialen und öffentlichen Institutionen, diesem Segment der Generation X eine Lebensperspektive

---

[19] Dies muß kein Widerspruch sein. Ich erinnere hier nur an einen Klassiker, Gunnar Myrdals: *An American Dilemma*. The Negro Problem in Modern Democracy, London, New York: Harper 1944, der in Appendix 2 ausführlich auf die Unterscheidung Theorie, Praxis und das bias-Problem in den Sozialwissenschaften eingegangen ist.

[20] Mark, S. Fleisher, op. cit., S. 13

zu ermöglichen. Zur Rolle der Erziehung schreibt er: „Education functions as a child's „guidance system" only if it's initiated at the very beginning of the life course and then operates full time and smoothly and effectively for 20 years or more. Education operates best if a child is enmeshed in a financially and socially stable social unit of any shape."[21] Mit „any shape" sind nicht notwendigerweise die biologischen Eltern gemeint und Fleisher vertritt nicht die Position, daß dem „Familienerhalt" die höchste Priorität zukommen soll. Seine Einschätzung der Rolle von Erziehung ist ebenso pragmatisch. Er ist nicht der Auffassung, daß ein High School Abschluß oder ein entsprechendes Äquivalent (GED) die Lösung der Probleme darstellt. Mit oder ohne GED sieht die ökonomische Zukunft der Jugendlichen, dessen ist er sich deutlich bewußt, düster aus. Die massiven vielschichtigen wirtschaftlichen Umstrukturierungsprobleme lassen sich nicht mit dem Angebot perspektivloser Mindestlohnarbeitsplätze und einem basalen Schulabschluß lösen. Hier ist ein zentraler Punkt angesprochen, der in aktuellen Ghettoforschungen eine ebenso wichtige Rolle spielt wie in erziehungswissenschaftlichen Untersuchungen zu Lebensentwürfen urbaner Jugend.[22]

## Mädchengangs im Erziehungsdiskurs

Veränderungen, die Gangs zu einem wichtigen Thema im amerikanischen Erziehungsdiskurs haben werden lassen, betreffen folgende Komponenten: Schulen werden zu zentralen Schauplätzen für die Rekrutierung neuer Mitglieder, aber auch für Gang-Aktivitäten; die Mitglieder steigen jünger in die Gangs ein und verbleiben länger in ihnen; Gangs überschreiten zunehmend ethnische Grenzen, sie sind nicht mehr an ein bestimmtes Territorium gebunden; Gangs sind nicht mehr nur ein Problem der Inner Cities und schließlich: neben Prostitution haben Drogenhandel und Drogenkonsum neue Dimensionen erreicht; die Beteiligung von Mädchen hat signifikant zugenommen.

Ich beziehe mich im folgenden auf eine Rubrik des Educational Research and Information Center, den Eric Digest: Clearinghouse on Urban Education.[23] Diese Quelle habe ich nicht aus Mangel an einschlägigen Untersuchen gewählt – u.a. haben Lois Weis, Michelle Fine und Lisa Delpit ausführlich zu diesem Themenbereich gearbeitet – sondern um einen repräsentativen Beitrag vorzustellen, in welchem der derzeitige Stand des Erziehungsdiskurses zum Thema Gangs und Mädchen im Blick auf ein breites Publikum festgehalten

---

[21] Ibid. S. 208

[22] Diese Wahl ist nicht repräsentativ. Es gibt eine Vielzahl von Untersuchungen, die mit dem Thema der Inner City Schools beschäftigt sind und damit automatisch das Thema Gangs berühren. Diese hier vorzustellen hätte einer anderen Entscheidung bedurft als die von mir getroffene

[23] unter dem Titel: Girls and Violence hat Jeanne Weiler vom Institute for Urban and Minority Education, am Teachers College, New York, die Debatte dargestellt

ist. An diesem Diskurs beteiligen sich Lehrer, Schulverwalter, interessierte Laien und Wissenschaftler.

Interessant ist dabei, daß hier vor allem der Aspekt „Gewalt" im Mittelpunkt steht. Ausgangspunkt ist die Feststellung, daß zwar eine höhere Gewaltbereitschaft von Mädchen konstatiert wird, aber immer noch ein deutlicher geschlechtsspezifischer Unterschied bei kriminellem und delinquentem Verhalten die Beschreibungen dominiert – bei deutlichem Forschungsrückstand in der Erforschung der Gründe für weibliche Gewaltbereitschaft.[24]

Die Beteiligung von Mädchen an Gewalt in den Schulen

Viele, aber nicht alle aggressiven Handlungen in Schulen, wie kämpfen, prügeln, rangeln, tragen von Waffen werden von Jungen an Jungen verübt. Nach einer Studie von 1997 tragen fast 28% der Jungen Waffen aber nur 5% der Mädchen (Flannery). Einer anderen Untersuchung zufolge, besteht der Hauptunterschied nicht darin, ob sondern welche Waffen getragen werden. Demzufolge präferieren Jungen eher Handfeuerwaffen, Mädchen eher Messer.

Gründe für weibliche Delinquenz und Kriminalität

Seit den siebziger Jahren wird gewalttätigen Mädchen mehr Aufmerksamkeit gezollt, zum einen, weil weibliche Gewaltbereitschaft verstärkt wahrgenommen wurde, zum anderen aber auch, weil es mehr weibliche Forschende gab. Der Hauptfokus war weniger auf die Motive von Frauen gerichtet, sondern vielmehr auf den Unterschied in der Delinquenzrate. Biologische Unterschiede zwischen Männern und Frauen wurden zur Begründung dieses Unterschieds in Rechnung gestellt, in erster Linie aber Sozialisationsunterschiede berücksichtigt, denn man ging davon aus, daß die männliche Sozialisation aggressive und unabhängige Männer und die weibliche passive und abhängige Frauen hervorbringen würde.[25] Im damals vorherrschenden psychosozialen Ansatz wurde die Zunahme weiblicher Gewalttätigkeit mit der Zurückweisung weiblicher Verhaltensmuster und der Annahme männlicher Geschlechtsrollen erklärt.[26] In der jüngeren Forschung wurden diese Gründe diskreditiert.[27]

24  Meda Chesney-Lind et al.: *Girls, Delinquency, and Juvenile Justice*, Belmont, CA: Wadsworth 1998
25  S. Artz, *Sex, Power, & the Violent School Girl*. Toronto: Trifolium Books 1998
26  F. Adler: *Sisters in Crime*. New York: McGraw Hill, 1975
27  vgl. Chesney-Lind, op. sit

Soziale und Umwelt Risiko Faktoren

Aktuelle Forschungen zu adoleszenter Gewalt und Delinquenz haben zeigen können, wie die Faktoren: „soziale Lage", „Race", „Ethnizität" und „Kultur" zusammenspielen, um junge Frauen gewaltbereit zu machen. Diese Studien erklären auch, daß Mädchen und junge Frauen in erster Linie deswegen Gangs beitreten, weil sie so Überlebenstechniken erwerben, um mit ihrer eher antagonistischen Umwelt zurechtzukommen.

Mädchen, zu deren Sozialisation Mißbrauch und Gewalt zählen, sind eher bereit, ein „böses Mädchen-Image" anzunehmen, erst recht wenn ihre Ambitionen ständig enttäuscht werden, wenn sich beispielsweise der Collegebesuch nicht verwirklichen läßt und sie generell unfähig sind, einen mittelklasseidealkonformen sozialen Status zu erwerben. Dies um so mehr, als sie sich mit diesen traditionellen Idealen identifizieren. Dies wird in ihren Lebensentwürfen, ihren Vorstellungen von Ehe, Familie und der Rolle des Mannes als Versorger deutlich. Es wird behauptet, solche Vorstellungen trügen dazu bei, daß Mädchen in Mißbrauchsbeziehungen blieben und ihr Delinquenzrisiko erhöhten.

Allgemein erhöht Schulversagen das Risiko, gewalttätig und delinquent zu werden, obwohl schlechte Schulleistung die Mädchen stärker als die Jungen zu treffen scheint. Während gute Noten und ein gesundes Selbstvertrauen die Bereitwilligkeit zur Delinquenz bei Mädchen dämpft, scheint es bei Jungen eher umgekehrt zu sein.

Interventionen

Die zu entwickelnden Interventionsprogramme, so wird hier gefordert, sollten sowohl „gender-spezifisch" als auch „kultursensibel" sein. Dies ist bislang bei weitem keine Selbstverständlichkeit wie man an der Ressourcenallokation ablesen kann. Laufende oder auch abgeschlossene Programme betrachtend, läßt sich bilanzieren, daß sich erfolgreiche Programme durch folgende Merkmale auszeichnen: sie beinhalten eine umfassende Beratungskomponente, sie liefern Unterstützung bei der schulischen und beruflichen Qualifizierung. 3. Sie reagieren flexibel auf soziale Konstellationen, sind nicht allein auf die Erhaltung der Familien fixiert.

Es handelt sich bei diesem kurzen Überblick des Education Research and Information Centers nicht um eine umfassende Analyse; dies zu erwarten würde auch bedeuten, den Stellenwert und die Eigenarten bestimmter Textsorten zu verkennen. Dennoch ist interessant, welche Auswahl hier getroffen wird und zu welchen Diskussionen Verbindungen hergestellt werden. Gerade zum Stichwort Gewalt fällt auf, daß Studien wie die von John Devine, der sehr deutlich über die Zwangslage von Inner City Schulen spricht und darauf aufmerksam macht, daß sich die Schulen trotz massiver Wachdienst-

präsenz nicht mehr in der Lage sehen, Unterricht im Sinne ihres erzieheri-
schen Auftrags durchzuführen, hier keine Berücksichtigung finden.[28] Auch in
der ERIC Übersicht wird der Eindruck erweckt, es handele sich bei „Gewalt"
um ein – auch und gerade – mit pädagogischen Mitteln lösbares Problem.
Damit steht diese Bilanzierung den Auffassungen der fünfziger Jahre nicht
fern, welche die Mischung von Gangs und Gewalt in Begriffen einer körperlichen Krankheit beschrieben haben, die mit chirurgischen Mitteln ausge-
merzt werden könne.

## Innen und Außen

Es gibt in der Topographie der aktuellen „ganglands" einen bislang weitgehend unerforschten und unvermessenen Bereich, der in gewisser Weise das
Zentrum des „Ghettos" bildet, wenn „Ghetto" als Metapher für sozialen Ausschluß[29] verstanden wird. Einer der wenigen, die diese soziale „Zone" er-
wähnen, ist Carl S. Taylor. Sein Ausgangspunkt: wenn das aktuelle amerikanische „Hyper"Ghetto ein Ghetto der „Ausgeschlossenen" ist, der extremen
sozialen Marginalisierung, dann stellt sich auch die Frage, was dies für Gang-
Formationen bedeutet. In den *Scavenger Gangs* sieht Taylor einen neuen
Typus, der unmittelbar aus den prekären Lebensumständen hervorgegangen
ist, in die Einzelne und Gruppen geraten können, wenn die wohlfahrtsstaatli-
chen und die familialen Netze reißen. Der Gangtypus der „Scavengers" ist
gerade aus geschlechtsdifferenter Sicht besonders interessant, weil hier illustriert werden kann, daß nicht länger der afro-amerikanische Mann, wie noch
von Ralph Ellison in den fünfziger Jahren beschrieben, sondern die afro-
amerikanische Frau „unsichtbar" ist, da sie in keiner der hier relevanten Statistiken auftaucht – auch nicht in der Kriminalstatistik, in der Ralph Ellisons
*Invisible Man*, George Gilder zufolge, „sichtbar" geworden ist. Hinzu
kommt, daß im Vergleich zu den männlichen ein bedeutsamer Unterschied
der weiblichen Delinquenten in ihrer eigenen Sprachlosigkeit liegt, wie der

---

28  So schreibt John Devine in: „Can Metal Detectors Replace the Panopticon?", in: *Cultural
    Anthropology* 10(2): 171-195, „Inner city schools ... - contra Giroux, Apple, McLaren and
    other critical theorists - are simply no longer in a position to engage in the enterprise of
    „character formation" or of asserting moral values ... . These writers .. do not seem to be
    aware that the humanism which they would destroy is already defunct." Zitat, S. 186

29  Zur Diskussion um sozialen Ausschluß vgl. Helga Cremer Schäfer, Heinz Steinert: „Soziale
    Ausschließungs-Theorien: Schwierige Verhältnisse, in: Helge Peters (Hrsg.): *Soziale Kon-
    trolle: Zum Problem der Nonkonformität in der Gesellschaft.* Opladen: Leske und Budrich
    2000, S. -63. Einen Beitrag zur Übersicht über die unterschiedlichen europäischen Diskus-
    sion liefern die von Heinz Steinert herausgegebenen Projektberichte: *State of Social Policy.
    Literature Reports from Sweden, England, Netherlands, Germany, Austria, Italy, Spain,*
    Case Project Papers, No. 2 Vols. 1 und 2 Vienna, Institut für Rechts- und Kriminalsoziolo-
    gie, 1999. Der Beitrag zur deutschen Diskussion von Tomke Böhnisch und Helga Cremer-
    Schäfer in 2/1: „Social Exclusion in Germany", S. 187-240

Blick auf folgende interessante, in den vergangenen Jahrzehnten aber eher vernachlässigte Textart, zeigt: die der *Life History*, der Lebensgeschichte [30], die der Frage: wessen Stimme spricht? große Bedeutung beimißt und – dies halte ich vor allem im Rahmen des hier zur Diskussion stehenden Zusammenhangs für zentral – weitreichende Implikationen für den mit Erziehung und Bildung befaßten Bereich hat. In der Einleitung zu Clifford R. Shaws: *The Jack Roller*,[31] hat Howard S. Becker die auf die Chicago School, besonders auf Thomas und Znaniecki[32] zurückgehende, soziologische *Life History* rekapituliert und deutlich unterstrichen, daß es sich hier um eine Mischung zwischen zur soziologischen Datengewinnung geeignetem Material und autobiographischen Elementen handelt.

Becker hält zur Textart der *Life History* fest, daß es hierbei weniger um künstlerischen Ausdruck als vielmehr um möglichst nachprüfbare Ereignisse und Erfahrungen sowie die Interpretation geht, die diese aus individueller Sicht erfahren. Im Blick auf die soziologische Bedeutung autobiographischer Schriften von Delinquenten kommentiert Becker: „As a safeguard against erroneous interpretations of such material, it is extremely desirable to develop the „own story" as an integral part of the total case history. Thus each case study should include, along with the life-history document, the usual family history, the medical, psychiatric, and psychological findings, the official record of arrest, offenses, and commitments, the description of the playgroup relationships, and any other verifiable material which may throw light upon the personality and actual experiences of the delinquent in question. In light of such supplementary material it is possible to evaluate and interpret more accurately the personal document."[33]

Die Life History läßt sich aber auch stärker unter der Perspektive der Subjektposition betrachten. In diesem Zusammenhang ist eine fast vergessene inzwischen nur noch schwer erhältliche, da nicht mehr neu aufgelegte Schrift von Michel Foucault von Interesse: Ich, Pierre Rivière.[34] Die von

30  Ein einschlägiges deutschsprachiges Beispiel für die Nutzung von *Life Histories* ist Helga Cremer-Schäfers: *Biographie und Interaktion. Selbstdarstellung von Straftätern und der gesellschaftliche Umgang mit ihnen.* München: Profil Verlag 1985. Die Life History genutzt haben auch Henner Hess und Achim Mechler in: *Ghetto ohne Mauern. Ein Bericht aus der Unterschicht.* Frankfurt am Main: Suhrkamp 1973

31  Clifford R. Shaw: *The Jack Roller. A Delinquent Boy's Own Story*, erste Auflage 1930, Chicago: Phoenix Books, 1966

32  W.I. Thomas and Florian Znaniecki: *The Polish Peasant in Europe and America*, 2nd ed. New York 1927, II: 1931 -2244. Vgl auch: Helen MacGill Hughes (ed.) *The Fantastic Lodge.* Boston 1961 und Henry Williamson: The Hustler. Ed. By R. Lincoln Keiser. Garden City, N.Y. 1965. Allgemein zu diesem Ansatz in den Sozialwissenschaften: Daniel Bertaux, Hg.: *Biography and Society. The Life History Approach in the Social Sciences.* Beverly Hills and London, 1981

33  Becker in der Einleitung zu The Jack Roller, op. cit., S. 2

34  Der Fall Rivière herausgegeben von Michel Foucault. Materialien zum Verhältnis von Psychiatrie und Strafjustiz. Frankfurt am Main: Suhrkamp 1975

Foucault und anderen herausgegeben Akten dokumentieren einen Kriminalfall aus dem ersten Drittel des neunzehnten Jahrhunderts: Ein zwanzigjähriger Bauernjunge aus der Normandie hatte seine Mutter, seine Schwester und seinen Bruder erschlagen, war anschließend geflohen und hatte sich versteckt, um dann ergriffen, eingesperrt, gerichtet und verurteilt zu werden. Die vollständig erhaltenen Akten sind nicht nur aus disziplingeschichtlichen Gründen aufschlußreich – im Zentrum des Prozesses stand die Frage, ob Rivière zurechnungsfähig sei – eine Frage, um deren Klärung Richter und Mediziner bemüht waren; die Akten sind vor allem auch von Interesse, weil sie ein einzigartiges Dokument enthalten, ein im Gefängnis von Rivière selbst verfaßtes Memoire, in dem er Stellung bezieht, sich positioniert, sich als Subjekt „schafft". Obwohl Rivière in mehreren Akten beschrieben wird, von einer genauen Deskription seines Äußeren bis hin zu Vorlieben, Verhalten, Gewohnheiten, Eigenheiten usw. – der Leser sich also ein recht genaues „Bild" machen kann – ist das Memoire das entscheidende Dokument, das ihm ein Gesicht gibt, aus Pierre Rivière, dem Objekt widerstreitender Diskurse, ein Subjekt macht, das in diese Diskurse eingreift. Positionierung und Eingriff sind gebunden an Sprache. Hätte Rivière sich weniger gewählt und differenziert ausgedrückt, so hätte seine Niederschrift wohl kaum die erstaunliche Wirkung zeitigen können: „Sein" Dokument zentrierte die streitenden Expertendiskurse. „An einem 'Dossier' aus dem Jahre 1835 über Rivière, einem Elternmörder, zeigen Foucault und andere (1975), daß juristische und damit konkurrierende psychiatrische Beschreibungen, Diagnosen und Straf- und Behandlungsentscheidungen nicht mehr möglich sind ohne Bezug auf ein „Memoire" des Täters Rivière. Es wird, um die Entscheidung zu ermöglichen, „totalisierend" interpretiert."[35]

Life Histories und ähnliche Texte werfen die Frage auf, wie das der Sprache Unterworfene die Sprache in Gebrauch nimmt bzw. nehmen kann, um sich als „Subjekt" zu positionieren. Der auf den ersten Blick erstaunliche Befund, daß ausgerechnet delinquente Jugendliche mit familialem Hintergrund, der in der einschlägigen Fachliteratur als „depriviert" beschrieben wird – Jugendliche, die nicht selten über eine nur unterdurchschnittliche Schulbildung verfügen – in der Lage sind, elaborierte Lebensgeschichten zu verfassen, ist bereits im Jack Roller erklärt worden. In der Diskussion des Falles findet sich der lapidare Satz: „Because of the enforced leisure of confinement, convicts read quite as much as any other group in our population, with the possible exception of teachers, clergymen and writers" – eine Feststellung, die sich auf Angaben des Gefängnisbibliothekars des Illinois State Penitentiary beruft.[36]

---

35   Helga Cremer-Schäfer, op. cit., S. 23
36   Clifford Shaw, op. cit., p. 187 und Fußnote 6: Hinweis auf den "report of the librarian of the Illinois State Penitentiary at Joliet"

Autobiographische Schriften wie Pierre Rivières Memoire, deren Produktion nicht wissenschaftlich begleitet wurden, sind eine Textsorte, denen in der sozial- und damit auch in der erziehungswissenschaftlichen Diskussion bislang keine hohe Bedeutung beigemessen wurde. Die Gründe hierfür sind naheliegend und mannigfach. Zu bedenken ist hier unter anderem das schwierige Verhältnis zwischen Fiktionalität und Faktizität und der damit verbundenen Frage, wie mit solchen Texten unter Anwendung sozialwissenschaftlicher Methoden verfahren werden soll. In jüngerer Zeit wurde durch den linguistic und den narrative turn in den Sozialwissenschaften – verstärkt durch die Rezeption von poststrukturalistischen Impulsen (Angeboten), wozu auch die cultural und die postcolonial studies zählen – autobiographischem Material wieder mehr Aufmerksamkeit zuteil. In der Perspektive der „subaltern studies"[37] wird dieses Material dann auch erziehungswissenschaftlich auf neue Weise interessant. Alles in allem besteht also eine größere Bereitschaft sich auf diese Textsorte einzulassen, die Auskunft erteilt über Erziehung und Bildung, über Selbstformation und Subjektposition, zumal aus der Perspektive sozial Marginalisierter. Um zum Thema „Gangs" zurückzukehren: An autobiographischen Zeugnissen und Dokumenten zur männlichen Seite der Beteiligung an Jugendgangs herrscht kein Mangel. Bevor ich hierzu ein aktuelles Beispiel vorstelle, möchte ich jedoch kurz auf ein historisches Bespiel, der Autobiographie einer weiblichen Delinquentin eingehen, das zwar nichts über Mädchen und Gangs aussagt, aber viel über die Verortung des weiblichen devianten Subjekts. Der Titel: Madeleine an Autobiography.[38]

---

37 Die Subaltern Studies Group, ein Zusammenschluß südostasiatischer Historiker bezieht sich auf Gramsci. Besondere Berühmtheit hat dieser Ansatz mit Gayatri Chakravorty Spivaks, „Can the Subaltern Speak", in: Cary Nelson und Lawrence Grossberg (Hrsg.): *Marxism and the Interpretation of Culture*. Urbana and Chicago: University of Illinois Press, 1988, S.271-313 für die sozial- und erziehungswissenschaftliche Rezeption der Subalternitätsdebatte vgl den Beitrag von John Beverly in: Rolland G. Paulston, Hrsg.: *Social Cartography. Mapping Ways of Seeing Social and Educational Change*. New York and London: Garland 1996,

38 *Madeleine. An Autobiography*. Introduction to the 1919 edition by Judge Ben Lidsey, new introduction by Marcia Carlisle. New York: Persea Books, 1986 In ihrem Vorwort nennt Marcia Carlisle mögliche Gründe für den geschlechtsdifferenten Umgang mit Autobiographie: „Typically, men who write autobiographies do so as representative actors in a given time period. Their stories are often success stories - linear, orderly chronicles of achievement. Confident of their personal worth and the value of their words, men tell life histories that contain the kind of advice an older man of the world might pass on to a younger gereration of men. Women, less confident of their social worth, attempt to convince readers (most often, other women) of the value of their lives. Their autobiographies lack the grounding in traditional history, are less orderly, and more likely to be a kind of sorting through of events and people."

*Madeleine*

Madeleine, so ist den Vorworten zu entnehmen, verursachte seinerzeit, es wurde 1919 erstveröffentlicht, einen Skandal und zwar nicht, so wird versichert, weil es sich um einen Bericht aus der demi-monde handelte, sondern weil die Autorin erstens keinerlei Reue zeigte, zweitens mit ihrem zweifelhaften Lebenswandel Erfolg hatte, drittens durch diesen nicht für alle Zukunft ruiniert, sondern unerkannt ein bürgerliches Leben annahm und schließlich den Nerv hatte, die christlichen Reformer beiderlei Geschlechts zu kritisieren – den, oft selbsternannten, Experten und Expertinnen zu widersprechen. *Madeleine* ist nicht nur die Lebensgeschichte einer Prostituierten, sie hat auch eine Botschaft: sie will eine Wahrheit über Prostitution sagen und reklamiert die Autorität einer „Insiderin", sie schreibt explizit gegen die damals kursierende Rede über White Slavery[39] an und scheut nicht vor einer Konfrontation mit den „Autoritäten" zurück. Wie sehr ihre Autobiographie das viktorianisch geprägte Amerika schockierte, lassen Passagen wie diese, dem Schlußteil entnommene, erahnen. *Madeleine* hat ihr Leben als „Madam" aufgegeben und führt nun – unerkannt – ein bürgerliches Leben, das sie in direkten Kontakt mit Sozialreformerinnen bringt: „Not long since a woman who devots much time to social uplift – and whose activities are as wide as her ignorance is deep – wasted a perfectly good evening in trying to enlist my aid in a social purity campaign in which she is gaining fame and earning a comfortable living. ... After endeavoring to impart to my benighted mind some understanding of the roots and ramifications of the white slave traffic, the ravages made by drink, and the general feeble-mindedness and incorrigibility of the children of the poor, she advised me to wake up, acquire a first-hand knowledge of these conditions (taking her as a teacher and guide) and then assume my share of the world's work. All of which reminds me that, after many years spent in studying the conditions of which the lady reformer drew such a misleading picture, I still cherished many illusions. After a few years spent in close touch with the uplifters I have none. ...I may liken my state of mind to that of a physician who has spent many years in the dissecting room, in the hospitals and beside the couch of pain, who loves his fellow men and would gladly devote his life to their service; but for a sufficient reason, is forced to conceal his knowledge and remain silent, while those who never saw a dissecting-room, and whose hospital experience is confined to a case of measles, endeavor to teach him the science of medicine."

---

[39] In dieser Rede ging es um die angebliche Verschleppung unschuldiger weißer Mädchen in die Prostitution. Diese Rede hat als Hintergrund in den USA, aber auch in anderen Ländern, Urbanisierung und Industrialisierung und bezog sich auf die mit diesen Prozessen verbundene Ängsten um Sitten und Moral. Madeleine bezeichnet die White Slavery, popularisiert in Artikeln und Romanen als Mythos.

Hier wird ein zentrale Anliegen des Textes ausgesprochen: Es geht um eine Positionierung im umkämpften strategischen Feld der Definitionsmacht. Madeleine reklamiert für sich die Position einer durch Wissen und nicht allein durch sozialen Status legitimierten Expertin. Es sind aber die durch ihre gesellschaftliche Stellung legitimierten Sozialreformer, die die Erlaubnis haben zu sprechen, auch wenn sie nicht durch Kenntnis der Sache, über die sich äußern, legitimiert sind. Diese Erlaubnis ist im vorliegenden Falle in den Vereinigten Staaten u. a. im Konzept der *Republican Motherhood* gefaßt, auf das sich die Sozialreformerinnen berufen (können). Madeleine hat auf derartige Legitimationsstrategien keinen Zugriff, sie kann sich auch nicht auf akademische Qualifikationen in Sozialarbeit oder Soziologie berufen; ihr bleibt nur, ihr Expertinnenwissen mit hochreflektierter Erfahrung zu begründen. Eine Strategie, bei der es entscheidend auf die Überzeugungskraft der Sprache ankommt. Erst in der äußerst gewandten Ingebrauchnahme von Sprache sind die Voraussetzungen geschaffen eine Position zu beziehen, die von den etablierten Experten im Feld der Sozialreform nicht ignoriert werden kann.

## Monster: The Autobiography of an L.A. Gang Member[40]

Dieser Text legt nahe in Baudrillardscher Perspektive betrachtet zu werden; so gesehen wäre er ein Beispiel für das Kollabieren der Differenz zwischen Realität und Virtualität. Da ist zum einen der Entstehungshintergrund: in der Folge der „Unruhen" (riots, uprisings), die in zahlreichen amerikanischen Metropolen in Reaktion auf den Freispruch der im Rodney King Fall involvierten Polizisten 1992 ausgebrochen waren, interessierten sich die Medien besonders für das Thema „Ghettos" und „Gangs". Neben Berichterstattern und Kamerateams war in Los Angeles ein Model, Léon Bing, daran beteiligt, Kody – dem Autor der Autobiographie – und seinen Brüdern zu (vorübergehender) Berühmtheit zu verhelfen. Besonders Kody erwies sich als äußerst geschickt, was die Verhandlungen über die Vertragsbedingungen der während seiner Inhaftierung verfaßten Autobiographie betrifft – auch der Veröffentlichungszeitpunkt blieb nicht dem Zufall überlassen – abgestimmt mit den Terminen zur Frankfurter Buchmesse wurde der Verkauf so lanciert, daß fast zeitgleich über die internationalen Rechte verhandelt wurde. Dieser Hintergrund ist nicht unwichtig, denn er zeigt, daß der Text von Anfang an Teil eines Big Business war, einer Mischung aus Exotismus, Voyeurismus und virtuellem Katastrophentourismus.

Das Umschlagphoto zeigt einen jungen Afroamerikaner mit entblößtem tätowiertem Oberkörper, dunkler Sonnenbrille und moderner Handfeuerwaffe. Ein Photo, das zweifelsohne die Gefährlichkeit dieses Mitglieds einer der

---

40  Sanyika Shakur aka Monster Kody Scott: *Monster. The Autobiography of an L.A. Gang Member.* New York: Penguin Books 1993

berühmten L.A. Gangs zum Ausdruck bringen soll, ein Photo das Unmittel-
barkeit suggeriert und doch das Produkt geduldiger Arbeit in einem Photo-
studio ist; ein Photo, ein Zeichen, das keinen Referenten hat, das sich in den
vielfältigen Konnotationen des amerikanischen Imaginären verliert. „Die
Abwesenheit der Dinge von sich selbst, die Tatsache, daß sie nicht stattfin-
den, obwohl sie so tun als ob, die Tatsache, daß alles sich hinter seinen eigenen Schein zurückzieht und deshalb nie mit sich selbst identisch ist, darin
liegt die materielle Illusion der Welt. Sie bleibt im Grunde das große, entsetz-
liche Rätsel, vor dem wir uns durch die formelle Illusion der Wahrheit schützen."[41]

Die Nacktheit ist hier die Maske, die Enthüllung eigentlich Verhüllung
und die Tatsache, daß wir über Monster so viel mehr wissen als über Madeleine, macht seine Autobiographie nicht weniger mysteriös als ihre. Während
Madeleine als Gegenrede zum herrschenden Reformdiskurs gelesen werden
kann, hat Monster keinen solchen Bezugspunkt. Er orientiert sich eher an
Actionfilmen. Der Allgegenwart von Waffen, Schießereien, gefährlichen
Projektilen Tribut zollend beginnt jede Danksagung mit 'Bullet-proof'
(thanks to ...); (love to...), (appreciation...) usw.. Streckenweise persifliert der
Text unbeabsichtigt das Genre autobiographischer Bekenntnisse: I propose to
open my mind as wide as possible to allow my readers the first glimpse at
South Central from my side of the gun, street, fence, and wall. ... Look then,
if you dare, at South Central through the eyes of one of is most notorious
Ghetto Stars and the architect of is most notorious and ghastly gang – the
Crips."[42] Die häufig gezogenen Vergleiche zwischen Gang Wars und dem
Vietnam Krieg, das Betonen der quasi-militärischen Organisation der Gangs
macht aus Crips und Bloods zwei feindliche Armeen, deren blutige Auseinandersetzungen generalstabsmäßig geplant werden; auch vor Vergleichen mit
Hitlers Blitzkrieg scheut er nicht zurück: „I would imagine that our aggressive conquering of territory in those days, and still today, resembled Hitler's
sweep through Europe.[43]„ Auch damit bedient er in seiner Rede bestimmte
Klischees und Stereotype, die in anderen Diskursen in Umlauf gebracht werden. Selbiges trifft auf das Bild vom „Ghetto Star" zu. Um „Ghetto Star" zu
werden, muß man alle Energien darauf verwenden, sich einen Namen zu
machen. „Gang-banging" ist für Kody Lebensaufgabe und seine Brutalität
und Rücksichtslosigkeit bringen ihm prompt den Beinamen „Monster" ein.
Dies sichert ihm den Status als Ghetto Star. Erst im Gefängnis – dazu noch
im notorischen St. Quentin – kommt die Umkehr, vorbereitet durch seine auf
den Einfluß der Black Muslims, denen er ebenfalls im Gefängnis begegnet
war, zurückgehende Namensänderung in Sanyika Shakur. In St. Quentin liest

---

[41]  Jean Baudrillard: Das perfekte Verbrechen. Aus dem Französischen übersetzt von Riek
      Walther. München: Matthes und Seitz, 1996, S. 13
[42]  Sanyika Shakur, op. cit., S. xiv und xv
[43]  Ibid., S. 36

er beflissen – dies fällt ihm, der in seiner formalen Schulbildung nur bis zur sechsten Klasse gekommen war, zunächst sehr schwer, doch mit der Zeit und mit Hilfe eines klar strukturierten Tagesablaufs macht er Fortschritte, liest nicht nur, sondern beginnt zu schreiben. Er, zweifacher Vater, will Verantwortung für seine Familie übernehmen: Für die Mutter seiner Kinder, seine Kinder, aber auch für seine Mutter und Geschwister.

Im Januar 1991 wird er wegen tätlichen Angriffs und schwerem Diebstahl angeklagt. Er gibt dazu an, einen Crackdealer, den er aus seiner Nachbarschaft vertreiben wollte, verprügelt sowie sein Auto „konfisziert" zu haben. Wie sich herausstellt, war das Opfer bezahlter Polizei-Informant. Das hohe Strafmaß, so schreibt er, hatte wohl auch mit seiner Gefängniskarriere zu tun: er wurde zu siebzehn Jahren Freiheitsentzug verurteilt. Bei dieser Verhaftung soll es nicht geblieben sein. Vorzeitig entlassen, soll er erneut straffällig geworden sein.

Allen Bekenntnissen und Beteuerungen zum Trotz ist für „Monster" das Gefängnis keine „Universität der Revolution". Seine Vision ist nicht die revolutionäre eines H. Rap Browns, George Jacksons oder Malcolm X'. Er schreibt über die klandestine revolutionäre Organisation, der er im Gefängnis beitritt: „Nothing was corresponding to concrete conditions and we had no mass appeal."[44] Sein Traum ist der American Dream von Ruhm, Geld, Unsterblichkeit als „Ghetto Star". Er weiß, daß in den USA – der offiziellen Ideologie zum Trotz – Erfolg nicht notwendigerweise an Bildung gekoppelt ist. Kody hat keine Mission oder Vision; er ist weder von den Black Muslims, noch von den „Black Heroes" von denen er im Gefängnis hört, überzeugt. Die moderne Variante des „rags to riches" lehrt ihn zudem, daß keiner „Erziehung" oder „Bildung" bedarf, um ökonomisch erfolgreich zu sein. Sein tiefer Glaube an diesen Mythos hindert ihn daran, ernsthafte Kritik an bestehenden gesellschaftlichen Verhältnissen zu üben. Er ist insofern auch in keiner Position, die es ihm ermöglicht, sich im strategischen Feld von „Wissen" und „Macht" zu positionieren, Zuschreibungen abzuwehren.

Madeleine Blairs Betonung von Bildung, ihr autodidaktischer Eifer an Bildungsgütern zu partizipieren ist mit dem emphatischen deutschen Bildungsbegriff unmittelbar vereinbar: Das Individuum wird durch Bildung zum autonomen Subjekt. Bildung und Erziehung verweisen aber ebenso auf die Relation von „Wissen" und „Macht". Manifest wird dieser Zusammenhang in ihrem Fall im Streit um Expertenwissen und Expertenstatus. Um Pierre Bourdieus Begriffe zu bemühen: hier spielt kulturelles und symbolisches Kapital eine wichtige Rolle; zwei Kapitalsorten, die hier strategisch zum Ausgleich gegen mangelndes ökonomisches und soziales Kapital veranschlagt werden.

---

44  Ibid., S. 349

## Schlußbemerkung

Das hier Vorgestellte ist impressionistisch und nicht systematisch, historisch oder analytisch. Mein Anliegen war vor allem, einen Einblick in einige (wenige) unterschiedliche Redeweisen über "Gangs" zu geben. Die *Life Histories* bzw. allgemein autobiographische Schriften zu berücksichtigen ist vor allem dem Gedanken geschuldet, diese Textsorte nicht nur um ihrer selbst willen zu beachten sondern sie auch als eine Art „Gegenlektüre" zu wissenschaftlichen Texten zu nutzen (und natürlich auch umgekehrt). Der von mir präferierte Ansatz besteht weniger in einer immanenten Lektüre als vielmehr in einer Verortung der Schriften, wobei das Interessante gerade darin besteht unterschiedliche Verortungen vorzunehmen. Hierzu eine abschließende Ilustration. *Monster* läßt sich in Bezug auf autobiographische Schriften berühmter Delinquenter der 1960er lesen: Malcolm X, H. Rap Brown, Eldridge Cleaver, um nur einige zu nennen. Der (auch materielle) Erfolg dieser Schriften bildet eine der Voraussetzungen für Kody Scotts Autobiographie; gleichzeitig verlieren die älteren Schriften erheblich an subversiver Kraft gerade durch ihren Erfolg, mag sich dieser auch unbeabsichtigt und häufig erst posthum einstellen. In *Monster* wird der Verlust einer Mission oder Vision auch deutlich ausgesprochen. Der Protagonist erkennt unmißverständlich, daß das politische Projekt der klandestinen Organisation, deren er sich angeschlossen hatte, merkwürdig verbindungslos erschien: "Nothing was corresponding to real conditions and we had no mass appeal". Nicht einmal als postmodernes Zitat läßt sich die politisch aufgeladene Stimmung der Sechziger evozieren. Die Helden von damals wirken merkwürdig antiquiert, nichts scheint die junge Generation der Kennedy und Johnson Ära mit der *Generation X* zu verbinden. Anders als *Madeleine* vertritt *Monster* auch nicht das Projekt, Einspruch gegen als nicht legitim wahrgenommenes Expertenwissen zu erheben, eine Gegenposition zu beziehen im strategischen Feld von "Wissen" und "Macht". Die ubiquitäre Marktförmigkeit scheint jeden Widerstand, jeden Einspruch, jede Rebellion auf merkwürdige Weise sofort zu neutralisieren. Die Bildungs- und Erziehungssemantik hat hier keinen Platz. Weder im Sinne des emphatischen Bildungsbegriffs noch im Sinne der Ideologie, erfolgreiche individuelle Lebensentwürfe hingen von Bildungszertifikaten ab. Bei aller Beredsamkeit herrscht hier eine merkwürdige Sprachlosigkeit, *Monster* redet, aber er hat nichts zu sagen, was der Leser nicht schon vorher erwartet. Am unteren Ende (Kody Scott zählt zu den privilegierteren Gang-bangern) da wo auch der Diskurs über gefährliche und gefährdete Jugend – um mit Helga Cremer-Schäfer zu reden – kein grelles Schlaglicht auf die Szene wirft, herrscht Dunkelheit und Schweigen. Hier bekriegen sich keine berühmt-berüchtigten Gangs, hier kämpfen keine "Männerarmeen"; hier teilen sich die (weiblichen) "Scavengers" die magere Beute.

# Teil IV:

# Adoleszenz im öffentlichen Raum

Helga Cremer-Schäfer

# Emanzipation, Anpassung und Gewalt

Über den einen oder anderen Vorteil der öffentlichen
Bedeutungslosigkeit von jungen Frauen und Nachteile der
öffentlichen Aufmerksamkeit für die gefährlichen jungen
Männer*

Öffentliche Diskussionen der Jugendfrage zentrieren sich derzeit mehr als in
anderen Phasen um Jugend als eine „Gefahr". Wenn das Bild einer „gefährlichen Jugend" behandelt wird, bedienen sich die Akteure des Diskurses in
erster Linie der Vorstellungen von einer zunehmend „kriminellen Jugend"; zu
diesem Bild kommen heute die Vorstellungen einer „gewaltbereiten" und
„brutalisierten Jugend" hinzu. (Diese Etiketten haben die älteren der „Verwahrlosung" oder der „Asozialität" weitgehend abgelöst.) Der Diskurs über
die „gefährliche Jugend" verwendet auch einen „sozialpädagogischen" Topos: den der „gefährdeten und gefährlichen Jugend", durch den das Verhältnis von Individuum und Gesellschaft thematisiert wird. Der Jugend-Diskurs
faßt seinen Gegenstand geschlechtsunspezifisch. Universalisierung ist die
Funktion des Konzeptes „Jugend". Es negiert außerhalb des Generationenverhältnisses alle anderen Differenzen. Bis heute kristallisiert sich als Objekt
des Diskurses über „gefährliche Jugend", gegen die stets besondere Maßnahmen der Kontrolle legitimiert werden, der „männliche Jugendliche" heraus. Konkret: die von gesellschaftlichen Ressourcen ausgeschlossenen, aus-
ländischen jungen Männer. Warum sollten eigentlich junge Frauen in einen
solchen ideologischen Diskurs einbezogen sein?

## 1. Sozialpädagogik und Öffentlichkeit

Die „Öffentlichkeit" ist für die Institution „Sozialpädagogik" ein traditionell
ambivalentes Feld. Es gilt als selbstverständlich, daß die Ressourcen für die
Adressaten (und die Bezahlung der eigenen Arbeitskraft) konkurrierenden
Verwendungen abgerungen werden muß. Inzwischen geht es nicht um eine
„gesellschaftliche" Zuständigkeit, sondern um eine (wohlfahrts)staatliche.

---

*    Der Beitrag verdichtet eine Reihe von Analysen verschiedener öffentlicher Diskurse über
Kriminalität, Gewalt, Jugend und Geschlecht, die ich und Kollegen durchgeführt haben, für
weitere Analysen und den theoretischen Rahmen vgl. insbesondere Cremer-
Schäfer/Steinert, Cremer-Schäfer 1995, 2000.

Ohne eine direkte Lobby bleibt nur der Weg über das öffentliche „Skandalisieren" eines „Problems" bzw. einer „Problemgruppe".

Öffentliche Diskurse über Probleme, Konflikte und Adressaten von Sozialpädagogik anerkennen oder verweigern die institutionelle Zuordnung von Problemen, Konflikten und Adressaten. Sie organisieren einen Rahmen für die Zuteilung oder den Entzug von materiellen und immateriellen Ressourcen. Vor allem wird kanalisiert, in welcher Perspektive eine „soziale Arbeit" erfolgen kann: Wird Sozialpädagogik in das traditionelle Geschäft einbezogen, die ‚Dropouts' von Familie, Arbeitsmarkt, Schule, Sozialversicherungssystem, medizinischer Versorgung und dem privaten Psychosektor noch einmal auf ihre „sekundäre Integrationsfähigkeit" zu testen, sie erneut zu klassifizieren und die verlorenen Fälle mit Recht als „pädagogisch nicht erreichbar" auszuschließen? Oder kann sie Widersprüche nutzen und unterschiedliche Lebensformen und Bewältigungsstrategien (nicht nur) von jungen Leuten stützen und sie (wenigsten vorläufig) nicht zum Identisch-Werden mit einem Leitbild bringen oder dazu zwingen. Ob die Spannung bestehen bleibt bzw. nach welcher Seite sich der Schwerpunkt und die Grenzen der sozialen Arbeit verschieben, wird nicht allein fachlich, sondern in der Konkurrenz mit anderen Akteuren und Interessen entschieden.

Die Bemerkung liest sich banal, aber „Öffentlichkeit" bietet und organisiert keine Arena von Aufklärung und „Sozialpädagogik" besteht nicht nur im Verstehen, Helfen, Schützen und Fördern. Jede Institution erfüllt eine individuelle Reproduktions- und eine Vergesellschaftungsfunktion, die konkrete Organisationen und Apparate bzw. Akteure organisieren dies aber stets durch herrschaftlich geprägte Handlungsmöglichkeiten und machtvoll regulierende Praktiken. Institutionen sind komplex und daher mehrdimensional und insofern ein Herrschaftsverhältnis.

## 2. Jugend-Diskurse als Politik-Ressource

Eines der wichtigsten Muster der „Öffentlichkeitsarbeit" von Sozialpädagogik bestand und besteht in der Praxis einer „doppelten Beschreibung". Sozialpädagogisches Wissen setzt „Verhalten und Verhältnisse" in Beziehung. Die Systematisierung dieses Wissens war verbunden mit der gesellschaftlichen Funktion und den Praktiken der Institution. Zum „Klientel" von Fürsorge und Sozialpädagogik wurden die Gruppen, die auf Dauer oder Zeit von zentralen Institutionen (Arbeitsmarkt, Privateigentum, Familie) ausgeschlossen waren und sich daher in einer bürgerlichen, kapitalistisch organisierten Gesellschaft nicht selbst reproduzieren konnten. Aber selbst „Fürsorge-Erziehung" als eine herrschaftlich gewährte Hilfe mußte gegen Politiken sozialer Ausschließung durchgesetzt werden. Anläßlich einer Diskussion von „Modernitätsanforderungen und Traditionsbeständen" in der sozialen Arbeit schrieb Klaus Mollenhauer speziell zur Jugendhilfe: „Die sozialpolitischen Engpässe nötigen schon früh dazu, individuell erscheinende Problemlagen im Kontext gesellschaftlicher Bedingungen und Bewegungen zu interpretieren (...) von den quasi-privaten Merkmalen der Beziehungen und ihren Störungen sich voranzuarbeiten zu meso-und makrosozialen Kontexten, vom ‚Verhalten' zu den ‚Verhältnissen'." (1992, S.110) Dieses Argumentationsmuster zielte auf die Begründung einer „kompensierenden", die Klientel „einpassenden" Intervention. Verhältnisse, die die Entwicklung (Tüchtigkeit/ Autonomie/Mündigkeit/Persönlichkeit/Subjektivität) der nachwachsenden Generation „fördern" und/oder „schädigen", bilden den Kern des wissenschaftlichen und des Experten-Wissens über Jugend.[1]

Daraus abgeleitete und Interventionen begründende bzw. einklagende Argumente unterscheiden sich in einem zentralen Punkt von politischen, auf „Befreiungen" zielenden Reden, die von „Rechten" oder „Interessen" ausgehen. Das Wissen über „Verhalten und Verhältnisse" faßt Konflikte mit der nachwachsenden Generation, Verschiedenheiten von Menschen, Formen des Leidens an Ordnungen und der Widerständigkeit gegen Herrschaft als „Störung von Ordnung" und als „Abweichungen von Normen". Den Abweichlern wird jedoch (anders als etwa im Strafrecht) kein moralischer Schuldvorwurf gemacht, sie werden als defekte und verformte, aber formbare Menschen gedeutet, die der Gesellschaft zurückgegeben werden könnten, wenn sie kunstfertig und im Rahmen einer hierarchischen, aber fürsorglichen Beziehung von oben nach unten erzogen und eingepaßt würden. Das impliziert mindestens eine soziale Degradierung; wer die Ordnung stört und von der Norm abweicht, wird stets zu einem Objekt „legitimer" Veränderungstechnik. Über die Begriffe, die die doppelte Beschreibung verwendet, werden die „Grenzen von (Füsorge-)Erziehung" als selbstverständliche gedacht.

Das sozialpädagogische Wissen konzipiert Gesellschaft in gleicher Weise „modern", wie das Zygmunt Bauman für das moderne Denken mit seiner Metapher vom „gesellschaftlichen Gartenbau" so anschaulich gemacht hat. Gesellschaft als Zusammenhang von Einzelnen ist ein ständig zu bearbeitendes Projekt, das nur Nutzpflanzen an dafür vorgesehenen Stellen hervorbringen soll, keine Unkräuter, keine Gewächse im falschen Beet, keine ungeplanten Wucherungen, ungestutzte Pflanzen. Wenn in die Gesellschaft Menschen nachwachsen, sie Regeln einhalten sollen, bedarf das der vorbeugenden Pflege der Nutzpflanzen, des Zurechtstutzens der Gewächse ebenso wie des gelegentlichen Ausrupfens des Unkrautes.

Der Topos von der „gefährdeten und gefährlichen Jugend" war einer der bedeutsamsten, diese „doppelte Beschreibung" in verschiedenen Öffentlichkeiten zu verbreiten. Es war langfristig gerade durch seine Negierung von

---

1    Als Selbst-Beobachtung von „Jugend-Bildern", die in der Pädagogik und der Öffentlichkeit erzeugt bzw. aktiviert werden vgl. Hafeneger 1995.

„Differenz" eine Ressource, Elemente des „Generationenvertrages" zu verschieben. Was Honig, Leu und Nissen (1996, S. 9) als eine „Erfolgsgeschichte" der Kindheit beschreiben, gilt zunächst und vor allen für Jugend. Jugendliche als Menschen „in Entwicklung" zu verstehen, ist heute eine Selbstverständlichkeit. Dieses Verständnis ist im „Sozialpädagogischen Jahrhundert" nicht nur als Anspruch formuliert, sondern in beträchtlichem Umfang auch errungen worden. Jugend wurde als ein geschützter und von den Rechten und Pflichten der Erwachsenen ausgenommener Status institutionalisiert. Seit dem Zweiten Weltkrieg hat sich das hierarchische Gefälle zwischen Eltern und Kindern zunächst bei Jugendlichen in einer vorher nicht vorstellbaren Weise abgebaut. Daß Jugendliche in ihrer „Persönlichkeitsentwicklung" Unterstützung erfahren sollten, wurde verrechtlicht. Monetäre und infrastrukturelle Leistungen für die nachwachsende Generation gehören zum Kernbereich sozialstaatlicher Aufgaben. Die Rechte von Jugendlichen auf Schutz, Erziehung und Entfaltung der Persönlichkeit sind „Gesetz" geworden. In einem Resümee formulieren Honig, Leu, Nissen: „Es gibt wenige Bereiche, in denen sich das 20. Jahrhundert so sehr als eine Epoche der Humanisierung begreift wie in seinen Leistungen für Kinder *und in der Klage über sein Versagen* gegenüber Kindern." (1996, S. 9) – Hier wird ein für Jugend erprobtes Muster „verjüngt".

Nun war gerade das 20. Jahrhundert keineswegs nur eine Epoche der Humanisierung. Nach Weltkriegen und Nationalsozialismus läßt sich nur vorläufig eine (kurze) Phase abgrenzen, in der die auf Mündigkeit und Selbstbestimmung zielenden *und* die disziplinierenden Elemente des bürgerlichen Jugendkonzept auch für andere „Jugenden" zur Geltung gebracht wurden. „Die Mädchen" waren die letzten in der (kurzen) Reihe, und ihnen soll, inzwischen gegen einen gesellschaftlichen Trend, immer noch mehr „Selbstbestimmung" ermöglicht werden. Generell ist die Vorstellung von „Jugend als Krise" oder „Innovationspotential" ein in öffentlichen Diskursen wenig verbreiteter Topos. Abweichungen und Störungen werden selten durch den Hinweis auf „Adoleszenz" normalisiert (und verstanden). Und daß in öffentlichen Diskursen Jugend als „Avantgarde" gesellschaftlicher Entwicklung gilt, das habe ich lange nicht mehr gehört.

Die Umsetzung von „lebenswerten, stabilen Verhältnissen, die es nicht zu Konflikten und Krisen kommen lassen" (so formulierte dies der 8. Jugendbericht), war und ist weiterhin verbunden mit spezifischen Jugend- und Kindheits-„Rhetoriken", die Abweichungen von Jugend („unfertigen Menschen") und Kindheit („unschuldige Kinder") als einen zu korrigierenden Defekt konzeptualisieren und somit eine Palette von erziehenden, heilenden, disziplinierenden, helfenden, das Verhalten verändernden Interventionen legitimieren. Die wichtigsten Typen sind: Der junge Rebell, der jugendliche Delinquent, der benachteiligte Jugendliche, der kranke und schwache Jugendliche, das Opfer.[2] Im Konkreten ist es nicht gleichgültig, welchen „Defekt" die „gefährdenden Verhältnisse" hervorbringen. Der Diskurs „gefährliche Jugend" arbeitet derzeit vorwiegend mit dem „Delinquenten" (und nicht dem „Rebellen").

In „Diskursen", dem öffentlichen und institutionalisierten Reden, konstituiert sich gesellschaftlich relevantes Wissen über Objekte, das zugehörige Praktiken kommentiert oder begründet. In Bezug auf den Diskurs über die „gefährliche Jugend" werde ich darlegen, daß dieser Mädchen (fast) negiert, daß das aber kaum diskriminierende Folgen für Mädchen und junge Frauen hat. Die Unsichtbarkeit bleibt allerdings ein zweifelhaftes Privileg.

## 3. Sozialpädagogik und Kulturindustrie

Ich verstehe Medien als einen Markt, auf dem gesellschaftliche Gruppen und Experten auftreten, um Bedingungen eines gültigen oder durchzusetzenden „impliziten Gesellschaftsvertrages" zu verhandeln. Das wichtigste Element ist sicher der „implizite Arbeitsvertrag", aber ebenso relevant, weil damit verbunden, sind die damit vorausgesetzten „Verträge" des Geschlechterverhältnisses und des Generationenverhältnisses.

Das Wissen, die Kategorisierungen und die für Herrschaftsverhältnisse gültigen Normen, die öffentlich mittels Massenmedien verhandelt werden, müssen den Imperativen von guten Stories entsprechen, dem Medium und den Akteuren Gewinn, Auflagen, Einschaltquoten bringen. Ein „gesellschaftliches Problem" anerkannt zu bekommen, heißt heute nicht nur PR-Arbeit zu leisten. Die Verhandlung über „soziale Probleme" und „Problemgruppen" muß auch als Ware verwertet werden können – zumindest wird es so präsentiert.

## 4. Mädchenbilder (k)eine Politik-Ressource?

Die seit den 80er Jahren vorherrschende Politikressource bei Mädchen und jungen Frauen war das „Opfer-Bild". Exemplarisch dafür war die Mißbrauchsdebatte, die den Diskurs um Rechte in einen um Schutz transformiert hat. Die politische Reaktion blieb auf weiten Strecken eine der „symbolic politics": Strafrechtspolitik wurde verbunden mit einer „symbolischen" Degradierung „der Männer" zu „potentiellen Vergewaltigern". Beobachten kann man aber auch – insbesondere in den 90er Jahren – eine geschlechtsspezifische Problempolitik, die vor allem in der „Mädchenarbeit" neue Freiräume für junge Frauen geschaffen und der Forderung nach Stärkung ihrer Rechte, der Entwicklung von Eigenständigkeit und dem Abbau des Machtgefälles

---

2   Die Typologie lehnt sich an die „Kindheits-Rhetorik" von Joel Best (1990)

zwischen Erwachsenen und Kindern Nachdruck verliehen hat. Damit wurden die bildungspolitischen und manche kulturellen Errungenschaften der Frauen- und Jugendbewegung (bescheiden, aber immerhin) fortgesetzt. Man kann hier festhalten, daß, wer sich in den Status eines „Opfers" hineindefinieren kann, noch begrenzte Ressourcen zur Verfügung gestellt bekommt. Als entscheidende Variable sehe ich allerdings weniger den öffentlichen Diskurs als die Herausbildung einer eigenen Gruppe von „Expertinnen" in der sozialen Arbeit, die eine „stille", aber in Bezug auf die Möglichkeiten erfolgreiche Politik betrieben hat.

Diskurse über die „gewaltbereite Jugend", eine „steigende Jugendkriminalität", die „Ausländerkriminalität", die „rechte Gewalt", „wachsende Kinderkriminalität", generell die Diskreditierung von Jugend als ein „sozialer Sprengsatz" haben einerseits junge (ausländische, arme) Männer wieder in die Nähe des Strafrechts gerückt. Andererseits hatten diese Diskurse auch den Effekt der verstärkten staatlichen Anstrengung z. B. zur Ausweitung von Arbeitsbeschaffungs- und Qualifikationsmaßnahmen für „Modernisierungsverlierer"; generell wurden Jugendhilfe und Jugendarbeit unter dem Ziel von Prävention gelegentlich noch zusätzlich finanziert. Die Skandalisierung der rechtsextremen jugendlichen Gewalt hat zur Installierung von Anti-Aggressionsprogrammen geführt, die Jugendlichen immerhin eine Reihe unterschiedlicher „Gebrauchswerte" angeboten haben. Die Thematisierung von „Gewalt in der Schule" hat nicht nur Verhaltenstrainingsprogramme und verbesserte Koordination zwischen Lehrern und Polizei zur Folge gehabt, sie hat auch zur Einführung von Konfliktschlichtungsstellen sowie zur institutionalisierten Reflexion über schulische (Leistungs-) Erwartungen und Lernformen geführt.

Über die „gefährliche Jugend" und die „sozialen Sprengsätze" wird öffentlich in einer Form diskutiert, die die Geschlechterdifferenz nicht mehr negiert, sondern betont. Der Unterschied ist so deutlich, daß mit dem Diskurs über „gefährliche Jugend" geradezu „Geschlecht" konstruiert werden kann. „Gewalt hat ein Geschlecht", so titelte EMMA eine kriminologische Untersuchung.[3]

Der bescheidene Gewinn, den Mädchen von diesen Diskursen haben, liegt im großen und ganzen in der Bestätigung, daß sie das „bessere Geschlecht" und „brave Geschlecht" seien. Kriminalität und Gewalt ist ein „Jungenproblem", das wird von Expertinnen und Experten, von Wissenschaftlerinnen und Wissenschaftlern, von Politikerinnen anerkannt. Mehr Ressourcen mobilisiert das „brave Mädchen" nicht. „Wer keine Probleme macht, wird auch keine Probleme haben."

---

[3]  Die Studie des Kriminologischen Forschungsinstitutes, auf die Bezug genommen wird, stellt „Gewalt" allerdings als ein ethnisches Problem „türkischer Männlichkeit" dar, die universalisierende Kategorie „Geschlecht" verdeckt das nur mühsam, vgl. EMMA Januar/Februar 2000.

In diesem Kontext haben mich kontinuierliche Fragen von Journalistinnen („wie sieht es mit der Mädchenkriminalität, der Mädchengewalt aus?") ebenso kontinuierlich irritiert wie der Versuch, in der Zeit der Hochkonjunktur des Diskurses über „Jugend-Gewalt" und „Kinder-Kriminalität" einen „rapiden Anstieg der Mädchen-Gewalt" zu verkünden.

## 5. „Immer mehr Mädchen prügeln und foltern". Über den nicht ganz vergeblichen Versuch einen Trend zu etablieren

Gefunden habe ich diesen Topos im Magazin „DER SPIEGEL". In diesem Medium finden sich typischerweise komprimiert und systematisiert öffentliche Diskurse. Die Texte stellen insofern exemplarische Texte dar und ich habe sie zu verschiedenen Themen analysiert.[4]

Bei einem ersten „Lesen" habe ich den 1998 erschienenen Text[5] als einen Versuch beurteilt, dem Diskurs „gefährliche Jugend" noch einmal einen „Neuigkeitswert" zu geben, nachdem Jugend und „Monster-Kids" als Thema ausgelaugt waren. „Immer mehr Mädchen prügeln und foltern" verspricht eine Stabilisierung des Themas und eine Dramatisierungsschraube dazu. Dann wäre es tatsächlich „die Jugend".

Eine zweiter Lesegang zeigte, daß die „Neuigkeit" mit vorgefertigten, aus der Kriminalitäts- und Gewaltdebatte stammenden Textbausteinen gefertigt war. Jungen und Mädchen werden ziemlich gleich behandelt: Die Diagnose „Immer mehr Mädchen prügeln und foltern" wird nicht anders erzeugt als die Diagnose „die Täter werden immer mehr, immer jünger und brutaler". DER SPIEGEL beginnt wie immer und wie jede „law-and-order-Kampagne" mit einem besonders dramatischen Fall. Um zu zeigen, wie es (immer) gemacht wird, nummeriere ich die Schritte und zitiere aus dem SPIEGEL-Text.

1. Schritt: Ein Fall von Mädchen-Brutalität

„Zwischendurch stecken sich die Mädchen immer mal wieder eine Zigarette an, inhalieren einen tiefen Zug – und drücken die Glut ihrem Opfer auf die Haut. Dann treten Anja, 14, und Daniela, 15, wieder abwechselnd zu.

Mit Fäusten und Füßen traktieren sie und Michael, Danielas Bruder, die längst schon wehrlos daliegende Tatjana. Anja, die Turnschuhe trägt, beklagt sich, daß ihr die Füße weh

---

4  Daß „SPIEGEL"-Texte öffentliche Diskurse zusammenführen und als exemplarische Texte analysiert werden können, hat sich im Laufe verschiedener Projekte und Medienanalysen herausgestellt. Das Material dieser Analysen waren Illustrierten-Artikel und SPIEGEL-Titel seit dem Jahr 1958, seit den 90er Jahren hauptsächlich Zeitungsartikel, einschließlich der Wochenzeitung DIE ZEIT. Nach der Durchführung eines Forschungsprojektes entstand durch das „Weitersammeln" ein privates „Archiv" zu Gewalt- und Kriminalitäts-Diskursen, das ich auch für das Vortragsthema genutzt habe.

5  „Da bleibt keine Nase heil", in: DER SPIEGEL, Nr. 11, 1998, S. 74-83.

tun. Daniela zieht einen ihrer stahlbesetzten Stiefel aus und leiht ihn Anja. „Brech ihr doch die Rippen", schreit sie.

Nach zwei Stunden erklären die Peiniger ihre Aktion für beendet. (...)

Weil sie die Verletzte nicht im Keller verbluten lassen wollen, schleppen Anja und Daniela ihr Opfer nach oben und legen es im Rinnstein ab. „So wie wir die behandelt haben", gesteht Daniela später, „so behandelt man kein Tier."

## 2. Schritt: Das statistische Artefakt: Ein „rapider Anstieg von Mädchen-Gewalt"

Eine dramatische Veränderung eines Problems hat „massenhaft" zu sein. Und wenn ein besonderer Fall in einem „Trend" liegt, dann ist der Trend gleich identisch mit dem Fall. Einen Eindruck von „Massenhaftigkeit" geben bei uns Zahlen, Statistiken. Im Bereich von „Kriminalität & Gewalt" gibt es ein institutionalisiertes jährlich erscheinendes Zahlenwerk, die „Polizeiliche Kriminalstatistik". Und diese druckt Zahlen in einer Reihe ab: So entsteht ein Trend. Manchmal auch dadurch, daß ein „Streetworker-Verein" Zahlen untereinander schreibt, die zeigen,

„daß die Zahl der von 8- bis 14jährigen Mädchen in Berlin begangenen Straftaten in den letzten zehn Jahren auf das Dreifache angestiegen ist. Bundesweit registriert die Polizei seit Jahren einen rapiden Anstieg von Mädchen-Gewalt. Meist gingen die Täterinnen gründlich zu Werke: Durch Zigaretten verbrannte Haut, zertrümmerte Nasen, gebrochene Rippen gehören zu den Folgen der Folter durch Mädchenhand. Wo früher eine Ohrfeige für die Nebenbuhlerin reichte, landet das Opfer heute nicht selten in der Notaufnahme."

Die Benutzung der Statistik zum Beweis des „rapiden Anstiegs der Mädchen-Gewalt" ist im konkreten Text ziemlich nachlässig: In manchen Medien war die „Fehlinterpretation" schon auf der ersten Seite zu lesen: Der Anstieg der Straftaten der Kinder (!), der hier den Anstieg der Brutalität der weiblichen Jugendlichen belegt, geht in der Masse auf ein verändertes Anzeigeverhalten bei Bagatell-Ereignissen zurück. Es geht gerade nicht um „Folter aus Mädchenhand" oder Massen von „Messerstecherinnen".

## 3. Schritt: Autorisierung der Diagnose durch professionelle Experten und Expertinnen

Den Eindruck, daß die Mädchen-Gewalt „immer häufiger" wird, teilen immerhin die für die Mädchen zuständigen Institutionen und Professionellen in der ganzen Republik.

„Irrationale Grausamkeit, die in keinem Verhältnis zum Anlaß steht, beobachten Jugendbeauftragte der Polizei allerorten."

Und das „allerorten" begleitet uns subtil durch den ganzen Text. Jedes Ereignis hat einen Ort: Mädchen-Gewalt findet sich von Garbsen bei Hannover über das brandenburgische Schwedt und Kiel-Russee bis München (ohne Stadtteilangabe).

Täterinnen „stammen, – wie die Stuttgarter Polizei weiß – aus gutbürgerlichen Verhältnissen", und: „auch in scheinbar intakten Familien, sagt Michaela Brockmann, 38, Sozialpädagogin an der Horner Schule, nehme die Verwahrlosung der Eltern-Kindbeziehungen zu":

4. Schritt: Mädchen sind doch anders als Jungen

Mädchen- und Jungen-Brutalität unterscheidet sich nach diesen Diagnosen nicht sehr – aber dann doch:
- Die Täterinnen legen ihr Opfer in den Rinnstein, daß es nicht ganz verblutet und beschreiben auch noch ihre Unmenschlichkeit: „so behandelt man kein Tier".
- Sie legitimieren ihre Übergriffe offensiv: Durch Zurückschlagen käme man, „glaubt Sonja", dem „Berufsziel näher: ‚Chefin werden in einem großen Büro, im Schwenksessel sitzen und Befehle geben'."
- Das „Abziehen" von Jacken, so werden Mareike, Katrin und Sonja zitiert, sei eine „gerechte Strafe" für eine Beleidigung.
- Bei Vergeltungs- und Bestrafungsaktionen – so erfährt die Leserin weiter und im Detail –, sind Mädchen phantasiereich, „gnadenloser" als Jungen und fügen der „körperlichen Gewalt dann meist noch eine Demütigung hinzu": Üble Nachrede („drogensüchtig"), dem Freund zu nahe kommen oder ihn entlassen wird gebüßt und vergolten:
- mit einem Nierenriß,
- bei null Grad sich nackt ausziehen müssen und über die belebte Turmstraße laufen,
- es wird ein Hakenkreuz auf die Brust gesprüht,
- ein Zettel mit der Aufschrift ‚Hure' in die Vagina geschoben oder
- ein „paarmal ins Gesicht" getreten.

5. Schritt: Erkläre die Ursachen und verhindere das Verstehen von Ereignissen

Die „Erklärungen" für den „rapiden Anstieg der Mädchen-Gewalt" sind Verdoppelungen von besonders eindimensionalen Erklärungen der „Jugendgewalt". Einfältig wäre wohl das angemessenere Wort. Pädagogische und sozialpädagogische Expertinnen stehen für ihre „Richtigkeit"; es ist ihr Wissen, das wiedergegeben wird.
Die Lehrerin und erfahrene Pädagogin stellt fest,

„viele ihrer 12 bis 16jährigen Schülerinnen sind Töchter alleinerziehender, berufstätiger Mütter." Und in „intakten Familien (...) nehme ‚die Verwahrlosung der Eltern-Kind-Beziehung zu'. Man lebe zwar unter einem Dach, aber der Kontakt werde auf das Nötigste beschränkt: ‚Die Eltern wollen überhaupt nicht wissen, was ihre Kinder in der Schule machen'."

### Der Leiter des Mädchenheims

„hält die frühe Sexualisierung der Mädchen in der Familie für die häufigste Ursache späterer Gewaltausbrüche. Jedes dritte Mädchen, das er in seinem Heim aufnimmt, davon ist Rumohr überzeugt, sei in der Familie mißbraucht worden. (...) Sei die Tat vor der Pubertät geschehen, würden die Mädchen die Gewalt eher gegen sich selbst richten, sich verstümmeln oder magersüchtig werden. Habe sie sich nach der Pubertät ereignet, werde darauf mit Aggression und Wut nach außen reagiert."

### Es gibt auch die Alltagstheorien von Freunden der Mädchen:

„Die Frau ist total in Ordnung. (...) Bloß ihr Leben ist dumm gelaufen: Ein Kind vom falschen Typen zur falschen Zeit, kein Job, ein Scheiß-Verhältnis zum Vater, die wollte nichts mehr einstecken, sondern nur noch austeilen."

Und daß „die Wurzel der Gewalt von Mädchen ‚eindeutig im unentschiedenen Verhalten der Erwachsenen' liegt", das bestätigt wieder der Leiter des Mädchenheims. „Die Grenzen zwischen den Generationen haben sich aufgelöst". Nur an den erwachsenen Männern liegt es dann merkwürdigerweise doch nicht, sondern (und ist es wirklich überraschend?) an den Müttern und den jungen Männern.

„In einer vom Ideal der Jugendlichkeit bestimmten Gesellschaft werde es für die halbwüchsigen Töchter immer schwieriger, sich von den Müttern abzusetzen. ‚Wenn die Mutter in die Disko geht', fragt Rumohr, ‚wo soll die Tochter dann hin?'"

*Und:*

„Je martialischer die Jungen auftreten, desto mehr taugen sie den Mädchen zum Vorbild – und desto niedriger sinkt die Hemmschwelle der Mädchen."

Eine „starke Frau" sein zu wollen, damit liegen die Mädchen generell „im Trend": „Die junge Frau von heute schlägt sich durch – im Fernsehen täglich." Damit ist die „industrialisierte" Ursachensuche bei sich selbst angelangt, bei den Medien: Die Quote steigt, der Anteil der weiblichen Gewalttäter wächst auf 40 Prozent. Versteht sich aber, daß es die anderen Medien sind, nicht die Ware „politisches Magazin". Daß es bei Mädchen am Fernsehen liegt (und nicht an den Computerspielen oder Horrorvideos), bestätigt Anita Heiliger, „Wissenschaftlerin am Deutschen Jugendinstitut in München":

„Sensibilisiert für die Typologie weiblicher Gewalttätigkeit, entdeckte Heiliger viele Situationen, in denen die Art und Weise der Gewaltausübung in die Praxis übersetztes Fernsehen ist.'"

### Daraufhin kann die Sozialpädagogin nur „rätseln":

„Irgendwas ist schief gegangen im Prozeß der Emanzipation, (...) wir haben doch was anderes gewollt, als daß die Frauen den Männern abgucken, wie man zuschlägt."

„Mädchen-Folter": eine schief gegangene Emanzipation! Allerdings, abschließend mag ein männlicher Sozialpädagoge, Leiter eines „offenen Hamburger Mädchenheims" die „Anpassung der Mädchen an das Verhalten der Jungen wie viele Sozialpädagogen nicht generell verurteilen. (...) ‚Wird doch Zeit', sagt er, ‚daß sie sich verteidigen und angreifen, statt immer nur sich selbst zu vernichten'."

Und damit endet die Darstellung „immer mehr Mädchen prügeln und foltern". Bei der „Jugendgewalt" würde jetzt die Diskussion begonnen „was dagegen tun?"

## 6. Die Funktionen der „brutalisierten Mädchen"

„Brutalisierte Mädchen", das dient, wenn andere Themen verbraucht sind, noch einmal als Unterhaltungsstoff. Das Lesen mag sich auch mit „Angst-Lust" verbinden. Außerdem kann ein Medium zeigen, daß Mädchen bei keiner Form der Berichterstattung „benachteiligt" werden.

Doch „die Mädchen" sind auf diese Weise nicht „skandalisierbar". Es wirkt zumindest ziemlich angestrengt. Und der Text kommt zu keinem Urteil über eine „Generation von Mädchen". (Genau das geschieht mit dem geschlechtsunspezifischen Diskurs über die „gewaltbereite und kriminelle Jugend".) Es fehlen in diesem Diskurs-Beitrag auch die inzwischen üblichen Diskreditierungen eines „pädagogischen" Umgangs mit „Gewalttätern". Ihnen sollen sonst deutlich Grenzen gesetzt werden.

Die Funktionen solcher Texte sind „subtiler": Auch wer geübt ist im Lesen von solchen öffentlichen Konstruktionen, kontrolliert sich bei den sehr detaillierten Schilderungen der „gnadenlosen Mädchen" darin, ob Nachdenken nicht verharmlost. Das ist doch alles brutal und „Mädchen-Folter". Und es ist diese Selbstbeobachtung, durch die man der allgemeinsten Funktion solcher Diskurse auf die Spur kommt: Das Publikum soll abgehalten werden, sich der intellektuellen Anstrengung zu unterziehen, Unverständliches verstehen zu können. Das wird erreicht, indem Handlungen und Menschen zu etwas Monströsem, Angst erzeugendem, Gefährlichem oder Schädlichem gemacht werden. Das leisten Kriminalitäts-Diskurse vorzüglich und genau das tut z. B. die Kombination von „Mädchen-Folter" mit banalisierenden Selbsterklärungen und -beschreibungen der Täterinnen. („Das verschafft mir einen richtigen Kick." „Sollte eine ihre Klamotten zurückverlangen, fängt die sich eine gebrochene Nase.") In dieser Position ist das Publikum und besonders das Experten-Publikum besonders offen, verdinglichende Erklärungen anzunehmen und abzugeben.

Der Text über „Mädchen-Gewalt" und „Mädchen-Folter" bedient *und* korrigiert gleichzeitig das Opfer-Bild. Die 14- bis 18jährigen wehren sich (massenweise) aus nichtigen und banalen Gründen, wird uns mitgeteilt, keineswegs weil sie diskriminiert würden, und die Mißbrauchten sind nur ein Teil der Täterinnen. „Nur-Opfer" sind Mädchen also keinesfalls. Bei der Begrenztheit des Opfer-Bildes als einer Politik-Ressource, ist das keine dramatische Korrektur, aber eine ausreichende Botschaft, es mit der Anklage von Versagen und Diskriminierung nicht zu übertreiben.

Hinzu kommt, daß der Diskurs über gefährliche Jugend junger Frauen indirekt trifft. Der trotz Kampagnen gegen kriminelle Jugendliche vorhandene „Gegen-Diskurs" und die wenigstens teilweise öffentliche Beobachtung von punitiven und strafenden Reaktionen ist bisher für Mädchen wenig ausgebildet. Wie verhält es sich z. B. mit sogenannten „Maßnahme-Karrieren" bei Mädchen in der Jugendhilfe? Verändert sich das Verhältnis von „Abweichung" und Maßnahmen (in geschlossenen Heimen) bei jungen Frauen? Werden mehr junge Frauen in den Strafvollzug und totale Institutionen ausdifferenziert? Diese Fragen sind kein Gegenstand des Interesses. Die vergleichsweise immer noch „unvollkommene" Modernisierung des Kontroll- und Kriminalisierungsmusters bzw. der Strafenpolitik bei Frauen wird durch ein Bild von „immer mehr Mädchen, die prügeln und foltern", nicht verändert. Im Gegenteil: Obwohl die „braven Mädchen" heute nicht zur „gefährlichen Jugend" gezählt werden, steigt bei jungen Frauen der Trend zu mehr kurzen und langen Gefängnisstrafen stärker an als bei jungen Männern.

Die Vorteile der öffentlichen Bedeutungslosigkeit halten sich also in Grenzen.

## Literatur

Best, Joel, Threatened Children. Rhetoric and Concern about Child-Victims. Chicago/London, 1990.

Cremer-Schäfer, Helga, Kriminalität als ein ideologischer Diskurs und der Moral-Status der Geschlechter, in: Kriminologie und Geschlechterverhältnis. 5. Beiheft des Kriminologischen Journals, 1995, S. 120-142.

Cremer-Schäfer, Helga, Sie klauen, schlagen, rauben, in: Heiner Barz (Hg.), Pädagogische Dramatisierungsgewinne. Jugendgewalt. Analphabetismus. Sektengefahr, Frankfurter Beiträge zur Erziehungswissenschaft, Frankfurt 2000, S. 81-108.

Cremer-Schäfer, Helga /Steinert, Heinz Straflust und Repression. Zur Kritik der populistischen Kriminologie, Münster 1998.

Gewalt hat ein Geschlecht, in: EMMA, Januar/Februar 2000.

Hafeneger, Benno, Jugendbilder. Zwischen Hoffnung, Kontrolle, Erziehung und Dialog, Opladen 1995.

Honig, Michael-Sebastian/Leu, Hans Rudolf/Nissen, Ursula, Kindheit als Sozialisationsphase und kulturelles Muster, in: Dies. (Hg.), Kinder und Kindheit, Weinheim, München 1996, S. 9-30.

Mollenhauer, Klaus, Jugendhilfe. Modernitätsanforderungen und Traditionsbestände für die sozialpädagogische Zukunft, in: Rauschenbach, Thomas/Gängler, Hans, Soziale Arbeit und Erziehung in der Risikogesellschaft, Neuwied, Kriftel, Berlin 1992, S. 101-119.

Sven Sauter

# Der osmanische Typ

## Männlichkeitskrisen und Ablösungsprozesse von Adoleszenten aus Immigrantenfamilien

### *Einleitung*

Wie ein Protestschrei, ein verzweifelter und eindringlicher Ruf nach dem Vater klingt das Lied „Vater, wo bist du?" der Berliner Rap-Gruppe „Die dritte Generation", mit der sie 1998 debutierte:

> „Immer wenn ich dich gebraucht hab/Wenn ich einsam war/VATER/Du warst nie für mich da/Immer hast du mich vergessen/Doch ich kann dich nicht hassen/VATER/Du warst nie für mich da"

Dreihunderttausend verkaufte Singles in den ersten acht Wochen nach Erscheinen des Albums sprechen für den Erfolg des Liedes, das scheinbar genau ein Lebensgefühl von Jugendlichen (nicht nur aus der sog. dritten Generation von Jugendlichen aus Immigrantenfamilien) getroffen hatte.

Drastischer ist das Lied „Der Weg, den du gehst" der deutsch-türkischen Rap-Gruppe „Cartel":

> „Samstag abend/Deine Zeit/Da war dein Alter immer breit/Und in der Straße seiner Kneipe/Lag nur Dreck und es war kalt/Als er die Straße betritt/Ihm schon das Leben entglitt/Nur das Geräusch deiner Faust/Das in sein Fleisch eintritt/Es reißt die Lippe/Dann platzt die Nase/Es fällt ein Zahn/Dann klafft die Stirn/Nach dreizehn weiteren Schlägen/Siehst du sogar ein bißchen Hirn/Da liegt er nun/Und es tut dir so gut/Der Körper deines Vaters/In einer Pfütze aus Bier und Blut"

Ich gehe bezüglich der weiteren Überlegungen davon aus, daß in den Liedtexten der beiden Musikgruppen ein wichtiges adoleszentes Thema aufgegriffen und bearbeitet wird: eine als prekär erlebte Vater-Sohn-Beziehung. Damit verknüpft sich im weiteren eine Selbstvergewisserung der eigenen Herkunft, die gleichzeitig – das ist der Ausgangspunkt meiner Argumentationslinie – ein wichtiges Motiv im Ablösungsprozeß von den Eltern darstellt. Wenngleich hier eine dramatisierte Form der Darstellung gewählt worden ist, soll dadurch der Blick nicht abgelenkt werden von der lebensgeschichtlichen Bedeutung dieser Thematik der Ablösung von den Eltern (und in diesem Beispiel von den Vätern). Jenseits der Fragen des popkulturellen Inszenierungsgehaltes der deutsch-türkischen rap und hip-hop Musik, die Minderheitenpositionen stilisiert (vgl. Caglar 1998), versuche ich vor allem eine Spur zu verfolgen: Was sind mögliche Hintergründe und Motive für den mehr als symbolischen Vatermord, den Cartel in ihrem Lied beschreiben, was ist die Ursache der verzweifelte Vatersuche im Lied von der dritten Generation?

In diesem Aufsatz möchte ich diese Fragen vor dem Hintergrund der Elternbeziehungen, besonders der Vater-Sohn-Beziehung, und den daraus sich entwickelnden Männlichkeitsentwürfen von männlichen Adoleszenten aus Immigrantenfamilien versuchen zu beantworten. Im Vordergrund steht dabei vor allem ein Gruppengespräch mit Jugendlichen aus Immigrantenfamilien, das ich im Rahmen einer empirischen Studie zur Ablösung und Entwicklung adoleszenter Lebensentwürfe von Jugendlichen aus Immigrantenfamilien mit einer gemischtgeschlechtlichen türkischen Folkloregruppe[1] durchgeführt und aufgezeichnet habe (vgl. Sauter 2000).

In der anschließenden Rekonstruktion des Gesprächs wird eine Verbindung zwischen den verschiedenen Inszenierungen von Männlichkeit und Weiblichkeit im Gruppengespräch und dem performativen Begegnen der unterschiedlichen Geschlechter in der Gruppe hergestellt werden. Dabei werden männliche und weibliche Lebensentwürfe, die im Gespräch aufscheinten miteinander kontrastiert, um Unterschiede und Gemeinsamkeiten hervorzuheben. Für die Herausbildung einer Geschlechtsidentität und adoleszenter Lebensentwürfe als Frau oder als Mann werden dabei wichtige Aussagen getroffen. Dabei geht es mir darum aufzuzeigen, wie in der lebensgeschichtlichen Umbruchphase der Adoleszenz, die kulturellen Anforderungen der Verarbeitung und biographischen Einbettung von Brüchen, wie in diesem Fall des Bruchs zwischen der ethnischen Gruppe und einem modernen Individuierungsanspruch, verknüpft ist, mit der Aufgabe der Ablösung und der Herausbildung der Geschlechtsidentität (vgl. King 1995, 360).

Am Schluß des Aufsatzes versuche ich schließlich vor dem Hintergrund der aus dem Gespräch entstandenen Lesarten zur Entstehung von spezifischen Männlichkeiten eine Verknüpfung von Ablösegeschichten und der individuellen Bearbeitung des Migrationsthematik innerhalb der Familie. Schließen möchte ich mit einem Plädoyer für eine systematisch theoretisch versierte und methodologisch reflektierte Beschäftigung mit dem Thema adoleszenter Ablösungsgeschichten zur explorativen Erschließung des Zusammenhangs von Adoleszenz und Migration in der kultur-, sozial- und erziehungswissenschaftlichen Forschung.

---

[1]  Am Gruppengespräch beteiligten sich die jungen Frauen: Nesla, Ece, Gülüm, sowie die jungen Männer: Saladin, Taner und Murat.

## Das Gruppengespräch

Das Gruppengespräch mit der Gruppe entstand im Rahmen der teilnehmenden Beobachtung und arrangierten Gruppen- und Einzelgespräche mit der Folkloregruppe, die ich über zwei Jahre lang begleitete. Ein fester Termin dabei war der Mittwochabend, an dem sich die Folkloregruppe immer zu den Proben traf. Zum Mittwochstreffen, an dem das nachfolgende Gespräch entstand, waren nur wenige gekommen, da der Leiter der Folkloregruppe die Übungs-Stunde ausfallen lassen mußte, um sich auf seine Meisterprüfung vorzubereiten. Einige machten Hausaufgaben oder spielten Karten. Nesla, Ece und ich saßen im Kreis und erzählten. Wir redeten, wie die Stunde davor, über das Thema Eltern. Einige aus der Folkloregruppe haben mich schon oft mit meinen eigenen Kindern gesehen, waren neugierig und fragten nach. Ich erzählte von meinen Erfahrungen des Elterndaseins. Wir kamen weiter ins Gespräch, und alle außer Murat setzten sich hinzu.

Nesla:    Also erstmal, Thema ist jetzt: Kinder, Eltern, Ausländer und überhaupt alles. Und wir haben vorhin jetzt, wir drei, Ece, Sven und ich, wir haben vorhin darüber diskutiert, was man macht, wenn man ein Kind hat oder was man tun muß und was man aufgibt. Und ich hab vorhin gesagt, zum Beispiel bei uns – ich rede jetzt über Türken, ja? Türkische Familien, die ich irgendwie besser kenne als italienische Familien oder was weiß ich andere, ja? Und zwar bei uns ist es ein Problem, daß viele türkische Eltern sich gar nicht um die Kinder kümmern. Die meisten wissen gar net, auf welche Schule die Kinder gehen. Ja? Die sagen, die Eltern, meine Tochter oder mein Sohn, die gehen in die Schule, und wenn de fragst, is des Hauptschule, isses Realschule oder Gymnasium, da kucken die dich blöd an. Da fragen die dich erstmal, da kommt die Frage, was is des?

Sven:    Die wissen das gar nicht?

Nesla:    Und das ist auch in der Schule ein Problem, wenn Elternsitzung ist, ja? Und meistens, es kann sein, daß ein paar das machen, aber meistens ist es so, daß türkische Eltern gar nicht dahin gehen.

Ece:    Mhm.

Nesla:    Die finden des nicht notwendig. Ja, die gehen net hin, die fragen nicht den Lehrer, sag mal, wie geht es dem Kinde, was macht den er, wie sind die Noten? Ist er gut in der Schule oder was macht er in der Schule? Danach fragen die meisten net. Denen ist es egal, Hauptsache, der ist weg von zu Hause, der is in der Schule, aber was er da tut und wie er sich da um die Noten kümmert, das ist denen so egal. Und ich denk mir, das ist das eine Problem überhaupt so...

Nesla:    Ich weiß, ich mein – ihr geht alle noch in die Schule – die meisten und ich denk, das ist auch bei euch das Problem. Daß die Eltern, ich mein, es müssen nicht unbedingt die Eltern sein, es kann auch der Vormund oder der Bruder sein, es kann der Onkel sein, diejenigen, die die Vormundschaft haben über das Kind. Aber das wird nicht bei uns hier gemacht. Und ich denk mir, das Problem ist, das Problem taucht daher auf, weil damals, als die Vorfahren jetzt, die erste Generation hierherkamen, die sind mit der Absicht hierhergekommen, nach Deutschland ein paar Jahre arbeiten, Geld sparen und rüber in die Türkei. Und das ist net passiert! Die sind immer noch hier. Und immer noch mit dem Gedanken. Nur in der Zeit haben die Kinder bekommen und von denen die Kinder haben noch Mal Kinder bekommen. Und denen geht es immer noch so. Ich mein, wer von uns, wenn wir in die Türkei gehen würden, außer du Ece, wer von uns würde in der Türkei richtig klarkommen? Keiner von uns.

Mehrere: Nein.

Nesla: Das würde keiner von uns. Erst einmal können wir die Sprache nicht perfekt. Sagen wir, okay, des tun wir auch an die Seite, das kannste lernen, aber wir sind nicht in der Kultur aufgewachsen, wir haben die Kultur net. Man hat uns irgendwie schon ein bißchen in der türkischen Kultur aufwachsen lassen, aber nicht direkt. Nur indirekt.

Sven: Die türkische Kultur, die die Eltern mitgebracht haben?

Saladin: Zum Beispiel bei uns, ich meine bei Türken, die Mädchen müssen immer zu Hause bleiben, die Jungen müssen, ja, bis elf können die draußen bleiben, dann müssen die nach Hause.

Sven: Mhm.

Saladin: Zum Beispiel, sie hat gesagt, in der Schule ist es immer noch ein Problem, die kommen net in die Schule, die fragen net, ob das – Hauptsache, du wirst 18 und hopp, hopp, arbeiten!

Taner: Ja.

Saladin: ...aber wenn jetzt die Eltern...

Nesla: ...ich mein das Problem ist auch so, sagen wir mal, du bist mit der Schule jetzt fertig und dann machst du irgend so ne Ausbildung, ja? Auch wenn du gute Noten hast, da fragen dich deine Eltern nicht, sag mal, was für eine Ausbildung willst du eigentlich machen? Was ist besser? Bei welchen Ausbildungen hast du später ne Existenz? Wo kannst du dich weiterbilden? Danach fragen die meisten net.

Taner: Ja, Hauptsache man ist weg.

## Der weitere Verlauf des Gesprächs

Nachdem die Jugendlichen über das Desinteresse und die mangelnde Aufmerksamkeit und Anerkennung durch die Eltern gesprochen hatten, wurden im weiteren Verlauf des Gesprächs ihre Wünsche hinsichtlich Berufswahl und Ausbildung verhandelt. Vor allem Nesla schilderte ihre Erfahrungen und ihre Vorstellungen von der qualifizierten Arbeit, die vor allem jungen Frauen neue Autonomiebereiche eröffnet.

Nesla: Ja, denen ist es egal. Und meistens ist es so, daß bei uns die meisten türkischen Mädchen Friseur werden, Zahnarzthelferin (Taner: Ja) die meisten, das sind die Berufe, die die auswählen.

Sven: Klar, sind ja die Frauenberufe.

Nesla: Und die Jungen: Mechaniker, Elektroniker, so in der Art, die Berufe. Und da frag ich mich, wieso soll ein türkisches Mädchen net beispielsweise in ner Bank arbeiten oder in ner Krankenkasse oder Versicherung oder im Büro? Wieso net da? Da hast du so viel Aufstiegsmöglichkeiten, du hast so viel Arbeitsplätze davon. Wieso wird nicht da mal gefragt?

Saladin: Ja, die Familie sagt, ja, wo viel Geld her kommt, da muß man hingehen.

Nesla: Ja, des is des Problem, aber als Friseuse, als Zahnarzthelferin, als Arzthelferin verdienste net soviel Geld. Ganz im Gegenteil, da machste wirklich Dreckarbeit.

Du stehst von morgens bis abends auf den Füßen, bist in der Art als moderne Dienerin, Friseusen – du wäschst jeden Tag den Leuten die Haare, schneidest. Was bist du dann? Wenn die Kundin dich anschreit, mußt du still sein. Aber wenn du im Büro sitzt – wieso sollst du nicht im Büro sitzen, deinen eigenen Schreibtisch vor dir haben, dein eigenes Telefon haben, deinen eigenen PC, ja? Wo du dann bestimmte Uhrzeiten hast, wo du kommen sollst, wo du gehen sollst. Wieso sollst du nicht morgens um 9 Uhr anfangen oder um acht und um halb vier oder um vier Feierabend machen? Wieso sollst du nicht in einfachen Kleidern hin, du kannst dich auch da schick anziehen. Und da hast du einen anderen Kreis. Weißte, des isses. Des is unterschiedlich, wo du arbeitest, in was fürn Kreis du abhängst. Auch überhaupt: wieso sollen Mädchen zu Hause bleiben und die Jungen raus? Was issen des? Des is Geschlechtertrennung.

Saladin: Das kommt von unsrer Kultur.

Nesla: Des wasn Junge kann, kann ich auch. Des ist genauso.

Saladin: Ja, bei den Türken ist es aber meistens so.

Nesla: Ja, aber die Eltern haben nie versucht, mit den Kindern einen richtigen Kontakt aufzubauen.

## Talkin 'bout Sex

Wenn über Berufswünsche, Autonomievorstellungen und ein erwachsenes Leben geredet wird, dann ist der Weg zu dem adoleszenten Thema Sexualität nicht mehr weit. Es ging in dem Gruppengespräch aber vor allem um die weibliche Sexualität. Dieses Thema prägte das Gespräch: die jungen Frauen erzählten von Besuchen beim Frauenarzt, der Frage der Verhütung, und vor allem der Suche nach eigener Sexualität. Männliche Entwürfe über Sexualität und/oder Partnerschaftsmodelle wurden nicht verhandelt. Im Feldtagebuch habe ich protokolliert: „Sehr viel Zärtlichkeit und Körperlichkeit spiegelte sich in dieser Sitzung. Taner und Gülüm saßen Arm in Arm, Fatma kuschelte sich an Ece, und Nesla bereitete für alle heißen Apfeltee. Es war so, als wärmten wir uns alle aneinander gegen die – tatsächliche – Novemberkälte draußen."

In diesem sinnlichen und expressiven Raum – so meine erste Lesart – war es möglich, ein drängendes adoleszentes Thema wie die eigene Sexualität anzusprechen, zumindest für die jungen Frauen. Sie haben vielfach – anders als die jungen Männer – eine restriktivere Erziehung erlebt und damit ist ihre Suche nach eigenen Freiräumen auch von einer anderen Kraft angetrieben. Ein adoleszentes Thema, das gerade in der Folkloregruppe dadurch eine Verstärkung erfuhr, da die geschlechtergemischte Gruppe so etwas wie eine erste adoleszente Geschlechterbegegnung, ohne Kontrolle und Einflußnahme durch Eltern oder Verwandte, ermöglichte. Hier wurde auch Nähe, Zärtlichkeit und das performative Begegnen der Geschlechter vorbereitet.

Nesla: Die haben wirklich Eltern und Kinder dargestellt – aber nie Freundschaft. Und ich kann mir net vorstellen, daß ein türkisches Mädchen zu ihrer Mutter hingehen kann und über den Freund reden kann. Kann ich mir nicht vorstellen.

Saladin: Kannst du doch net ....

Ece: ..über Sex?...

Nesla: ...über Sex kannste net reden. Wenn ich jetzt zu meiner Mutter hingeh und ich sag mal offen, bevor ich hierher kam, ich saß mit meiner Mutter, weil wir haben uns lange nicht gesehen, weil sie in Kur war, ja? Ich hab der alles erzählt. Mit wem ich weg war, was ich gemacht hab, über mein Freund hab ich ihr erzählt, ja? Ich konnte mit ihr offen reden.

Saladin: Oh Gott, wenn die wüßten.

Nesla: Am Freitag fahre ich nach Hannover, meine beste Freundin heiratet. Und ich fahr hin, mit meinen Freunden fahre ich hin. Das ist ne Zumutung.

Sven: Für die Eltern?

Nesla: Das ist wirklich ne Zumutung für die Eltern.

Sven: Können die Jungen mit dem Vater reden?

Saladin: Oh Gott! Wenn du mit dem Vater redest und du sagst ich hab ne Freundin: Komm her, komm her! und zack zack (macht Geste des Schlagens). Meistens!

Nesla: ...meistens ist es so. Aber ich sag mal, wenn mein Freund zu Hause anruft und mein Vater rangeht, legt der auf. Obwohl ich dem gesagt hab, er soll nach mir verlangen. Aber er macht des net. Ja? Und mein Vater weiß ganz genau, wenn es klingelt, wenn er rangeht, legt er auf, derjenige, da geht er beim zweiten Klingeln net ran: da sagt er, Nese geh ran! Weil er ganz genau weiß, wenn jemand auflegt, das kann nur für sie sein. Und ich bin mit meinem Vater auch offen, ich mach mit ihm auch viel Scheiß, ich bau mit ihm viel Scheiß, ja? Ich red oft mit ihm über Heiraten, über Jungen. Aber wer kann des heutzutage? Ich mein, ich konnt des früher auch net. Des will ich auch zugeben. Aber irgendwo mußte das ja sein. Ich denk mir, wieso soll ich mit Freunden darüber reden, wenn ich meine Mutter hab. Ich denk mir, meine Mutter ist eigentlich meine beste Freundin. Die ist meine beste Freundin, die kennt mich besser als jeder andere.

Ece: Sie muß so sein.

Nesla: Ja. Am Anfang hab ich mit meiner Mutter nie über solche Sachen geredet, immer so Distanz hatte ich mit ihr. Aber danach, wo ich mit der Folklore angefangen hab und so, da hab ich gemeint, wenn ich weggeh – soll ich die anlügen? Für was denn? Es wird doch rauskommen.

Sven: Wollten die nicht, daß du hierhergehst?

Nesla: Am Anfang wollte ich nicht hierherkommen, das wollte ich gar net.

Sven: Deine Eltern haben dich da angemeldet?

Nesla: Meine Eltern haben mich gezwungen, in der Folklore anzufangen. Die haben gesagt, du gehst dahin. Du machst da mit.

Sven: Weil es was Türkisches ist?

Nesla: Nicht nur weils türkisch ist, überhaupt daß du mal weggehst. Ich wollt es net. Die haben mich gezwungen. Die haben mich einen Monat lang hin- und hergefahren. Ich wollt es net: Ich hab gesagt, da geh ich lieber woanders hin. Ich wollte nichts von der Folklore am Anfang. Aber, mit der Zeit hat sich das geändert, und meine Eltern sind froh, meine Eltern verbieten mir nie was. Es gibt Grenzen, das ist was anderes. Aber ich kann heute auch in ne andere Tanzgruppe reingehen, da würden meine Eltern nie im Leben was dagegen haben. Ich hab Klassenausflüge mitgemacht, ja? Wo ich eine Woche von zu Hause weg war. Und ich kenn viele türkischen Mädchen, die durften nicht mit.

## Der osmanische Typ

Während alle jungen Frauen engagiert am Gespräch teilnahmen und viel von ihren eigenen Entwürfen und Erfahrungen einbrachten, war vor allem Saladin noch immer vorsichtig, mehr als allgemeine und stereotype Erklärungen zu wagen. Taner in seiner zurückhaltenden Art gab Kommentare zu den Äußerungen anderer ab und ergänzte einige Aussagen. Vor allem Murat aber störte permanent das Gespräch. Er kam aber immer wieder in unsere Nähe an den Tisch, an dem wir saßen, hörte kurz zu und verschwand wieder.

Nesla: Weißte und des isses. Wir sind alle in zwei Kulturen aufgewachsen.
Ece: Mhm.
Nesla: Zwei ganz verschiedene Kulturen.
Fatma: (kichert)
Ece: Und natürlich beeinflussen die Eltern die Kinder.
Nesla: Und dein Kreis beeinflußt dich auch nich dabei.
Ece: Mhm.
Nesla: Und bei uns ist es so, die Jungen werden hochgebracht, weißte so richtig osmanischer Typ...
(Murat posiert im Hintergrund als Muskelmann, alle lachen)
Nesla: ...und die Mädchen werden unterdrückt. Aber wieso soll ich mich unterdrücken lassen. Was issen des?
Taner: Ja, so denk ich – wenn man irgendwie von zu Hause weggeht...
Saladin: ...ja, zum Beispiel, ja....
Nesla: ...ich mein, ich sag des einfach so, wenn du nicht einfach rausgehst, wenn du nicht dies und jenes tust, dann biste blind. Du weißt nichts, du kennst nichts. Und irgendwann suchst du dir nen Freund oder ne Freundin raus, wo diejenige Junkie ist und du des net erkennst. Und ich hab jetzt zur Zeit ein Mädchen, die ich kenne, ja? Was hat die Mutter mit der gemacht? Die hat die nirgends wo rausgeschickt. Und das Mädchen ist jetzt in der Uni und studiert, ja? Und hat Freunde von Junkies, und die kann das nicht trennen. Weil sie nicht weiß, was ein Junkie ist. Sie hängt in Bars ab, sie hängt in Cafés ab, wo wirklich Junkies sind, wo Scheißleute – Entschuldigung – sich da abgeben. Aber sie kann das net unterscheiden. Und wenn die zu uns kommt, dann schwärmt die nur von ihren Freunden. Wie gut die sind. Des ist aber net! Irgendwann wird sie auch so landen wie diejenigen. Irgendwann. Wenn du nicht auf dich aufpaßt.
Saladin: Das hat die Familie gemacht.

## Theoretische Relevanz und Rekonstruktion des Gesprächs

An diesem Ausschnitt aus dem Gruppengespräch zeigt sich eine geschlechtsspezifisch unterschiedliche Zugriffsweise auf die ethnische Ressource *Türkei*. Bei den jungen Männern, vor allem bei Murat und Saladin, wird erkennbar, daß hier die Folie für eine weitreichende Identifikation abgebildet ist. Murat brachte dies auf den Punkt, als er den osmanischen Muskelmann mimte. Murats Handlung kann dabei verstanden werden als „ethnische Rückversi-

181

cherung": So ist es bei *uns* in der Türkei, ich baue darauf, hier ist ein Rückhalt und meine Selbstvergewisserung. Der hier inszenierte Rückgriff auf scheinbar unhintergehbare und statische ethnische Erklärungsmuster verläuft auch – und das ist meine zentrale These – im Kontext einer als unausgefüllt erlebten Vaterbeziehung. Ich werde darauf noch ausführlicher eingehen.

Was die jungen Männer im Gespräch inszenierten, die Konstruktion des Geschlechtergegensatzes durch verschiedene männliche Lebensskripte, speiste sich aus einer ihnen scheinbar unbegrenzt zur Verfügung stehenden, immer wieder neu aufgefüllten Ressource einer dominierenden und damit hegemonialen Männlichkeit. Das mittlerweile in der Geschlechterforschung weitgehend diskutierte und etablierte Konzept der *hegemonialen Männlichkeit* hat der australische Soziologe und Erziehungswissenschaftler Robert W. Connell (1995) in seiner Studie „*Masculinities*" entwickelt. Männlichkeit, schreibt Connell, markiert eine schwer faßbare Kategorie, die kaum eindeutig zu definieren ist. Trotzdem beherrschen diese Kategorien ‚Männlichkeit' (und ‚Weiblichkeit') die Sichtweisen der Sozialwissenschaften und vor allem die Alltagspraxis. „Everyday life is an arena of gender politics, not an escape from it." (Connell 1995, 3) Diese Arena war eindeutig im Gespräch mit den Jugendlichen zu finden. Connell meint mit *hegemonial masculinity* jedoch keine Charaktertypen oder einen bestimmten ethnischen Zugriff, sondern einen Versuch, Machtanwendung und Machtunterworfenheit entlang sozialer Kategorien zu bestimmen (vgl. dazu auch Kersten 1997, 106). Hegemoniale Männlichkeit muß nicht als an reale Personen gebunden betrachtet werden, sondern stellt vielmehr ein fiktives, ideologisches Konstrukt dar, dessen sich Männer in ihrer alltäglichen „gender practice" bedienen, um dominante und patriarchale Muster zu legitimieren. Die Rückversicherung, sich der Deutungskraft diese Konzepts bedienen zu können, läßt Männer den Machtpol besetzen. Wichtig dabei ist, daß nicht biologische, sondern soziale Unterschiede diesen Darstellungsprozeß markieren.

Es geht Connell in seinem Entwurf auch um die Frage, „wie eine angemessene Geschlechtertheorie heute auszusehen hätte" (1995a, 61). Dabei definiert er Geschlecht vor allem als soziale Praxis, die sich ständig auf den Körper bezieht, ohne dabei eine auf den Körper reduzierte gesellschaftliche Praxis zu beschreiben:

„Mit welchem gesellschaftlichen Setting auch immer wir es zu tun haben, kaum jemals treffen wir nur eine einzige Form von Männlichkeit an. Für gewöhnlich sind es mehrere Formen von Männlichkeit. Das, was man ‚*die* Männerrolle' genannt hat, läßt sich am besten als das kulturell maßgebliche, autoritative oder hegemoniale Muster von Männlichkeit verstehen." (ebd. 68)

Das wichtige in Connelles Ansatz ist, daß er folgende Perspektivenerweiterung vornimmt: nicht nur Frauen werden unter diese Maßstäbe gestellt, auch und gerade in Auseinandersetzung mit anderen Männern, anderen Männlichkeiten (dazu gibt Connell in seinen Fallstudien einen reichhaltigen Überblick) wird der Durchgriff von hegemonialer Männlichkeit erzeugt. Dadurch konstruiert sich der Geschlechtergegensatz, der übergeordnete Männlichkeit und untergeordnete Weiblichkeit (und abweichende Männlichkeit) definiert.

Connell hat mit seinem wichtigen und vieldiskutierten Entwurf zweifellos dazu beigetragen, daß die eindimensionale *Geschlechtsrollentheorie* endgültig ihren Platz im Bereich der Alltagstheorien zugewiesen bekommt. Versuche ich jedoch das Konzept der hegemonialen Männlichkeit auf die im Kontext meiner Forschung relevante Vater-Sohn-Beziehung zu übertragen, zeigt sich, daß eine wichtige Ebene nicht angemessen erfaßt werden kann. Connell schließt in seinem Konzept der hegemonialen Männlichkeit *Väterlichkeit* nicht in das allgemeine Männlichkeitskonzept mit ein. Es fehlt bei ihm eine explizite Betrachtung von Väterlichkeit (vgl Lupton/Barclay 1997). Diese Kategorie kann zum Beispiel als Gegenentwurf und habitueller Bruch mit einer hegemonialen Männlichkeit durch eine aktive und teilhabende Vaterschaft gelebt werden. Väterlichkeit wird in seinem Entwurf hegemonialer Männlichkeit nicht explizit verhandelt.

Bezüglich dieses Einwandes und der Frage der Verknüpfung von Männlichkeit und Väterlichkeit folge ich den Überlegungen von Elisabeth Badinter (1993, 222), die aufgezeigt hat, daß eine doppelte Vaterschaft, die Entwicklung vom mütterlichen Vater zum väterlichen Mentor, den Söhnen das Bild eines versöhnten Mannes vor Augen führen kann. Diese Modell der doppelten Vaterschaft bietet einen Weg den Geschlechtergegensatz im Manne zu versöhnen. Badinter merkt jedoch skeptisch an:

„Dadurch, daß man die Identität seiner Väter bestreitet, wird man noch nicht psychisch bereit sein, sich mit seiner Weiblichkeit zu versöhnen. Und dadurch, daß man diese Weiblichkeit akzeptiert, entdeckt man noch lange nicht eine Männlichkeit, die einem behagt, vor allem wenn dieser Begriff Gegenstand so vieler Fragen und Polemiken geworden ist." (ebd., 223)

Diese beiden Typen mütterlicher Vater und väterlicher Mentor waren im Gespräch mit den Jugendlichen nicht zu verzeichnen, sie kommen allenfalls als Wunsch und Lücke vor. Ich sehe aber einen Wunsch nach Vaterschaft und vor allem nach väterlichen Mentoren im Gespräch und in der teilnehmenden Beobachtung der Gruppe hervortreten. Die Auseinandersetzung mit den Vätern wird gesucht und ist lebensgeschichtlich notwendig, um den Ablösungsprozeß von den Eltern zu vollziehen. Väterlichkeit bleibt in den Schilderungen der Jugendlichen also eine markante Leerstelle[2]. Entlang dieser Leerstelle hat sich aber das Stereotyp moderner und gleichzeitig ethnisch rückversicherter Maskulinität im Gespräch rekonstruiert. Dafür steht der „osmanische Typ"; er wurde von Murat aber aus dem Aushandlungsprozeß der Gruppe herausgenommen. Darüber wurde nicht geredet. Übrig blieben

---

2     Ich werde darauf später zurückkommen und aufzeigen, wo, wenn nicht in der Familie, diese väterlichen Mentoren gefunden werden können.

die jungen Frauen, die sich – wie sich gezeigt hat – einen Spiel- und Handlungsraumraum eröffnet haben, Weiblichkeit und ethnische Herkunft offen zu entwerfen.

Die jungen Frauen haben ein Thema gefunden: Elternschaft und Familie. Es steht damit auch die Verwendung von allgemeiner (*die* türkischen Familien) vs. persönlicher Rede (*meine* Familie) über Immigrantenfamilien im Vordergrund der Analyse. Dadurch wird sich einiges an Strategien und Muster der Ablösegeschichten erhellen.

Zunächst fällt auf, daß das Gespräch von Anfang an von Nesla dominiert wurde. Aus der kleinen Runde am Anfang, die das Thema Eltern und Elternschaft eher privat besprach (Nesla, Ece und ich), entwickelte sich ein Gespräch in einem größeren Rahmen. Gleichzeitig gibt Nesla das Thema vor: Kinder Eltern, Ausländer und überhaupt *alles*.

*Alles* kann heißen, daß alles, was damit zusammenhängt, besprochen werden soll, daß alle teilnehmen sollen oder auch alles besprochen werden kann. Nichts soll mehr verborgen bleiben und über alles geredet werden können. Nesla sprach für die Gruppe, sie war die Wortführerin. Gleichzeitig sprach sie über *sich*, äußerte mehrere widersprüchliche Aussagen über ihre Familie und die Freiheiten, die sie hatte oder verwehrt bekam. Nesla sagte *bei uns*, wenn sie über türkische Familien sprach. Es stellt sich dabei die Frage, wen diese Rede betrifft? Wer ist mit *uns* gemeint? Sprach sie über sich, über ihre Familie oder sprach sie *allgemein* über türkische Familien? Diese Frage wird zu klären sein und wichtige Aufschlüsse über die Gestaltung unterschiedlicher männlicher und weiblicher Ablöseprozesse von der Familie geben.

Gar nicht am Gespräch beteiligt hatte sich Fatma, die zweimal in Erscheinung trat, indem sie Äußerungen mit einem Lachen oder Kichern kommentierte. Auch Murat beteiligte sich nicht am Gespräch, bedeutete uns immer wieder, daß wir zuviel redeten und das Tonband ausschalten sollten. Murat blieb fast die ganze Zeit über in sicherer Distanz zu der Gruppe und dem Gespräch. Aber er agierte! Er inszenierte und kommentierte genau das, worüber im Gespräch verhandelt wurde: das Desinteresse der Eltern, die Suche nach eigenen Wegen von Weiblichkeit und Männlichkeit. Murat interessierte sich nicht für diese Themen, er lief immer wieder nach draußen und fragte – da an diesem Abend ein Fußballspiel im TV übertragen wurde – wieviel Tore schon gefallen seien. Ihm waren die Themen offensichtlich zu „heiß".

Was sich in der ersten Szene herausstellte, war ein Dialog zwischen Nesla und mir, der als so etwas wie eine stellvertretende Auseinandersetzung mit den jungen Männern in der Gruppe zu verstehen ist. Mir als Mann und „weißer Forscher" aus der dominanten Mehrheitskultur wurden die Defizite der jungen Männer aufgezeigt. Aber auch die Eltern kümmern sich nicht um uns, sie sind nicht an unseren Schulerfolgen oder -problemen interessiert, so Nesla. Die Frage, die Nesla als ihre persönliche Frage formulierte: wieso interessieren sich die Eltern nicht für ihre Kinder, war auch die Forschungsfrage, die Frage, auf die alle in der Gruppe eine Antwort suchten. Nesla verwies auf ein Problem: die Eltern und ihre Kinder sind in unterschiedlichen Kulturen groß geworden: „...wir sind nicht in der Kultur aufgewachsen, wir haben die Kultur net. Man hat uns irgendwie schon ein bißchen in der türkischen Kultur aufwachsen lassen, aber nicht direkt. Nur indirekt". *Indirekt* meint in ihrer Rede, daß durch die Orientierungen der Eltern ihre Ansichten und Vorstellungen von einer korrekten Erziehung ihrer Kinder gerade in der Migration notwendig anders sind als in der Türkei. Sie haben die Erziehung isoliert. Ihre Vorstellungen gründen sich auf Ansichten, die zwanzig Jahre zurück liegen, so meine Aussage dazu. Zwanzig Jahre zurück, das ist in etwa die Zeit, als die meisten der Jugendlichen noch nicht oder gerade geboren waren. So als wären diese Vorstellungen gewachsen, bevor sie Auswirkungen auf die Kinder selbst haben können. Sie wurden nicht angepaßt, überdacht oder reflektiert. Sie sind unmodern und können damit ihren Kindern keine Individuierungshilfe bieten, die in der deutschen Gesellschaft geboten wäre, so läßt sich mein Einwurf verstehen.

## Gleichheit statt Differenz

Im Verlauf des Gesprächs fragte ich nach den männlichen Erfahrungen, die noch sehr vage geschildert wurden. Saladin thematisierte dann mit seinem Beispiel die Geschlechtertrennung. Die Freiheit der Jungen steht dabei der Beschränkung der Mädchen entgegen. „Bei uns, ich meine bei Türken", sagte Saladin, „die Mädchen müssen immer zu Hause bleiben. Die Jungen müssen, ja, bis elf können die draußen bleiben, dann müssen die nach Hause". Mit diesem Informationsdiskurs wies Saladin den Raum und die gleichen Rechte, die die jungen Frauen in der Gruppe beanspruchten und für sich reklamierten, zurück. Das ist so bei uns, sagte Saladin. Was und vor allem wen aber meint dieses uns? Wo ist der Ort dieser fiktiven Gemeinschaft? Wie auf ein unhinterfragbares Gesetz scheint er hier auf ein ethnisch statisches und homogenes Konzept *der* Türkei zu rekurrieren, das aber die weiblichen Jugendlichen nur noch als bedingt gültig anerkennen und es fortwährend relativieren.

Taner sagte im Gespräch: „Hauptsache man ist weg", und verwies damit auf die mangelnde Anerkennung, die auch die jungen Männer durch ihre Eltern erfahren. Dadurch brachte er das Thema weg von einem ethnisierenden Diskurs und lenkte die Aufmerksamkeit auf eine spezifische Eltern-Kind-Beziehung. Ganz entschieden vertrat Nesla dagegen die Ansicht, daß es Freiräume geben müsse, in der die jungen Frauen auch etwas Verantwortungsvolles und Kreatives leisten, sie mit „eigenem Schreibtisch, eigenem Telefon und eigenem PC" wirklich gut Geld verdienen und nicht als moderne

Dienerinnen sich den Wünschen der Eltern unterwerfen. Der Geschlechtertrennung, d.h. der Bevorzugung der jungen Männer und deren größeren Freiheiten trat sie entgegen mit der potentiellen Gleichheit der Geschlechter: „Wasn Junge kann, kann ich auch!"

„Das kommt von unsrer Kultur", erklärte Saladin, so als ob er sich persönlich entschuldigen wolle. Er nahm wieder auf einen kulturellen Rahmen bezug, der aber schon im Gespräch als brüchig und mit Erfahrungen der Entfremdung und Nicht-Anerkennung der Jugendlichen durch die Eltern charakterisiert worden ist. Was oder wo ist unsere Kultur? Diese Frage hätte Nesla stellen können, beantwortete sie doch schon die Frage nach der türkischen Kultur, die als Kultur der Eltern erscheint, und die nur noch indirekt auf die Jugendlichen zu beziehen ist.

Wie sich Neslas Ablösungsgeschichte gestaltete, welche Entwürfe sie präsentierte, das erfahren wir im Gespräch. Sie sagte, daß ihre Eltern sie gezwungen hätten, mit der Folklore anzufangen. „Nicht nur weils türkisch ist, überhaupt daß du mal weggehst. Ich wollt es net. Die haben mich gezwungen. Die haben mich einen Monat lang hin- und hergefahren. Ich wollt es net. Ich hab gesagt: da geh ich lieber woanders hin. Ich wollt nichts von der Folklore am Anfang." Die Ablösung und der distanzierende Schritt weg vom Elternhaus fiel Nesla offenbar schwer, sie wollte nicht den Schutzraum Familie verlassen und um ihren Platz als gesellschaftliches Subjekt kämpfen müssen.

Am Anfang des Gespräches erzählte Nesla, daß an der Realschule, die sie besuchte, eine neue Schulleitung nach und nach die Schule „ausländerfrei" machte. Die Schulleitung verbot türkischen Mädchen, mit einem Kopftuch in den Unterricht zu kommen, überhaupt alles, was mit Differenz und Andersartigkeit zu tun hatte, wurde – ohne es auf die Sinnhaftigkeit für die Schüler und Schülerinnen zu prüfen – verboten. Die Schülerinnen und Schüler durften nicht in Jogginghosen und abgerissenen Jeans (als spezifische Jugendkleidung) zur Schule kommen. Vor allem die nicht-deutschen Schüler und Schülerinnen verließen nach und nach die durch Aggression und Gewalt geprägte Atmosphäre der Schule. Doch Nesla gab nicht auf. Sie holte auf der Abendschule den Realschulabschluß mit der Note sehr gut nach und besuchte anschließend ein Wirtschaftsgymnasium.

Hier standen zunächst ein aggressives Klima in der Schule/Öffentlichkeit einem von Vertrauen und Zuwendung geprägten Elternhaus gegenüber. Daß der Prozeß der Ablösung schwerfiel, wird verständlich vor diesem Hintergrund. Der Weg, den Nesla wählte, ihr Entwurf eines Lebens als türkische Frau aus Deutschland, die sich nicht mehr als „Kanake" wegschieben läßt, verläuft auch über eine *Bildungsaspiration*. Das erfolgreiche Absolvieren von Bildungs- und Ausbildungsinstitutionen kann einerseits Status- und Anerkennungssicherung bedeuten, andererseits auch eine wichtige Differenzsetzung zu den Eltern bedeuten, die als als sog. Gastarbeiter zur Unterschicht zählten.

Durch das Vertrauen, daß die Eltern ihrer Tochter entgegenbrachten, eröffneten sie Nesla Wege, Freiheit für sich gewinnbringend zu erleben. Wie sich das Eigeninteresse der Eltern an der türkischen Folklore genau gestalte-te, ist nur spekulativ zu beantworten. Es sollte auch nicht im Mittelpunkt des Interesses stehen. Im sozialen Raum Folkloregruppe probten die Jugendlichen nicht nur Tänze und Choreographien, sondern auch und vor ihre eigenen Autonomievorstellungen.

Diese Vorstellungen haben sich dann als Chance und Entwicklungsmöglichkeit in den Entwürfen und Lebensskripten der Teilnehmer und Teilnehmerinnen der Folkloregruppe an den Gruppengesprächen widergespiegelt. Dennoch: die Bildungsaspiration, das zeigte sich in Neslas Rede über ihre Freundin, die an der Uni abhängt, ist unsicher. Es ist nicht klar, wem man trauen kann, wo einem *Scheißleute* begegnen und wie man überleben kann. In dieser Szene spiegelt sich augenscheinlich Neslas Unsicherheit und Ungewißheit. Aber Nesla hat gelernt, damit umzugehen. Sie greift zurück auf ihre Erfahrung, die sie machen konnte, ist glücklich darüber, daß ihre Familie sie „rausgeschickt" hat, damit sie ein Bild der Wirklichkeit zum Vergleichen und Unterscheiden hat. Neslas Lebenserfahrung und ihre Entwürfe relativieren somit die stereotype Erklärung einer homogenen und verbindlichen türkischen Herkunftskultur.

Die ethnisierende Rede: ‚Bei uns Türken ist das so und so‘, wird von ihr differenziert betrachtet. Die Loyalität zu ihrer Familie zeigt sich darin, daß Nesla zwar einen kritischen und distanzierten Blick zur Herkunftskultur der Eltern einnehmen kann, sie dennoch aber das kollektive *wir* betont: Meine Eltern sind Einwanderer aus der Türkei, aber sie vertrauen mir, wir haben eine freundschaftliche Beziehung. Das war – so schilderte sie – nicht immer so, es entstand vielmehr durch einen langen und offenen Prozeß des gegenseitigen Vertrauens.

## Drängende Fragen

Persönlich sprach Nesla anerkennend und wertschätzend von ihrer Familie, allgemein jedoch äußerte sie sich kritisch über die Erziehung türkischer Eltern. Was könnten die Gründe für diese Differenzierung sein? Ein wichtiger Motor für ihr Interesse an dem Thema liegt sicher in der Beantwortung dieser Frage. Sie forschte und sie fragte nach. Wie sagte sie zu Anfang des Gesprächs: „Und da frag ich mich, wieso tun unsere [Eltern] des net? Ja, ich hab mir jahrelang immer die Frage gestellt: Wieso net?" Nesla analysierte Zusammenhänge, suchte nach Erklärungen, und sie brachte uns in Familien hinein, die ihre Familienkonstellationen und Erziehungspraktiken noch auf die vergangene Zeit, vor der Migration, hin ausrichteten. Aber Nesla schämte sich nicht dafür. Sie sieht die Verschiedenheit zwischen den Elternkulturen und den Jugendkulturen und erkennt sie an. Ich glaube, Nesla hat für sich erkannt, daß sie ihre Eltern nicht zu „verraten" braucht, wenn sie Kritik an *diesen* Verhältnissen klar zur Sprache bringt. Ihre Sichtweise wird damit getragen von der Anerkennung der Problematik der Eltern, der Väter und der Mütter, ihr Leben anders eingerichtet zu haben, die als sog. „erste Generation", nur sparen und Häuser in der Türkei kaufen will. Entsprechend gestalteten sie ihr Leben hier in Deutschland. Aber was hatten die Eltern von ihrer Fixierung auf materielle Dinge für das Leben hier in Deutschland, fragt sich Nesla: „Nix! Ein Bett, ein Tisch, des isses." Doch die jetzige Generation ist anders.

Nesla sprach – in vielen Gesprächen mit der Folkloregruppe wurde dieser zentrale Topos hervorgehoben – von zwei Kulturen: „Wir sind alle in zwei Kulturen aufgewachsen." Diese zwei Kulturen könnte man nun als ethnisch homogene Nationalkulturen ansehen. Doch damit wäre die spezifische Auseinandersetzung der Adoleszenten mit der Elternkultur, die in diesem Gespräch so plastisch wurde, nicht ausreichend und vor allem angemessen repräsentiert. Ich sehe in den zwei Kulturen vor allem die Elternkultur und die Adoleszentenkultur, eine Aushandlungs- und eine normative Kultur. Inmitten dieser verschiedenen Kulturen sind Nesla und die anderen Jugendlichen aus der Folkloregruppe aufgewachsen. Damit hat sich eine Notwendigkeit zur Reflexion eingestellt, die mehr oder weniger aufgegriffen und in der Gruppe bearbeitet wurde. Warum aber hat sich die drängende Frage nach den möglichen eigenen Wegen der Ablösung bei den jungen Frauen (und weniger bei den jungen) so in den Vordergrund gestellt?

Cornelia Wegeler hatte diese Beobachtung in der sozialpädagogischen Arbeit mit einer türkisch-marokkanischen Mädchengruppe ebenfalls gemacht und bietet folgende Erklärungen an, die sich mit meinen empirischen Befunden decken: Bezüglich der Väter und der Söhne spielt die in der Immigration erfahrene Entwertung eine wichtige Rolle. Der Vater erlaubt den Söhnen zum Beispiel, die Familie zu repräsentieren bzw. seine Stelle bei den Frauen in der Familie einzunehmen. Und weiter:

> „Ihr Leben außerhalb der Familie regelt er aber nicht bzw. nicht den Erfordernissen der hiesigen Kultur gemäß, so daß sie ihr Größenselbst nicht an dem Vater bzw. anderen männlichen Vorbildern der eigenen Kultur modifizieren können. Einige von ihnen verschieben den Konflikt mit dem Vater, indem sie gegen Regeln und Gesetze hierzulande verstoßen und ihre Konflikte, anstatt sie mit den Eltern auszutragen, mit deutschen Behörden und Autoritätspersonen agieren." (Wegeler 1998, 104)

Wegeler interpretiert dieses Handeln als unbewußte Hilferufe, die auf das zugrundeliegende Problem der Mißverständnisse, des Identitätskonflikts und Vernachlässigung aufmerksam machen sollen. Bei den Mädchen verläuft die Auseinandersetzung mit den Eltern, besonders mit dem Vater, anders. „Diesen, an die Entwertung schon allein aufgrund des Geschlechts gewöhnt, zudem an die Mühen und Plagen in einer Großfamilie mit vielen Geschwistern, eröffnet sich mit der Schule und den Ausbildungsmöglichkeiten ein unverhoffter Entwicklungsraum, den einige gut nützen können." (ebd. 105) Diese Entwicklungsmöglichkeiten werden – wie im Gruppengespräch sichtbar – untereinander ausgetauscht, begutachtet und vor allem gegen die abweichenden Konzepte der Eltern verteidigt.

*Der kompetente Körper und die Suche nach der eigenen Sexualität*

Im Gruppengesprächs ist ein Thema, das ganz offen zu Tage tritt, die eigene Sexualität, die Körperlichkeit und das Suchen nach dem anderen Geschlecht. Das Phänomen, daß viele türkische Jugendliche (andere natürlich auch) sich ihres Körpers annehmen, ihn stärken und in einer Weise zum Ausdruck bringen, die den „Inländern" sonst unvertraut ist, bringt auch ihre Position in der Gesellschaft zum Ausdruck. Die männlichen Jugendlichen, die durch Bodybuilding ihren Körper hart machen, die jungen Frauen und Männer, die Folklore tanzen und darin bestimmte, schwierige Körpertechniken erlernen, arbeiten an der einzig sichtbaren Markierung ihrer Existenz: ihrem Körper und ihrer Präsenz. Wir sind da und wir haben uns gestärkt. Wir können etwas Besonderes, von dem ihr nichts wißt und es nicht nachahmen könnt. Wir haben eine starke Präsenz und Körperkompetenz.

Vielleicht sind das die Zeichen, die in dieser Kommunikation der Körper zum Ausdruck kommen sollen. Einmal fragte mich Taner, als ich bei den Proben der Folkloregruppe zusah, ob ich nicht auch tanzen wolle. Ich entgegnete, daß das Tanzen *ihre* Spezialität und Kunst sei (die der Jugendlichen), ich könne das nicht, meine Kunst sei das Fragen, Beobachten und Zuhören. Vielleicht spielt auch Stolz auf sich und den eigenen Körper, die eigene damit gefüllte Existenz, eine Rolle, etwas wirklich Schwieriges und Außergewöhnliches zu vollbringen, und damit eine nicht alltägliche Kompetenz zu beherrschen, die die Jugendlichen in eine besondere Position bringt. Man ist ein anderer, aber jemand, mit besonderen Kompetenzen. Darin wird Anerkennung ausgedrückt. Was auf einer symbolischen Ebene dazukommt ist der aufrechte Gang, das gestärkte Rückgrat. Es geht hierbei darum, nicht mehr klein sein und sich ducken müssen gegenüber der dominanten Mehrheitskultur, selbst stark sein und aufrecht stehen zu können. Das sind alles Symbole und Zeichen einer sinnlichen Inszenierung, die eine wichtige Rolle im Selbstverständnis der Jugendlichen spielen. Die Bühne erscheint dadurch als Raum, damit man gesellschaftlich anerkanntes Subjekt sein kann. Auf dieser Bühne verhandeln die Akteure aus der Folkloregruppe untereinander (und mit mir) unterschiedliche Vorstellungen und Entwürfe von (eigener) Männlichkeit, Weiblichkeit und Geschlechterbegegnung.

## Murats Verweigerung

Warum hatte Murat so konsequent das Gespräch boykottiert? Diese Frage ist nicht einfach zu beantworten, da dazu keine verbalen Äußerungen von ihm vorliegen. Murat hat nur szenisch agiert. Subjektive Sinnhaftigkeit kann hierbei also nur deutend Rekonstruiert werden. Darüber hinaus weisen aber auch die Erklärungen, die Nesla, Ece sowie Taner und Saladin machten, einen Weg in eine Richtung, die auch für Murat Gültigkeit beanspruchen kann. Auffallend ist, daß keiner der jungen Männer ausführlich und reflektiert über die Elternbeziehung und über die Väter gesprochen hatte. Sie hatten die Bühne der Aushandlung der Geschlechterthemen nicht betreten. Begreife ich Murats Agieren als Aushandlungsszene, so zeigt sich, daß er sich der gemeinsamen Aushandlung in der Gruppe entzog. Saladin hatte angedeutet, das er mit seinem Vater nicht über (s)eine Freundin reden könne. Meistens wird er geschlagen, wenn er darüber redet. Eine gemeinsame Konstellation für sowohl die jungen Frauen als auch die jungen Männer ist, daß sie alle die abwesenden, bedürftigen und nicht an ihren Kindern interessierten Eltern – vor allem den Vätern – beschreiben, die als präsente väterliche Mentoren im adoleszenten Ablöseprozeß kaum oder gar nicht zur Verfügung stehen. Ich möchte an dieser Stelle einen Blick auf die strukturelle Vater-Sohn-Beziehung werfen, damit gerade die Verknüpfungen der persönlichen Geschichten der Jugendlichen mit einem scheinbar migrationstypischen Verlaufsmuster erkennbar werden. Murats Verweigerung am Gespräch teilzunehmen möchte ich im folgenden versuchen vor dem Hintergrund der Suche nach einem „idealen Vater" zu entfalten, einem Vater, der nicht nur als väterlicher Mentor im adoleszenten Ablöseprozeß präsent ist, sondern darüber hinaus auch Handlungssicherheit und eine offenes Zugehen auf die Entwicklung der Geschlechtsidentität vermitteln kann.

Das bisherige Bild von der traditionellen Sozialisation im Herkunftsmilieu der Eltern veränderte sich durch die Migration der Eltern völlig. Der Generationenkonflikt ereignet sich zwar weiterhin zwischen Vätern und Söhnen, (Müttern und Töchtern, Müttern und Söhnen und Vätern und Töchtern). Aber er hat sich durch das Verschwinden der Väter und ihre Kraftlosigkeit verfestigt zu einem Kampf mit einem unsichtbaren und ungleichen Gegner, mit einem Phantom. Er war einst mit Macht ausgestattet und leitete die Familie. In der Migration ist er aber auf einmal machtlos. Wie erleben die Kinder und Jugendlichen diesen Machtverlust, diesen Statuswechsel? Entsteht so etwas wie Scham über ihre nun schwachen und bedürftigen Väter, oder nehmen sie ihn, da sie nun selbst einen Macht- und Statuszuwachs bekommen haben, nicht mehr ernst. Verunsichert sie seine Machtlosigkeit, sein Statusverlust? Oder fühlen sie sich befreit? Welche Gefühle erwachsen hieraus? Dies sind wichtige Fragen, die für das Entstehen einer adoleszenten Geschlechtsidentität nach einer Antwort suchen.

Im Gespräch mit den Jugendlichen zeigt sich eine geschlechterspezifische Verarbeitungsweise dieser Enttäuschungen, dieser so nachhaltig wirkenden Gefühle. Die Töchter – sofern sie nicht, wie Nesla es tat, die Migrationsgeschichte der Eltern als Teil ihrer eigenen Geschichte reflektieren – schonen den Vater, arrangieren sich mit seiner Nichtpräsenz, wenden sich kaum an ihn und kommen damit seiner Bedürftigkeit vielleicht ein Stück weit entgegen. Durch ihre Vermeidung der Ansprache entlasten sie ihn; bleiben dadurch aber auf Gefühlen von Trauer, Wut und Enttäuschung sitzen. Sie wenden sich eher an gleichaltrige Freundinnen. Die männlichen Adoleszenten, so wie es aus den Beispielen aus Literatur, Filmen und vor allem dem Lied von Cartel erkennbar ist, gehen eher den Weg der Aggression und schlagen sich mit den Vätern, oder mit „Ersatzvätern", sie werfen ihre Wut hinaus und treffen nicht den eigentlichen Verursacher ihrer Gefühle. Sie bleiben damit aber ohnmächtig in ihrer Trennungsaggression.

## Wege und Einbahnstraßen der Ablösung

Murat inszenierte im Gruppengespräch seine Isoliertheit vom selbstreflexiven Raum der Gespräche und vergewisserte sich damit seiner ethnischen Ressource als „türkischer Mann". Der osmanische Typ, den Nesla, stellvertretend für die anderen, kritisierte, markiert für ihn eine Grenze zu den jungen Frauen, zu den anderen jungen Männern aus der Gruppe, die er nicht übertreten will, um seine Privilegien und Machtpositionen zu erhalten. So scheint es, daß für ihn der ganze Rahmen nur eine Bühne für seine männliche Inszenierung war. Er hatte mit dem, was in der Gruppe vorgebracht wurde, nichts zu tun. Er lebte – so machte er deutlich – außerhalb. Saladin ließ sich immer wieder von Murat verleiten, sich dem Gespräch zu entziehen, es zu stören, und gleichzeitig versuchte er doch wieder dazuzukommen. Er hatte noch nicht festgelegt, welcher Seite er sich zuordnen wollte. Die Verführungen des Gespräches, sich selbst einzubringen, das eigene Leben anzusehen und nach kreativen Lösungen für vorhandene und mögliche Krisen und Reibungspunkte zu suchen, sprach ihn offensichtlich und teilweise an. Er wollte aber durch Murat seine Ressource *hegemoniale Männlichkeit* bestätigt sehen, und als verbindlich wirksam festschreiben. Aber da waren immer wieder die Momente, in denen Saladin zweifelte, er sich über seine Benachteiligungen in der Schule äußerte, die Verlassenheit in der Familie und die unhinterfragbare traditionelle Autorität der Väter beklagte. Saladin wollte über diese Themen sprechen, sich gleichzeitig aber nicht angreifbar machen.

Die Selbstethnisierung von Murat als türkischer Mann, der dem osmanischen Typ folgt, verstehe ich vor allem als Muster der Konfliktbearbeitung und Beziehungsgeschichte in Auseinandersetzung mit den Eltern, mit deren Herkunftskultur. Meine These dazu ist, daß eine geführte Auseinandersetzung und offene Verhandlung der unterschiedlichen Lebensverhältnisse zwischen Eltern und Kindern in Immigrantenfamilien direkt auf diesen Ethnisierungsprozeß einwirkt. Und weiter zugespitzt: Die Migrationsgeschichte, der „Familienroman Wanderung" (Cohen 1992) muß einen Platz in der Familie bekommen, verhandelt und bearbeitet werden, damit in der Adoleszenz die Ablösung zu einem gelungenen Entwurf führen kann. Diese These geht davon aus, daß Ablösung das Maß der produktiven Verarbeitung der Lebensgeschichte innerhalb der Adoleszenzgeschichte umfaßt (vgl. Bosse/King 1998, 217).

Die Konfliktdeutung und -bearbeitung unter einer selbstethnisierenden Handlungsweise, wozu Murat eine eindrucksvolle Inszenierung lieferte, hat einen Ausgangspunkt in der spezifischen Ablösegeschichte. Eine Ablösung von den Eltern, vor allem eine Desidentifikation vom Vater, findet nicht statt, es werden andere quasi „ideale Väter" konstruiert, zu denen zum Beispiel der Leiter der Folkloregruppe gezählt werden muß.

Im Gegensatz zu Nesla hat Murat niemand „gezwungen", sich außerhalb der Familie zu orientieren und einen Weg in Richtung Autonomie zu beschreiten. Ein Weg in die Autonomie wird noch nicht für gangbar gehalten, es wird gezögert. Vor allem steht ein historisches und stereotypisiertes Bild *der* Türkei einer selbstreflexiven Auseinandersetzung mit dem Familienroman der Migration im Weg. Daran läßt sich erschließen, wie die individuelle Bearbeitung der Migration, der Familienroman Wanderung unablösbar mit dem Thema Adoleszenz und Ablösung verknüpft ist.

Nesla ist sich der eigenen Migrationsgeschichte bewußt, verarbeitet in ihrer Rede, in ihrer Familiennarration das Problem der eingewanderten Eltern bzw. Großeltern, die sich nicht mit der Einwanderungssituation auseinandersetzten, die sich zum Teil an ethnische Gemeinschaften binden, weil sie dadurch auch einem Konflikt mit den Kindern und damit der Auseinandersetzung mit deren veränderter Herkunftskultur aus dem Weg gehen.

Dieses spezifische Konfliktbearbeitungs- und Deutungsmuster ist aber nicht alleine an eine Geschlechtergruppe gebunden, sondern ergibt sich aus einer bestimmten Familienkonstellation und aus der Art und Weise, welchen Raum das Thema des Familienromans Migration in der Familie erhält und ob es überhaupt bearbeitet wird. Für die jungen Männer gibt es dabei unbestreitbar größere Freiräume als für die jungen Frauen. Sie stehen unter einem anderen Erwartungsdruck. Die Bedeutung des Ausmaßes an verfügbarer Adoleszenz für das Verarbeiten von Fremdheitsmustern gilt es dabei differenziert zu entwickeln. Mir geht es darum zu zeigen, daß individuelle Modernisierung unweigerlich mit einer objektiven und strukturellen Trennung von der Herkunftsfamilie und Herkunftskultur verbunden ist (vgl. Bosse 1994).

## Ablösung als kreative Bearbeitung der Migrationsgeschichte der Eltern

Es ist vielleicht deutlich geworden, daß die Lebensentwürfe der jungen Männer nicht (unbedingt) im Widerspruch zu denjenigen der Eltern liegen müssen. Die Brüche zwischen Moderne und Tradition scheinen nicht sehr groß zu sein. Aber das ist eine Illusion. In Wirklichkeit stellen die Anforderungen einer Autonomie, die auf Ablösung zielt, auch die jungen Männer vor eine Auseinandersetzung. Diese Auseinandersetzung verläuft anders als die der jungen Frauen, das hat sich bisher gezeigt.

Eine These, die sich daraus konturiert, ist die des *unbewußten Auftrages*, den die Eltern aus den Immigrantenfamilien ihren Kindern erteilten, und den diese ausführen. Dieser Auftrag lautet: Klärt ihr, die ihr in dieser Gesellschaft besser als wir zurechtkommt und durch eure Ausbildung Anerkennung finden werdet, unseren Status, unsere Gegenwart und Zukunft in dieser für uns ungastlichen Gesellschaft. Insofern könnte man den Satz:

„Jede Migrationsgeschichte ist eine Auseinandersetzung von Individuen mit Modernisierungsprozessen, die sie bereits in ihrer Herkunftsgesellschaft erlebten" (Apitzsch 1993, 12),

erweitern und präzisieren: Die Auseinandersetzung setzt sich fort von der einen Generation zu der nächsten und wird erst enden, wenn die Brüche und Zäsuren innerhalb der Familie die durch das Projekt Migration entstanden, zu Sprache gebracht werden können, einen Raum erhalten und gemeinsam bearbeitet werden.

Dabei stellt sich als spezifisch männlicher Mechanismus heraus, der nicht mit dem z.B. von Nesla geäußerten Lebensentwurf zu vergleichen ist, da hier eine wichtige Komponente fehlt, nämlich die selbstreflexive Integration der Familiengeschichte in die eigenen Entwürfe und das ironische Spielen mit den verschiedenen Verortungen. Warum sich die jungen Männer weniger reflexiv zeigten und eine Wiederannäherung an die Elternposition versuchten, hat mehrere Gründe. Sicher überwiegt die soziale Erwünschtheit der männlichen Rolle, die viel an Unbehagen und Unsicherheit kompensieren kann.

Aus dem bisher Gesagten läßt sich ein männlicher Zugriff auf ethnische Optionen erkennen, der sich durch eine ambivalente Haltung kennzeichnen läßt, da er zwar auf der einen Seite eine Distanzierung gegenüber den Eltern und deren Herkunftskultur vornimmt, die eigene Geschichte aber davon isoliert und nicht als selbst geschaffene Diskontinuität begreift. Für Trauer, Unsicherheit und Verlust scheint es dabei keinen Platz zu geben. Ambivalent bleibt dabei die Suche nach der eigene Geschichte und das Verlassen des sozialen Raumes Folkloregruppe als progressiver Schritt. Die Bewegung, die damit vollzogen wird, kennzeichnet eine Distanzierung von den Eltern, ohne sie zum Beispiel als schlechte Eltern entwerten zu müssen.

## Aushandlungsraum Folkloregruppe

Es wurde in der Rekonstruktion des Gruppengespräches gezeigt, daß die Folkloregruppe eine Erweiterung des Experimentierfeldes jenseits der festen und verbindlichen Vater- und Muttergestalt dargestellt und einen Raum für Potentialität eröffnet hat. Die Jugendlichen hatten nicht nur die Wahl, zu kommen und zu gehen, die Folkloregruppe mit unterschiedlichen Sinnbedeutungen zu füllen, sie konnten darüber hinaus an den Gesprächen teilnehmen oder fernbleiben. Dieser Raum wurde produktiv genutzt, das heißt, daß genau das geprobt wurde, was für die Ablösung notwendig ist: Nähe, Distanz und Reflexivität. Dabei stand sowohl der Leiter der Folkloregruppe als auch ich als Forscher nicht eindeutig für die Eltern respektive die Väter, sie repräsentierten vielmehr zwei Welten, die außerfamilial geprägt sind. Kennzeichen moderner und individualisierter Mentorenbeziehungen ist es, daß sie verzeitlicht sind, das heißt, sie haben ein definitives Ende. Die Jugendlichen konnten mit dieser Situation sicher umgehen, sie agierten mit zwei Mentoren und unterschiedlichen Entwürfen. Für sie bedeutete dies keine Besonderheit, sondern eine alltägliche Erfahrung, sie sind geübt im Umgang mit zwei „Welten". Individuelle Sinngebung wird unter dieser zweifachen Perspektive ausgeführt.

Der Aushandlungsraum der Folkloregruppe hat auf die adoleszenten Selbstdeutungs- und Handlungskompetenzen Einfluß genommen, die je nach individuellen Geschichten und Lebensskripten ausgestaltet wurden und den Umgang mit Differenz kennzeichnen. Eine Differenz muß hier abschließend aber noch einmal eingehender betrachtet werden: die unterschiedliche Zugriffsweise der jungen Männer und Frauen auf die Kategorie Kultur/Ethnizität.

Eine wichtige Frage ist noch immer offen: Warum haben die jungen Frauen einen anderen, reflexiveren Zugang zu den Entwürfen als erwachsene Frau? Bei den jungen Frauen hat sich gezeigt, daß sie bestimmte Ablöseprozesse schon abgeschlossen haben. Von Interesse dabei ist die Tatsache, daß sie auf Mentorinnen in der Herkunftskultur der Eltern zurückgreifen können und unterschiedliche Grade der Differenzierung aufweisen.

Die Stärkung der weiblichen steht damit in unmittelbaren Zusammenhang mit der Schwächung und Fragmentierung der männlichen Rolle. Die jungen Männer sind von daher auf die realen, aber außerfamilialen Mentoren angewiesen. Diese wichtigen väterlichen Mentoren werden außerhalb der Familie gesucht. Die Folkloregruppe bekommt in diesem Fall eine wichtige, zusätzliche Funktion. Was die jungen Frauen fast jeden Tag zu Hause in der

Familie durchspielen und thematisieren, nämlich die Ablösung, das wird von den jungen Männern nur einmal – jedenfalls zeitlich begrenzt – geleistet. Männliche Ablöseprozesse bleiben unter dieser Perspektive offen und unsicher.

Außerhalb der Familie haben die jungen Männer erschaffen, was den jungen Frauen schon vorgegeben war. Die jungen Frauen haben das Thema Ablösung schon länger und verbindlicher bearbeitet, sie kommen zum Teil schon autonom und abgelöst in die Folkloregruppe. Sie haben mit den Müttern, mit den weiblichen Mentoren ihre Ablösegeschichte bewältigt. Nun suchen sie männliche Mentoren in beiden Welten. Die jungen Männer/Jungen haben die Ablösephase von den weiblichen *und* den männlichen Mentoren mehr oder weniger noch vor sich.

Die Differenzen und Ähnlichkeiten im Prozeß der Individuierungsarbeit der Geschlechter der Jugendlichen aus Immigrantenfamilien dürfen nicht darüber hinweg täuschen, daß hier immer wieder unterschiedliche kulturelle Bezugspunkte gewählt werden, von verschiedenen Perspektiven aus geschaut wird. Nicht ein *Entweder-Oder* steht dabei im Zentrum, sondern ein *Sowohl-Als-Auch*. Das bedeutet, daß unterschiedliche Welten und Repräsentationen aufgenommen und mit dem Ziel einer möglichen Synthese verhandelt werden.

## *Zum Schluß: Ausblick auf theoretische Defizite der Jugendforschung zum Bereich Migration*

Die aus dem vorliegenden empirischen Material zur Adoleszenz von Jugendlichen aus Immigrantenfamilien generierten Fragen zeigen einen wichtigen Ansatzpunkt für weitere Forschungen. Die Ausführungen von mir verstehe ich von daher auch als Beitrag zu einer explorativen Erschließung über die Bedeutung der intergenerationellen Verarbeitung von Migrationserfahrungen und spezifisch adoleszenten Selbstdeutungen. Es ist in der Tat so, daß, wie Bohnsack und Nohl (1998, 260) betonen, der Zusammenhang von Migration und Adoleszenz bisher kaum systematisch untersucht worden ist. Ein theoretisches Desiderat riesigen Ausmaßes tut sich für diesen Bereich auf. Das liegt zum einen an der gegenwärtig dominierenden und mit „Verfallssemantik" (Neckel 1993, 79) behafteten Sichtweise der Migrations- und Jugendforschung:

„In gegenwärtigen soziologischen Diagnosen zeigt sich die fehlende Dynamik des Kulturkonzeptes in der Vernachlässigung von kreativen Potentialen der Veränderung im kulturellen oder milieuspezifischen Gefüge der Gesellschaft. *Neubildungen* von Lebensformen und Milieus geraten nur schwer in den Blick." (ebd. 261)

Zum anderen verengt nicht nur der makroskopische Wahrnehmungsrahmen von Individualisierungserscheinungen den Blick auf Neubildungen (kreative oder erzwungene), sondern eine Verschränkung der Dimensionen von Adoleszenzentwicklung, Migration, Geschlecht und Anerkennung steht bislang aus. Eine solche Theorie, die dergleichen zu leisten vermag, muß, rekonstruktiv aus empirischen Materialien heraus, sorgfältig Ebene für Ebene analysieren, um dann zu einer Verknüpfung zu gelangen. So wie der Gegenstand, den es zu untersuchen gilt, sich dadurch auszeichnet, Grenzen überwunden zu haben und äußerst vielschichtig zu sein, so stellt sich der Anspruch Grenzen zu überschreiten und transdisziplinär zu arbeiten, damit also komplex abbilden zu können, ebenfalls an eine angemessene Theorie von Männlichkeiten und ihrer Entwicklung im Kontext intergenerationeller und interkultureller Hinsicht.

## Literatur

Apitzsch, Ursula (1993), Migration und Ethnizität, in: Peripherie Nr. 50.

Badinter, Elisabeth (1993), XY – Die Identität des Mannes, München.

Bohnsack, Ralf/Nohl, Arnd-Michael (1998), Adoleszenz und Migration – Empirische Zugänge einer praxeologisch fundierten Wissenssoziologie, in: Bohnsack, Ralf/Marotzki, Winfried (Hrsg.): Biographieforschung und Kulturanalyse. Transdisziplinäre Zugänge qualitativer Forschung, Opladen.

Bosse, Hans (1994), Der fremde Mann. Jugend, Männlichkeit, Macht. Eine Ethnoanalyse. Unter Mitarbeit von Werner Knauss, Frankfurt a.M.

Bosse, Hans (1995), Nicht länger Daddys Liebling. Schicksale schöpferischer Weiblichkeit in der Adoleszenz, in: Heinemann, Evelyn/Krauss, Günter (Hg.), Geschlecht und Kultur. Beiträge zur Ethnopsychoanalyse, Nürnberg.

Bosse, Hans/ King, Vera (1998), Adoleszenz und die Ambivalenz zwischen der Angst vor dem Fremden und der Sehnsucht nach dem Fremden. Fallstudie einer Gruppe von Spätadoleszenten, interpretiert mit dem Ansatz psychoanalytisch-sozialwissenschaftlicher Hermeneutik. Zur Bedeutung forschungsbezogener Übertragungsprozesse und der ethnohermeneutischen Analyse des Fremden, in: König, Hans-Dieter (Hrsg.), Sozialpsychologie des Rechtsextremismus. Beiträge zu einer hermeneutischen Sozialforschung. Frankfurt a.M..

Caglar, Ayse S. ‚Under the Critical Eye of ...' – Popular Culture, Marginality and Institutional Incorporation: German-Turkish Rap and Turkish Pop in Berlin In: Cultural dynamics, Bd. 10; (1998), H. 3, S. 243-262.

Cohen, Philip (1992), Wandernde Identitäten, in: Leiprecht, Rudolf (Hg.), Unter Anderen. Rassismus und Jugendarbeit, Duisburg.

Connell, Robert W (1995a), Neue Richtungen für Geschlechtertheorie, Männlichkeitsforschung und Geschlechterpolitik, in: Armbruster, Christof L./Müller, Ursula / Stein-Hilbers, Marlene (Hrsg.), Neue Horizonte? Sozialwissenschaftliche Forschung über Geschlechter und Geschlechterverhältnisse, Opladen.

Connell, Robert W. (1995), Masculinities, Cambridge.

Erdheim, Mario (1984), Die gesellschaftliche Produktion von Unbewußtheit. Eine Einführung in den ethnopsychoanalytischen Prozeß, Frankfurt a.M.

Gündüz, Vassaf (1985), Wir haben unsere Stimme noch nicht laut gemacht. Türkische Arbeiterkinder in Europa, Felsberg; Istanbul.

Holler, Ulrike/ Teuter, Anne (Hrsg., 1992.), Wir leben hier! Ausländische Jugendliche berichten, Frankfurt a.M.

Kersten, Joachim (1997), Risiken und Nebenwirkungen: Gewaltorientierungen und die Bewerkstelligung von ‚Männlichkeit' und ‚Weiblichkeit' bei Jugendlichen der *underclass*, Krim. Journal, 6. Beiheft.

King, Vera (1995), Die Urszene der Psychoanalyse. Adoleszenz und die Geschlechterspannung im Fall Dora, Stuttgart.

Lupton, Deborah/ Lesley Barclay (1997), Constructing Fatherhood. Discourses and Experiences, London.

Neckel, Sighard (1993), Die Macht der Unterscheidung. Beutezüge durch den modernen Alltag, Frankfurt a.M.

Sauter, Sven (2000), Wir sind „Frankfurter Türken". Adoleszente Ablösungsprozesse in der deutschen Einwanderungsgesellschaft, Frankfurt a.M.

Wegeler, Cornelia (1998), Ver-rückte Wahrnehmungen. Nachträgliche Überlegungen zur sozialpädagogischen Arbeit mit einer türkisch-marokkanischen Mädchengruppen, in: Apsel, Roland (Hrsg.), Ethnopsychoanalyse 5, Jugend und Kulturwandel, Frankfurt a.M.

Rita Casale

# Adoleszenz und Mode

## Distinktion und Homologie

„[...] ich werde den Hut einfach so zum Spaß aufprobiert, mich im Spiegel beim Händler betrachtet und dabei festgestellt haben: unter dem Männerhut ist die unangenehme Winzigkeit meiner Gestalt, dieser Makel der Kindheit, zu etwas anderem geworden. Sie hat aufgehört, eine brutale, fatale Gegebenheit der Natur zu sein. Sie ist, ganz im Gegenteil, zu etwas der Natur Widersprechendem geworden, zu einer Wahl des Geistes, plötzlich gewollt. Plötzlich sehe ich mich, wie eine andere, wie eine andere gesehen würde, von außen, die allen zur Verfügung, dem Kreislauf der Städte, der Straßen, des Begehrens anheimgegeben. Ich nehme den Hut, ich trenne mich nicht mehr von ihm, ich habe ihn nun, diesen Hut, der allein meine ganze Erscheinung ausmacht, ich lasse nicht mehr von ihm"

Marguerite Duras

In meinem Beitrag zu der Vorlesungsreihe „Über Jugend und Adoleszenz (weiblich – männlich)" werde ich meine Überlegungen zu Adoleszenz und Mode auf zwei Ebenen darstellen. Einerseits werde ich versuchen, einen theoretischen Ansatz zur Erklärung des Phänomens der Mode zu entwickeln. Andererseits werde ich mich auf einige Beobachtungen und Beschreibungen von bestimmten Tendenzen und Merkmalen der heutigen Jugendmode beziehen. Ein präziser Übergang von einer Ebene zur anderen würde detaillierte empirische Untersuchungen voraussetzen, die in dem folgenden Beitrag fehlen. Deswegen verstehe ich meine Vorlesung in dieser Reihe eher als den Anfang einer Forschung als die Mitteilung der Ergebnisse einer langjährigen Arbeit.

Der Titel dieser Vorlesung verweist auf Simmels Analyse der Mode. Ohne Simmels Thesen über die Mode ganz zu folgen, habe ich seine doppelte Kennzeichnung der Mode benutzt, weil sie bestens die Zweideutigkeit dieses Phänomens ausdrückt. Das anfängliche Motto von Marguerite Duras scheint mir sehr deutlich zu zeigen, in welchem Sinn das sich Kleiden für einen Adoleszenten ein Moment der Distinktion ist: Distinktion von der Natur hier im Sinne ihrer Überwindung; Distinktion von anderen im Sinne von Aneignung und Inszenierung des Selbst. Die Wahl eines bestimmten Kleides oder Accessoires, die Duras als „Wahl des Geistes" definiert, verliert ihre Singularität in dem Moment, in dem sie sich nach einer Mode orientiert. Das Kleiden wird als Mode etwas, das Identifikation und Homologie hervorbringt. Aber gerade in diesem Übergang von individuellem Gestus zu kollektiver Sitte nimmt das sich Kleiden einen sozialen Aspekt auf. Es erlaubt, dass gewisse soziale Dynamiken und Mechanismen sichtbar und anschaubar werden.

Ich werde zuerst (*1*) Ferchoffs Katalog der Anti-Mode innerhalb der Pädagogik präsentieren, der die Mode ausschließlich als Homologie charakterisiert. Danach werde ich einen theoretischen Ansatz zum Phänomen der Mode darstellen, nach dem Mode Ausdruck des Zeitgeistes einer Epoche ist (*2*). Ausgehend von Simmels Analyse der sozialen Verhältnisse, von Barthes' semantischer Kodierung widersprüchlicher Träume und von Benjamins Kennzeichnung der Mode als Antizipation werde ich probieren, einen Zugang zur Jugendmode zu skizzieren, der die Mode nicht auf ein Massenphänomen reduziert. Der Gewinn eines raffinierten theoretischen Zugangs ist mir wichtig, um zu zeigen, dass Jugendliche nicht nur Modeträger, sondern auch Modeschöpfer sind. Deshalb werde ich im dritten Abschnitt (*3*) meines Referats am Beispiel einer Internet-Firma die Jugend als Modemacht vorstellen. Die Betrachtung der Jugendlichen als Innovatoren schließt aber nicht aus, dass sie sich der Mode anpassen. Die Innovation ist oft auf die sogenannten Trend-Setter in einem soziologischen Sinn begrenzt. Die Gruppierung der Jugendlichen nach Tendenzen (*4*) und Szenen (*5*) spiegelt wiederum die andere Seite der Medaille wider. Zum Schluss werde ich auf der Basis von vorgegebenen pädagogischen und soziologischen Analysen auch einen Blick auf die unterschiedliche Inszenierung von weiblicher und männlicher Adoleszenz werfen.

## 1.  Die Pädagogik und der Katalog der Anti-Mode

Wilfried Ferchhoff hat in seinem Buch *Jugend an der Wende vom 20. zum 21. Jahrhundert* bemerkt, dass die Mode für die Pädagogik fast kein Thema oder zumeist ein Anathema oder Abwertthema war und ist. Sie habe innerhalb der Pädagogik absolut keinen guten Ruf. Ausgehend von den Studien von Baacke[1] und von G. Neubauer[2] hat Wilfried Ferchoff einen „Mode-Katalog" der „Mode-Kritik" innerhalb der Pädagogik unter 10 Schwerpunkten erstellt:

1. „Mode sei *unbescheiden*, unkontrolliert, hemmungslos, narzisstisch, individualitätsbezogen und führe zu einem haltlosen Egoismus". Als solche verletze sie die Sozialität.
2. Mode sei *Verschwendung*, nicht-zweckrational, eher unvernünftig, nicht solide. Wer modisch sei, könne keine Bedürfnisse aufschieben, habe

---

[1]  D. Baacke (Hrsg.): Jugend und Mode. Opladen: Leske-Budrich, 1988.
[2]  W. Ferchoff und G. Neubauer: „Jugendkulturelle Stile und Moden zwischen Selbstinszenierungen, Stilzwang und (Konsum)Vereinnahmung". In: Mansel und Klocke (Hrsg.): Die Jugend von heute. Selbstanspruch, Stigma und Wirklichkeit. Weinheim-München, 1996.

keinen Tiefgang und werde in der Regel als oberflächlich-extrovertiert, flatterhaft und hedonistisch definiert.

3. Mode sei *auffällig* und nichts als dekorativ-sichtbare Oberfläche. Sie habe manipulativen Warencharakter und überdecke in der Nachahmung von Äußerlichkeiten den „wahren", „verborgenen", inneren Charakter.

4. Mode bestehe aus raschem Wechsel, aus nie ermüdendem Einfallsreichtum. Sie sei *schnelllebig* und damit *vergänglich*. Der *modische* Mensch scheine nichts von Traditionen zu halten und besitze keinen Sinn für Geschichte. Baacke schreibt in dem Buch *Medienpädagogik* (1997) die Mode kennt nur „neue Flaggensignale" der Zukunft. Die Zeit der Mode sei die absolute Gegenwart[3].

5. Mode sei Zeichen von *Üppigkeit* und *Luxus*. Sie sei Verweichlichungstendenzen ausgesetzt. Sie führe leicht zur Laszivität und Sittenlosigkeit.

6. Mode sei *künstlich* und damit *unnatürlich*.

7. Mode sei Ausdruck von *Unvernunft*, weil sie keine vernünftigen Zwecke außer sich selbst habe.

8. Mode stehe *jenseits der Arbeit*. Wer der Mode zugeneigt sei, besitze die protestantischen Arbeitstugenden nicht.

9. Mode sei nicht-intellektuell. Wer der Mode nachhänge, lebe im Hier und Jetzt.

10. Mode erzeuge Innovation und Distinktion im Kontext von Lebensstilen, produziere *Nachahmung*, *Prothesen* im Sinne einer körpernahen Erweiterung der Haut (u. a. siehe die jüngeren Tendenzen der Jugendkultur wie Piercing, Plateauschuhe und so weiter) und später *Überdruss*. Zu diesem letzten Punkt hat Thomas Schierer beobachtet, dass in einer offenen, von Gütern aller Art gesättigten und mit Lebenssinnproblemen kämpfenden Gesellschaft die entsprechenden ökonomischen und kulturellen Bemühungen um Distinktions-Absatz und Erlebnissicherung für permanenten „Modewandel" sorgen[4].

Im Gegensatz zu diesen Positionen behauptet Ferchhoff, dass Jugendmode auch phantasievoll und kreativ-produktiv angeeignet und erlebt werde: „Diejenigen, die sich durch Modemarken ihre Individualität einkaufen (sich gegenüber anderen abgrenzen und Anders-Sein-Wollen als Kritik und zugleich Zugehörigkeit markieren und mit anderen, jugendkulturell Gleichgesinnten Gleich-Sein-Wollen), scheinen immer noch besser dran zu sein als diejenigen, die gesellschaftlich nicht akzeptierte illegale Drogen beschaffen und konsumieren, um ins *Tiefe* hinabzusteigen, oder sich in religiöses oder politi-

---

3  Außerhalb der Pädagogik haben G. Simmel und Roland Barthes diese zeitliche Dimension der Mode betont. Vgl. G. Simmel: Die Philosophie der Mode. In: Ders.: Gesamtausgabe, hrsg. V. O. Rammstedt, Bd. 10 und R. Barthes: Système de la mode. Paris, 1967.

4  T. Schierer: Modewandel und Gesellschaft. Die Dynamik von „in" und „out". Opladen: Leske-Budrich, 1995.

sches Sektierertum begeben, um im fundamentalen Fanatismus Intensität zu erfahren. Wie barmherzig und freilassend ist dagegen doch Jugendmode. Ihre schillernde Oberfläche und auch ihre Kurzlebigkeit ist vielleicht manchmal der beste Schutz gegenüber schwerwiegenderen ideologisierenden Verführern sowie gegenüber den Rissen, der Brüchigkeit und den Leerstellen der eigenen Patchwork-Identität. In den situativen Augenblicken der Verdichtung kann Mode ungemein bereichernd wirken und Glücksgefühle hervorrufen. Sie kann Überlebenshilfen anbieten und zugleich als Protest- und Genußmöglichkeit dienen."[5] Eine andere Stimme zugunsten der Mode innerhalb der Pädagogik ist die von Poschardt, der die Jugendmode als Protest interpretiert. Jugendmode sei Ort der intensiven „Erprobung" und „Mündigkeit", wo jemand seinen Habitus und seine Attraktivität auch im Zusammenhang mit den anderen Ingredienzien des Auratischen wie Gestik, Mimik, Motorik, Rhetorik und Wissen ausarbeitet[6].

## 2. Mode und Zeitdiagnose

Die Folge, in der die Analysen von Simmel, von Barthes und von Benjamin betrachtet werden, entspricht nicht einem chronologischen Kriterium, sondern einer theoretischen und systematischen Entwicklung der Argumentation. Obwohl die Überlegungen von Simmel über die Mode als Nachahmung soziologische und psychologische Aspekte erkennen lassen, die besonders interessant für die Adoleszenz sind, bleiben sie in einem theoretischen Dualismus verankert, der die Komplexität der Mode reduziert. Barthes' Semiotik der Mode überwindet Simmels Dualismus, aber auf Kosten einer selbstbezogenen Betrachtung der Mode: Die Mode ist das, was getragen wird. Schluss. In dem Begriff des Bildes, der von Benjamin benutzt wird, wird hingegen das zeitliche Spiel zwischen Zeichen und Symbolen in der Mode bestens anschaubar.

2 a. Die Unterscheidungen des Soziologen: Die Mode als Nachahmung

Simmels Analysen über die Mode setzen Prämissen voraus, die zugleich anthropologisch und soziologisch sind. Die Mode wird von Simmel einerseits im Wesen des Menschen verankert. Ein Wesen, das per Natur ein dualistisches Wesen ist: Neigung zur Bewegung und zur Ruhe; Bedarf nach Produktivität und nach Rezeptivität; Bestrebung nach dem Allgemeinen und Bedürfnis nach Distinktion. Andererseits wird das Phänomen der Mode von Simmel innerhalb einer bestimmten Gesellschaft historisch erörtert. Die

---

5    W. Ferchhoff : Jugend an der Wende vom 20. zum 21. Jahrhundert. Opladen: Leske-Budrich, 1999. S. 166-167.

6    U. Poschardt: Anpassen. Hamburg 1998.

anthropologischen Konstanten, die das Andauern der Mode in den verschiedenen historischen Epochen erklärt, seien der Nachahmungstrieb und der Abscheidungstrieb. Ausgehend davon wird die Mode wie folgt definiert:

„Sie ist Nachahmung eines gegebenen Musters und genügt damit dem Bedürfnis nach sozialer Anlehnung, sie führt den Einzelnen auf die Bahn, die Alle gehen, sie gibt ein Allgemeines, das das Verhalten jedes Einzelnen zu einem bloßen Beispiel macht. Nicht weniger aber befriedigt sie das Unterschiedsbedürfnis, die Tendenz auf Differenzierung, Abwechslung, Sich-abheben. Und dies letztere gelingt ihr einerseits durch den Wechsel der Inhalte, der die Mode von heute individuell prägt gegenüber der von gestern und von morgen[…]"[7].

Die Nachahmung, Simmel zufolge, erlaubt den Übergang des Gruppenlebens in das individuelle Leben. In der Nachahmung verschiebt das Subjekt seine Kreativität von sich auf den anderen. Mit dieser Verschiebung überlässt es dem anderen auch die Verantwortung für dieses Tun. Das Individuum entzieht sich so der Qual der Wahl. Aber die Mode ist nicht einfach Nachahmung von etwas beliebigem. Sie ist Nachahmung eines gegebenen Musters. Es kommt noch dazu, dass diese Form der Nachahmung nur die Äußerlichkeiten des Lebens betrifft. Durch diese weitere Bestimmung der Mode zeigt sich, m. E. ziemlich deutlich, der dualistische Charakter der Kategorien, mit denen Simmel seine Argumentation entwickelt. Diesmal betrifft Simmels Dualismus nicht nur das Wesen des Menschen, sondern auch die „topologischen" Richtungen seiner Sozialisation: Äußerlichkeit und Innerlichkeit; oben und unten, hier sozial bestimmt[8]. Einige Individuen passen sich an. Sie gestalten ihre Äußerlichkeit nach dem Muster der oberen Schichten, welche die Mode kreieren. Damit ist von Simmel der Klassencharakter der Mode deklariert. Es geht darum, die soziale Dynamik zu zeigen. Nun gibt es für Simmel in der Gesellschaft einige Subjekte, deren Position im Vergleich zu den sozialen Hauptfiguren schwächer ist: Frauen und Jugend. Simmels Analyse trennt nicht den anthropologischen Ansatz von dem soziologischen. Frauen werden z. B. zugleich anthropologisch und soziologisch bestimmt. Sie sind anthropologisch treuer als die Männer, weshalb sie die Abwechslung der Mode brauchen. Diese anthropologische Kennzeichnung ist allerdings für Simmel kein Hindernis zu einer historischen Bemerkung, dass die gleichartige Bildung von Frauen und Männern zur Zeit der italienischen Renaissance keinen Raum für die Entwicklung von Phänomenen der Nachahmung ließ.

In Bezug auf die Jugend sind Simmels Überlegungen über die Mode fast ausschließlich psychologischer Natur. Man könnte sagen, dass Simmel die Jugend mit einer Phase der Menschheitsgeschichte identifiziert. Jugendliche

---

7   G. Simmel: Die Philosophie der Mode. In: Ders.: Gesamtausgabe, hrsg. V. O. Rammstedt, Bd. 10, S. 11.

8   Vgl. S. Bovenschen: Kleidung. In: Ch. Wulf (Hrsg.): Vom Menschen. Handbuch Historische Anthropologie. Weinheim und Basel 1997, S. 231-242.

stellen in ihrer Abhängigkeit von der Nachahmung die Unreife der Menschheit vor: „Namentlich junge Menschen zeigen oft eine plötzliche Wunderlichkeit in ihrer Art, sich zu geben, ein unvermutet, sachlich unbegründet, auftretendes Interesse, das ihren ganzen Bewusstseinskreis beherrscht und ebenso irrational wieder verschwindet"[9].

Ausgehend von den Grundtrieben der Nachahmung, der Gleichartigkeit und der Einschmelzung kennzeichnet Simmel also die Mode als ein Phänomen, das sich von oben nach unten verbreitet. Nach der Mode streben Individuen, die noch keine ‚Subjekte' sind.

2 b. Das Lesen des Semiotikers: Die Allgemeinheit der modischen Persönlichkeit

Der theoretische Dualismus, der Simmels Analyse der Mode als Nachahmung voraussetzte, verschwindet mit Roland Barthes' *Système de la Mode* (1967)[10]. Barthes' Thematisierung der Mode als Diskurs braucht keinen Unterscheid mehr zwischen Draußen und Drinnen, zwischen Modell und Imitation, weil die Mode zu einem autonomen Subjekt mit eigenen Regeln wird, nach denen sie sich entfaltet. Die strukturelle Analyse Barthes' erlaubt den Zugang zu dem Individuum als ‚kollektiver Person'. Nach Barthes sei die Allgemeinheit der Person, bzw. des Charakters der Person, nur möglich durch die Mode. Sie sei eine Institution der Mode. Obwohl der Diskurs der Mode seine eigene Struktur hat, sind in seinem Register Elemente, Träume und Sehnsüchte zu finden, die außerhalb der Mode existieren, aber deren kollektive Kombination sich nur in der Mode ergibt. Diese Betrachtung der Struktur (bzw. der Mode als Diskurs) als Kombination von vorgegebenen Elementen werde ich am Beispiel der „modischen Persönlichkeit" kurz illustrieren. Die Mode ermöglicht „eine echte Kombinatorik der Charakterelemente und bereitet [...] technisch die Illusion eines quasi-unendlichen Reichtums der Person vor, die man – zumal in der Mode – Persönlichkeit nennt"[11]. Diese Kombinatorik entsteht nicht aus einem qualitativen Zusammenhang von homogenen Eigenschaften. Sie sei eher ein quantitativer Begriff, unter dem Elemente, die immer schon vorhanden sind, sich sammeln: „Tatsächlich ist die modische Persönlichkeit ein quantitativer Begriff; sie definiert sich nicht wie sonst durch das gebieterische Überwiegen einer Eigenschaft, sondern ist im Kern *eine individuelle Kombination kollektiver und immer schon vorgegebener einzelner Elemente* [Hervorhebung R.C.]"[12]. Die modische Persönlichkeit wird die Personifizierung von dem, was schon gewesen ist.

9    G. Simmel: Die Philosophie der Mode, a. a. O., S. 29.
10   Vgl. S. Bovenschen: Kleidung, a. a. O.
11   R. Barthes: Rhetorik des Signifikats: Die Welt der Mode. In: S. Bovenschen (Hrsg.): Die Listen der Mode. Frankfurt am Main: Suhrkamp, 1986, S. 299.
12   R. Barthes: Rhetorik des Signifikats: Die Welt der Mode. a. a. O., S. 299.

Verschiedene Charaktere kombinieren sich in der Mode, ohne die Angst des Widerspruchs. Die psychologischen Hemmungen, zweideutig zu sein, gehen in der modischen Persönlichkeit verloren: „Die Persönlichkeit ist hier also eine *zusammengesetzte*, wenngleich sie keineswegs komplex ist; die Individualisierung der Person ist in der Mode von der Anzahl der im Spiel befindlichen Elemente und darüber hinaus von deren scheinbarer Gegensätzlichkeit abhängig"[13]. In der einfachen Zusammensetzung der modischen Persönlichkeit realisiert der Mensch die Möglichkeit, die Grenzen der psychologischen Person zu befreien. Die modische Persönlichkeit kann zweideutig sein. Sie kann alles sein, ohne für etwas besonderes sich zu entscheiden: *„Sanft und stolz, streng und zärtlich, korrekt und lässig*: in solchen psychologischen Paradoxien drückt sich eine Sehnsucht aus; sie legen Zeugnis ab von einem Menschheitstraum, dem Traum von Totalität, demzufolge jedes menschliche Wesen alles zugleich sein könnte und nicht zu wählen, das heißt keinen einzigen Charakterzug von sich zu weisen brauchte"[14].

Die modische Persönlichkeit bietet ihrem Leser die Chance, eine unmögliche Allgemeinheit zu entziffern, die ihm nicht ganz unbekannt war, aber ohne die Mode nicht wahrzunehmen sei.

## 2 c. Der Blick des Flaneurs: Die Mode als Antizipation

Wer ist der Flaneur? In der Schrift „Charles Baudelaire. Ein Lyriker im Zeitalter des Hochkapitalismus" schreibt Walter Benjamin von dem Flaneur als demjenigen, der den Boulevard zum Interieur gemacht habe. „Ihm sind die glänzenden emaillierten Firmenschilder so gut und besser ein Wandschmuck wie im Salon dem Bürger ein Ölgemälde; Mauern sind das Schreibpult, gegen das er seinen Notizblock stemmt; Zeitungskioske sind seine Bibliotheken und die Caféterrassen Erker, von denen aus er nach getaner Arbeit auf sein Hauswesen heruntersieht"[15]. Wo Menschenmengen sind, kann der einsame Flaneur sich nicht langweilen. Mit den Wörtern von Guys, die von Baudelaire erwähnt werden, drückt Benjamin die Missachtung des Flaneurs für den Menschen aus, der beim Sehen von anderen Menschen keine Freude fühlt: „Wer imstande wäre sich in einer Menschenmenge zu langweilen, ist ein Dummkopf. Ein Dummkopf, wiederhole ich, und ein verächtlicher"[16]. Es handelt sich beim Flaneur nicht um einen Philanthropen. Vielmehr geht es ihm um reine Lust zu sehen. Ich würde allerdings den Flaneur streng von dem Voyeur unterscheiden. Der Flaneur strebt beim Sehen nach Wissen. Die Bilder der Anderen, der Boulevards sind die Quelle seiner Inspiration. Der Voyeur sieht oder schaut an ohne wahrzunehmen. Schon Aristoteles hat in

---

13   Ebd., S. 300.
14   Ebd., S. 300.
15   W. Benjamin: Abhandlungen, Gesammelte Schriften. Bd. I, 2, S. 539.
16   W. Benjamin: Abhandlungen, a. a. O., S. 539.

der *Metaphysik* die Besonderheit des Sehens im Vergleich mit den anderen Sinneswahrnehmungen betont. Abgesehen von ihrem Nutzen wird nach Aristoteles von den Menschen die Sinneswahrnehmung besonders geliebt, die durch die Augen zustande kommt.

„Nicht nämlich nur zum Zweck des Handelns, sondern auch, wenn wir nicht zu handeln beabsichtigen, ziehen wir das Sehen so gut wie allen andern vor. Ursache davon ist, dass dieser Sinn uns am meisten Erkenntnis gibt und viele aufdeckt"[17].

Mit den Worten von Simmel porträtiert Benjamin die Haltung des Flaneurs, der in den öffentlichen Verkehrsmitteln in den Großstädten die Möglichkeiten hat, lange andere und sehr verschiedene Menschen zu beobachten:

„Wer sieht ohne zu hören, ist viel beunruhigter als wer hört, ohne zu sehen"[18].

Ausgehend von diesem Zitat kann man nicht ausschließen, dass Simmel der Beobachtung zu wenig Beachtung schenkte. Er hat als Soziologe die Mode beobachtet und als solcher hat er die Mode in ihrer sozialen Dynamik betrachtet. Benjamin beobachtet wie Simmel die Mode als soziales Phänomen. Aber er wirft auf sie einen Blick als Flaneur. Gerade in diesem Blick sieht Benjamin einen bestimmten Aspekt der Mode, der unter anderen Perspektiven schwierig zu begreifen ist.

Im Unterschied zu Simmel hat Benjamin keinen Aufsatz, keine systematische Schrift über die Mode geschrieben. Er hat Notizen gesammelt. Er hat Zitate, Exzerpte in einem Text strukturiert[19]. Wenn man diesen Text liest, könnte man den Eindruck bekommen, dass Benjamin keine Position einnimmt, dass er die verschiedenen Gesichtspunkte aufzählt. Aber innerhalb dieser distanzierten Sammlung findet man einen Paragraphen, der mit einem Superlativ anfängt:

„Das brennendeste Interesse der Mode liegt für den Philosophen in ihren außerordentlichen Antizipationen".

Benjamin negiert nicht den Klassencharakter der Mode, den Simmel sehr stark betont. In der Schrift über Eduard Fuchs[20] unterstreicht Benjamin noch einmal, wie die Mode neben den ästhetischen und erotischen Aspekten ein Herrschaftsinstrument ist. Aber in der Betrachtung der Mode als Antizipation will Benjamin das ästhetische Moment der Mode hervorheben. In dem oben erwähnten Paragraphen des Passagen-Werks vergleicht Benjamin die Mode mit der Kunst. Die Mode wie die Kunst besteht in Bildern. Als Bild, als Phänomen des Sehens zeigt die Mode, was sich in der Luft bewegt:

17  Aristoteles, Metaphysik. Hamburg: Meiner Verlag. Buch I, 1, 980a, 21.
18  W. Benjamin: Abhandlungen, a. a. O., S. 539.
19  W. Benjamin: Das Passagen-Werk, Gesammelte Schriften, Bd. V 1, S.110-132.
20  W. Benjamin: Eduard Fuchs, der Sammler und der Historiker. In: Ders. Aufsätze, Essays, Vorträge. Gesammelte Schriften. Bd. II, 2, S.465-504.

„Es ist ja bekannt, dass die Kunst vielfach, in Bildern etwa, der wahrnehmbaren Wirklichkeit um Jahre vorausgreift. [...] Auch geht die Empfindlichkeit des einzelnen Künstlers für das Kommende bestimmt weit über die der großen Dame hinaus. Und dennoch ist die Mode in weit konstanterem, weit präziserem Kontakt mit den kommenden Dingen kraft der unvergleichlichen Witterung, die das weibliche Kollektiv für das hat, was in der Zukunft bereitliegt. Jede Saison bringt in ihren neuesten Kreationen irgendwelche geheimen Flaggensignale der kommenden Dinge. Wer sie zu lesen verstünde, der wüsste im voraus nicht nur um neue Strömungen der Kunst, sondern um neue Gesetzbücher, Kriege und Revolutionen. – Zweifellos liegt hierin der größte Reiz der Mode, aber auch die Schwierigkeit, ihn fruchtbar zu machen"[21].

Aus diesem Zitat ergeben sich verschiedene Fragen: Was versteht Benjamin unter dem Begriff des „Bildes"? Inwiefern kann das Bild antizipieren? Warum erlaubt das Bild eine gewisse „Empfindlichkeit für das Kommende"? Was hat das Bild mit der Erfahrung des Neuen zu tun? Weitere Akzente auf diese Fragen setzt Benjamins Erläuterung des auf die Mode bezogenen partizipialen Adjektivs „tonangebend":

„Tonangebend nun ist zwar immer das Neueste, aber doch nur wo es im Medium des Ältesten, Gewesensten, Gewohntesten auftaucht. Dieses Schauspiel wie das jeweils Allerneueste in diesem Medium des Gewesenen sich bildet, macht das eigentliche dialektische Schauspiel der Mode"[22].

In der kondensierten Form von Bildern ist also die neue Synthese des schon Gewesenen. Diese Fassung der Bilder der Mode setzt eine Dimension der Zeit voraus, die als Dauer (*durée*) gedacht wird. Das Bild ist nicht das Bild von etwas anderem. Das Bild ist das „wie" und das „was" der Wahrnehmung der Realität. Jenseits des Bildes gibt es keine andere Erkenntnis der Realität. Mit dem Hinweis auf die Zeitlichkeit des Bildes ist klar, dass das Bild für Benjamin keine naive Anschauung eines Objekts von der Seite eines gedächtnislosen Subjekts ist. Das Bild ist Träger eines individuellen und kollektiven Gedächtnisses. Die Affinität zu Bergsons Thematik ist nicht zufällig. Es geht nicht nur um begriffliche Assoziationen. Bei der Erörterung des Begriffs der Erfahrung der Dichtung für den Leser weist Benjamin auf Bergson hin. Am Ende des 19. Jahrhunderts wurde Benjamin zufolge versucht, ein Begriff von „wahrer" Erfahrung zu definieren, der sich von der Erfahrung der „zivilisierten Massen" unterschied[23]. Innerhalb von diesem Kontext vollzog Bergson mit der Bestimmung der Erfahrung als *durée* für Benjamin den radikalsten Versuch, den Begriff der Erfahrung neu zu kennzeichnen. Benjamins Hinweis ist auf Bergsons Schrift „Matière et mémoire" (1896) bezogen, in der die Erfahrung als *durée,* ausgehend von dem früher angedeuteten Zusammenhang zwischen Gedächtnis und Bild, thematisiert wird. Die

---

21   W. Benjamin: Das Passagen-Werk, a. a. O., S. 112.
22   Ebd., S. 112.
23   W. Benjamin: Abhandlungen, a. a. O., S. 608.

Erfahrung als *durée* ist Benjamin zufolge immer mit einer individuellen und kollektiven Tradition verbunden.

Ausgehend von diesen Prämissen kann das entzauberte Auge des Flaneurs in den Bildern der Mode und in ihren Transformationen die Veränderungen der Empfindlichkeit und die unterschiedliche Wahrnehmung der Formen der Realität in ihrem historischen Geschehen sehen. Kleider, Gesten, Atmosphären und Ambiente können das Studienobjekt werden, um jenseits einer moralischen Beurteilung Verhaltensweisen und Lebensstile zu verstehen.

## 3. Jugend als Modemacht

3 a. Jugendkultur und Mode

Die Möglichkeit, die Realität aus der Mode durch ihre Bilder und Zeichen zu entziffern, stellt nicht etwas vor, das ausschließlich mit Jugend zu tun hat. Es scheint dann legitim, sich nach den Zusammenhängen zwischen dem oben skizzierten theoretischen Ansatz und dem Phänomen der Mode und der Jugendmode zu fragen. Die Mode ist oft als ein Frauenphänomen betrachtet worden. Es seien insbesondere Frauen, die Mode tragen. Man sollte jedenfalls präzisieren, dass diejenige, welche die Mode trägt, nicht unbedingt die ist, die Mode schöpft. Wenn die Mode als ein Phänomen thematisiert wird, das mit den Veränderungen der Empfindlichkeit und den Formen der Wahrnehmung zu tun hat, wird es m. E. sehr wichtig, ins Zentrum der Analyse das aktive Subjekt der Mode zu setzen. Unter aktivem Subjekt der Mode wird hier nicht Träger der Mode, sondern diejenigen, die Tendenzen und Innovationen innerhalb der Mode produzieren, gefasst. Es ist sicher schwierig, in Bezug auf die Mode die Ebene des Modeschöpfers von der Ebene des Trägers streng zu unterscheiden. Eine gewisse Art, ein Kleid zu tragen, verändert die Wahrnehmung des Kleids. Ebenso kann ein bestimmtes Kleid den Gang verändern. Regina Lösel[24] hat bezüglich der Mode am Ende des 19. Jahrhunderts von lebendigem Kleid und totem Subjekt, von Gesicht des Objekts und von der Beweglichkeit der Dinge im Sinne von Wilhelm Busch gesprochen. Aber wenn man versucht zu verstehen, woher die Innovationen kommen, dann sollte man mit Baacke zugeben, dass die neuen Tendenzen innerhalb der Mode seit dem Jugendphänomen der Anti-Mode nicht mehr von der „haute couture", sondern von der Jugend herkommen. Jugendliche leisten Baacke zufolge echte Beiträge zum Mode-Diskurs: „Es sind heute junge Menschen, welche die beachtenswertesten und ästhetisch aufregend-

---

24  Regina Lösel: Stillstellen. Eine Unmöglichkeit? Oder die Tücken des textilen Objekts. Manuskripte des auf der Tagung „Stillstellen" (6. – 9. Juli 2000) an der J.W. Goethe Universität gehaltenen Vortrags.

sten Mode-Innovationen anbieten, sei es aus Protest gegen gesellschaftliche Zwänge oder einfach als Spiellust"[25]. Die Erklärung des Prozesses, in dem ein Trend formiert wird, überschreitet den Rahmen dieses Beitrags. Ich werde die Rolle des Markts und der Marktanalyse für die Entstehung eines Trends auch nicht berücksichtigen. Außerdem wäre es interessant zu untersuchen, welche Funktion die neuen Medien für den innovativen Charakter der Jugendmode spielen. Es lässt sich *en passant* bemerken, dass die ‚Informatisierung' der Kommunikation zumindest auf der Oberfläche eine horizontale Zirkulation der Informationen und der Produktion von Bilder erlaubt.

### 3b. Teenager beobachten Teenager

Als die Trendforscherin Dee Dee Goordon, hoch bezahlte Teenagerexpertin[26], gedachte eine neue Internet-Firma namens look-look.com zu begründen, ging sie davon aus, dass Jugendkultur und Mode sich beide permanent und rasend schnell verändern. Ihre Firma sollte in der Lage sein, die Teenager rund um die Uhr beobachten zu können. Sie hatte vor, die Teenager als Beobachter von anderen Teenagern einzustellen. Sie schickte tausend Teenager in alle trendrelevanten Metropolen, ausgerüstet mit Notizblöcken und digitalen Kameras. Sie sollten alles dokumentieren, was sich an den Orten tut, an denen die Jugend sich sammelt: in angesagten Clubs und Konzerten, in Einkaufszentren und auf den Straßen der Szeneviertel. Die Scouts, die für Dee Dee Gordon arbeiteten, sollten insbesondere Trend-Setter beobachten, d.h. Teenager, die regelmäßig als erste etwas Neues probieren. Etwa 20 Prozent einer Generation seien potentielle Trendsetter, die den Rest ihrer Jugendkultur prägen. Die Internet-Firma von Dee Dee Gordon will das „erste Aufflackern" eines Trends im Moment des Entstehens dokumentieren. Die Beobachter, die zwischen 14 und 24 Jahre alt sind, sollten Informationen sammeln, die „nicht durch die Hände von Erwachsenen beschmutzt sind". Von besonderem Interesse finde ich die Bilder, welche die Teenager als Arbeitsprobe zu schicken haben: 1. das Bild eines Kleidungsstückes, das man vorher nie gesehen hat; 2. das Bild eines jungen Menschen, der etwas tut; 3. das Bild von irgendetwas, das der Scout „super cool" findet. Die erste Art von Bildern könnte einen Beweis dafür liefern, dass Modemacher nicht die Designer, sondern die Trend-Setter in bestimmten Szenen sind. In diesem Kontext scheint es mir wichtig, die Differenz zwischen Mode und Trend hervorzuheben. Während die Mode, wie Patrizia Calefato[27] bemerkt hat, auf der Dialektik zwischen Neuigkeit und Konsens basiert, kennt der Trend nur

25    D. Baacke: (Hrsg.): Jugend und Mode. a. a. O., Vorwort, S. 5.
26    Dee Dee Gordon gibt seit 1994 die sogenannte Bibel der Trendforschung „L. Report" heraus, die vierteljährlicher mit detaillierten Analysen aktueller Teen-Phänomene in sechs US-Metropolen erscheint.
27    Patrizia Calefato: Moda, corpo, mito. Roma: Castelvecchi, 1999, S. 81.

eine Richtung. Die Modemacht der Jugend besteht gerade in der Herstellung von Trends. Der Inhalt des zweiten Bildes entspricht ganz der aktuellen Bedeutung von Mode: die Mode als Lebensstil. Es geht bei der Jugendmode (nicht nur bei der Jugendmode) um geschlossene Welten. Die heutige Jugendmode radikalisiert die Überzeugung von René König, nach der Mode ein universales Gestaltungsprinzip ist. Es handelt sich nicht nur um Kleidung, sondern auch um Gesten, Accessoires, Düfte, musikalischen Stil, Einrichtungen von Räumen und bevorzugten Zeiten (50er oder 60er Jahren ... ). In Bezug auf die „coolness", die in dem dritten Bild angesprochen wird, hat der Literaturwissenschaftler Günter Blamberger auf der Tagung „Ikonen des Cool" in der Tutzinger Evangelischen Akademie eine interessante historische Erörterung vorgeschlagen. Die Inszenierung der Jugend zu einer bestimmten *Coolness* sei nicht etwas ganz neues. Das Spiel mit den Formen, das in dem „cool sein" in Aktion gesetzt wird, habe schon einen Platz in der italienischen und französischen höfischen Tradition gehabt. An den italienischen und französischen Höfen wurden die Jugendlichen durch eine Beherrschung der Körperinszenierung zu einer Kontrolle der Affekte erzogen, die, würde ich hinzufügen, später im 18. Jahrhundert als Erziehung zum Gleichgewicht gepflegt wurde. Ich will nicht die Permanenz des selben Phänomens betonen, sondern die *durée* (die Dauer) einer bestimmten Tradition und damit die Veränderung innerhalb derselben hervorheben. Heute wird unter „Coolness" eine gewisse Abweichung, ein Spiel mit dem Stil und mit den Oberflächen durch Bilder verstanden. Die Bilder, mit denen die *coolness* spielt, sind Bilder frei von Inhalt. *Coolness* ist eine Form, die keinen Inhalt braucht.

Wenn die Bilder der Mode der Wahrnehmung der Realität entsprechen, die eine Epoche oder bestimmte Gruppen einer Epoche von sich selbst haben, könnte man in dem heutigen Ideal der *coolness* die Form einer Gesellschaft vermuten, die fast ausschlich ‚oberflächlichen Regeln' kennt und die ständig die Bedeutungslosigkeit der Oberfläche inszeniert.

## 4. Androgyne Jugend mit einer antiprotestantischen Ethik und mit einem reinen Körper

Die Selbstreferenz dieser Oberfläche lässt Raum für eine Vielfalt der Formen der Inszenierung, die eine eindeutige Interpretation der Jugendmode nicht erlaubt. Ich werde im folgenden versuchen, einige Tendenzen und Szenen zu skizzieren, die als repräsentativ innerhalb der pädagogischen Studien gelten. In verschiedenen Kontexten lässt sich zuerst ein allgemeiner ‚Gebrauch' des Körpers als Mittel der Distinktion erkennen. Noch nie wurde der Körper außerhalb der Arbeit so leistungsbezogen perfektioniert, modelliert und manipuliert. Zu diesem Phänomen gehört auch eine „Versportlichung der Jugendbiographie"[28] und eine Veränderung der traditionellen Geschlechterrolle. Die Verbindung zwischen Sport und Mode ist besonders im Medium jugendkultureller Ästhetisierungen, Stilisierungen und Selbstdarstellungen nachzuweisen (vor allem in Kombination mit sportiven und modischen Accessoires und sportlich modischem Kleidungsambiente). *Richtigenhit-Marken* differenzieren verschiedene Jugendszenen. Die den attraktiven Körper betonenden sportiven Kleidungsstile mit relativ wenig Stoff und viel durchtrainiertem Körper sowie die verschiedenen sportiven Symbole und Accessoires dienen im und auch jenseits des Sports und werden habituell lebens- und sportstilgemäß angezogen. In dem Aufsatz „Die Versportlichung jugendlicher Körper" hat Zinnecker in Bezug auf die Geschlechterrolle eine bedeutende Veränderung hervorgehoben. Die freilich nicht ganz aufgehobenen geschlechtsspezifischen Separierungen seien in vielen Lebensbereichen zurückgetreten. Sportive Praxis schließe Jungen und Mädchenkörper nicht mehr zwangsläufig gegeneinander ab. Ein als erotisch-ästhetisches Ereignis reformierter Sportbetrieb eigne sich mittlerweile zur Ereignisbühne für beidergeschlechtliche Begegnung, Anziehung und Werbung. Auch Rittner[29] hat eine Verschiebung der traditionellen Geschlechterrollen bemerkt. Rittner zufolge sind in Teilbereichen des Sports neben wiedererstarkten bipolaren stets auch androgyne Tendenzen zu beobachten. Die Androgynität des modisch-gestylten Körpers ist in Zusammenhang mit seiner Machbarkeit zu bringen: der modisch-gestylte Körper oder der zärtlich-muskulöse, also zugleich maskulin und feminin (klingende Body) sei kein wohlgestaltetes Gottesgeschenk mehr, sondern nicht selten das Ergebnis eigener Arbeit, Askese und Disziplin. Ferchhoff spricht von androgyner Jugend, im Sinne von einer Verwischung von Differenzen, von einer tendenziellen Entpolarisierung und Entritualisierung weiblicher und männlicher Lebensformen und Identitäten[30]. Züge artifiziell-androgyner Aufweichungen harter Männlichkeit seien schon seit einigen Jahren zu beobachten. Feminine Züge gab es schon in den Kleidungsstilen der Mode in den frühen 60er Jahren, während lange Haare bei Männern und Hosen bei Frauen spätestens seit der Hippiebewegung in den 60er Jahren Eingang fanden. In der Techno-Szene nähern sich die Geschlechter zumindest outfitgemäß einander an (zum Beispiel Leonardo di Caprio). *Tattoos* und *Piercing* sind inzwischen ebenfalls Geschlechter übergreifende Accessoires.

---

28 Der Ausdruck „Versportlichung der Jugendbiographie" ist von Brinkhoff benutzt worden (vgl. Ders.: Sport und Sozialisation im Jugendalter. Weinheim-München: 1998).

29 V. Rittner: Körperbezug, Sport und Ästhetik. Zum Funktionswandel der Sportästhetik in komplexen Gesellschaften „. In: Sportwissenschaften, 19. Jg., Heft 4/1989, S. 359-377.

30 E. D. Drolshagen: Körperkunstwerke: Bodybuilding, Stetching, Shaping. In: P. Kemper (Hrsg.) Handy, Swatch und Party-Line. Zeichen und Zumutungen des Alltags. Frankfurt am Main, Leipzig 1996, S. 249-262.

Eine der Folgen der Überzeugung, dass der Körper machbar sei, ist das „Verschwinden" des Erwachsenen. Postadoleszente Enddreißiger setzen immer mehr Jugendlichkeit (bzw. schlank, schön, sportlich) mit Können, Leistungsstärke, Scharfsinn, Flexibilität, Geschicklichkeit und Beweglichkeit gleich.

Als zweite Tendenz möchte ich auf die Verbreitung einer antiprotestantischen Ethik hinweisen. Es gibt immer mehr Jugendliche, die nicht mehr wie noch ein Großteil ihrer Eltern und Großeltern von lustfeindlichen Schuldgefühlen geplagt werden, sondern im Gegenteil sogar auf provokative Weise gegenüber den alternativen und gegenkulturellen Jugendlichen und Erwachsenen auf die Anklage des Massenkonsums verzichten und diesen auf kreative Weise zu pflegen versuchen. Eine gewisse Überwindung der protestantischen Ethik wird besonders sichtbar in dem Verhältnis von Mode zu Konsum. Für diese hedonistischen Jugendlichen scheinen Verzicht, Mäßigung, Sparsamkeit inzwischen als antiquierte Werte. Das schnelle und gezielte Konsumieren des *richtigen In-Produkts* zu richtiger *In-Zeit* gehört zum Ritual der Gruppe des *In-* bzw. *Hip-Seins*. Schulhöfe und besondere außerschulische städtische Treffpunkte und Freizeitorte werden *in puncto* Mode, Kleidung, Schmuck und andere Accessoires zu regelrechten Märkten. In diesem Kontext scheint es mir wichtig zu bemerken, dass die Bedeutung des Konsums sich verändert hat. Über die zentrale und ‚ästhetische' Rolle des Konsums, im Fall von ästhetischen Produkten, als konstitutive Dynamik für Identitätsprozesse in unserer Gesellschaft hat Zygmunt Bauman in seinem Buch *Unbehagen in der Postmoderne* bemerkt, dass in der Postmoderne der Konsum das moderne Kriterium der Reinheit ersetzt hat: „Da die Fähigkeit zur Teilnahme am Konsumspiel als Reinheitskriterium gilt, sind jene, die als „Problem", als ‚zu entsorgender Schmutz" ausgeschlossen bleiben", *fehlerhafte Konsumenten* – Menschen, die nicht in der Lage sind, auf die Anreize des Marktes zu reagieren, weil ihnen die erforderlichen Mittel fehlen; Menschen, die im Sinne eines als Konsumfreiheit definierten Freiheitsverständnisses keine „freien Individuen" sein können. Sie entpuppen sich nun als die „Unreinen", die nicht ins neue Reinheitskonzept passen"[31].

In den soziologischen Forschungen wird in diesem Fall von demonstrativem Konsum gesprochen. Der Soziologe Elmar Lange hat statistische Untersuchungen über die Phänomene des demonstrativen Konsums und des kompensatorischen Konsums anhand von Interviews mit ca. 300 Jugendlichen in Bielefeld und in Halle an der Saale, als für die alten und die neuen Bundesländer repräsentative Orte, durchgeführt. Aus diesen Daten ist er u.a. zu Ergebnissen gekommen, die eine unterschiedliche Haltung zwischen Mädchen und Jugendlichen erkennen lassen. Mädchen mit niedriger Schulbildung seien dem demonstrativen Konsum im Bereich der Mode mehr als

---

[31]    Z. Bauman: Unbehagen in der Postmoderne. Hamburg 1999, S. 30.

männliche Jugendliche ausgesetzt: „Die Ausgaben für das persönliche Aussehen, also die Ausgaben für Kleidung, Schmuck und Kosmetika korrelieren
hoch mit dem Geschlecht sowie schwach mit der eigenen Schulbildung:
Insbesondere Mädchen mit relativ niedriger Schulbildung geben viel Geld
für ihr persönliches Aussehen aus. Hinsichtlich der Konsumeinstellungen
lässt sich diese Gruppe wie folgt charakterisieren: Ihre primäre Orientierung
gilt bestimmten Marken und Firmen, weniger den Preisen oder dem Preis-
Leistungsverhältnis; ihr Kaufverhalten ist insgesamt wenig rational"[32].

## 5. Zwischen Okkultisten und Postalternativen

Krüger und Thole[33] beobachten eine Differenzierung des Geschmacks, der
Ausgestaltung, des Stils seit den achtziger Jahren des letzten Jahrhunderts in
den Jugendszenen. Ferchhoff analysiert fünf Lebensmilieus oder Lebensstile:
Religiös-Spirituelle, Kritisch-Engagierte, Körper-und-Action-Orientierte,
Institutionell-Integrierte und Manieristisch-Postalternative. Jedoch sind diese
Gruppierungen nicht so getrennt zu betrachten. Vermischungen zwischen
den verschiedenen Milieus finden oft statt.
  Helsper[34] zufolge unterscheidet Ferchhoff innerhalb des religiös-
spirituellen Milieus folgende jugendkulturelle religiöse Dimensionen: 1. die
„ontologisierende Beheimatung", 2. der „religiös-konventionelle Traditiona-
lismus"; 3. der „antiinstitutionelle Protest-Okkultismus"; 4. „die eigenver-
antwortete religiöse Transformation; 5. die okkult-religiöse Intensitätssu-
che; 6. die „ privatisierte Religions-Bricolage". Die Mode spielt eine Rolle
besonders für die dritte Gruppierung, den antiinstitutionellen Protest-
Okkultismus: Tendenz zur Androgynität, bestimmter Schmuck und Klei-
dungsstücke (Kreuze, Totenköpfe, Tierknochen, Ringe mit Fledermausmoti-
ven, lange schwarze Mäntel, Samthosen, Doc-Martens-Stiefel, Miniröcke aus
Lack und Leder). Alles wird mit dem Kult von Schwermut, Düsternis und
Tristesse und mit unheimlichen depressiven Grundstimmungen verbunden.
  Für die kritisch-engagierte Szene hat die Mode keine große Bedeutung.
In Rahmen dieser gegenkulturellen jugendlichen Szene sieht man eine ten-
denzielle Gleichstellung der Geschlechter, die nicht zuletzt, wie schon Mat-
tenklott bemerkt hatte[35], auch in den körpersensiblen Eigenschaften von

---

32  E. Lange: Jugendkonsum im Wandel. Opladen: Leske+Budrich, 1997, S. 66.
33  H.-H. Krüger, W. Thole: Jugend, Freizeit und Medien. In: H. H. Krüger (Hg.): Handbuch
    der Jugendforschung. Opladen: Leske+ Budrich, 1993, S. 447-472.
34  W. Helsper: Das „postmoderne Selbst" – ein neuer Subjekt- und Jugend-Mythos? Reflexi-
    on anhand religiöser jugendlicher Orientierung. In: H. Keupp, R. Höfer (Hg.): Identitätsar-
    beit heute: klassische und aktuelle Perspektiven der Identitätsforschung. Frankfurt am Main
    1997, S. 174-206.
35  G. Mattenklott: Körperlichkeit oder: Das Schwinden der Sinne. In: P. Kemper (Hg.):
    „Postmoderne" oder: Der Kampf um die Zukunft. Frankfurt am Main 1989, S. 231-252.

(Textil)Materialen wie Leinen, Jute und Baumwolle sowie den „rauen, haarigen und fusseligen" Wollkleidungsstilen zum Ausdruck kommt. Die gesellschaftliche Wertschätzung wird nicht über Ökonomie geregelt.

Ein völlig anderes, komplex zusammengesetztes Milieu sind die maskulin beherrschten – derbe Umgangsformen, rauhes Kameradentum und selbst körperliche Gewalt praktizierenden – körper- und action-orientierten Jugendkulturen. In diesen Cliquen und Kumpelnetzen mit den grundlegenden Geboten der Disziplin, der Härte, der Geschicklichkeit, des Mutes, der Kraft und Körperbeherrschung, der machistischen Körperlichkeit herrscht männlicher Machismo vor und Mädchen können ihre Mitgliedschaft in der Regel durch kulturelle Unterordnung sichern. Es gibt keine besondere Mode. In der Regel betont die Kleidung diese stereotypisierte Geschlechterrolle.

Im Milieu der institutionell integrierten Jugendlichen oder angepassten familienorientierten Jugendlichen spielt die Mode keine entscheidende Rolle.

Schließlich besteht die fünfte jugendkulturelle Gruppe in den *manieristisch-postalternativen Jugendmilieus*, die manchmal auch Schickimickis genannt wurden. Sarkasmus, Ironie, Parodien, Nomadentum, Eklektizismus, Zitierlust beherrschen diese postalternative Szene, die besonders kaufkräftig ist und sich hedonistisch orientiert. Diese Jugendkulturen definieren sich mehr über das äußere Erscheinungsbild, über Mode, Bekleidung, Frisur, Körperbilder, Accessoires. Das persönliche Lebensstildesign wird manchmal zur Manie. Winzige Kleinigkeiten, spezifische ästhetische Details oder Geschmacks- und Kleidungsnuancierungen, der imitierte Sprachduktus entscheiden über die Zugehörigkeit zur Szene. Die postalternativ orientierten Jugendlichen – Mädchen und Jungen gleichermaßen – stellen sich im virtuosen „Umgang mit dem anderen Geschlecht als selbstbewusst, aktiv und erfolgreich dar"[36]. Sie kokettieren mit der beweglichen warenästhetischen Form und dem fragmentarischen Stil. Nicht selten wird in die Klamottenkiste vergangener Jahrzehnte (zur Zeit vor allem in den Ethno-Look der 70er) gegriffen, und aus einer Vielzahl von Stil-Schnipseln wird oft ein buntes, scheinbar wahlloses Mosaik gebastelt. Zusammenmixen verschiedener ethnischer Bekleidungsstile oder der Mode unterschiedlicher Epochen erzeugt einen neuen Stil.

Aus dem Ungleichartigen und aus den ambivalenten Vielfältigkeiten haben Modeschöpfer wie Vivienne Westwood, Martine Sitbon und John Galliano eine neue Symbolik produziert. Ferchhoff zufolge bestimmen Komplexität, Paradoxien, Widersprüche – ähnlich wie in anderen Lebenszusammenhängen – auch die Mode. Auch wenn man die Verbindung zwischen Kultur und Mode betrachtet, scheint vor dem Hintergrund der globalen Kulturindustrie selbst der Unterschied zwischen rebellischer, anarchistischer, oppositio-

---

36  D. Lenz, Die vielen Gesichter der Jugend: jugendliche Handlungstypen in biographischen Portraits. Frankfurt am Main, New York 1988.

nell-subversiver Subkultur und konventioneller Mainstreamkultur zu verschwimmen. Das ehemals Subkulturelle im Underground ist vollends in den *Mainstream* nicht nur der Hochkultur aller, sondern ebenso in den *Mainstream* des kitschig-spießigen Massenkulturellen heimgekehrt.

# Die Autoren

**S. Karin Amos** ist wissenschaftliche Assistentin am Institut für Allgemeine Erziehungswissenschaft an der Johann Wolfgang-Goethe Universität in Frankfurt am Main. Ihre Arbeitsschwerpunkte liegen im Bereich der Internationalen und Vergleichenden Erziehungswissenschaft, hier insbesondere im anglo-amerikanischen Raum. Sie schreibt an ihrer Habilitation zum „amerikanischen Black Ghetto", in der es anhand der Rede über „Bildung" und „Erziehung" um die Interrelation der unterschiedlichen Ebenen: der lokalen, nationalen und internationalen geht.

Aktuelle Veröffentlichungen:

Amos, S. Karin: „Die amerikanische Ghettoforschung. Rückblick und aktuelle Tendenzen", *Sozialwissenschaftliche Literatur Rundschau*, 22. Jg. 1999, Heft 39, S. 5-24

Amos S. Karin: „Aspekte der angloamerikanischen pädagogischen Differenzdebatte. Überlegungen zu ihrer Kontextualisierung" und: „ Die Rezeption von Differenzdiskussionen in der Vergleichenden Erziehungswissenschaft", beide Beiträge in: Helma Lutz und Norbert Wenning (Hrsg.): Unterschiedlich verschieden. Differenz in der Erziehungswissenschaft, Opladen: Leske + Budrich 2001, S. 71-92 und S. 143-160

*Anschrift: Dr. Karin Amos, Johann Wolfgang Goethe-Universität Frankfurt am Main, Fachbereich Erziehungswissenschaften, Institut für Allgemeine Erziehungswissenschaft, Postfach 111932, D-60054 Frankfurt am Main; e-mail: amos@em.uni-frankfurt.de*

**Rafael Behr**, Dr. phil., Dipl.-Verwaltungswirt., Dipl.-Soziologe, arbeitet als Wissenschaftlicher Angestellter am Fachbereich Erziehungswissenschaften, Institut für Sozialpädagogik der Universität Frankfurt. 1999 Promotion über das Thema "Der Alltag des Gewaltmonopols". Arbeitsschwerpunkte: Organisations-, Konflikt-, Geschlechter- und Polizeisoziologie, qualitative Methoden der empirischen Sozialforschung.

Aktuelle Buchveröffentlichung:

Behr, Rafael (2000): Cop Culture – Der Alltag des Gewaltmonopols. Männlichkeit, Handlungsmuster und Kultur in der Polizei, Opladen: Leske + Budrich

*Anschrift: Dr. Rafael Behr, Johann Wolfgang Goethe-Universität, Fachbereich Erziehungswissenschaften, Institut für Sozialpädagogik und Erwachsenenbildung, Postfach 111932, D-60054 Frankfurt am Main; e-mail: r.behr@em.uni-frankfurt.de*

**Karola Brede**, Prof. Dr. phil., Diplom Soziologin, ist wissenschaftliches Mitglied am Sigmund-Freud-Institut und Dozentin an der Johann Wolfgang Goethe-Universität Frankfurt am Main. Arbeitsschwerpunkte sind: Kulturanalytische Studien zum Verhältnis von Soziologie und Psychoanalyse.

Aktuelle Veröffentlichungen:

Die Walser-Bubis-Debatte. Aggression als Element öffentlicher Auseinandersetzung, in: Psyche 54, 2000, S. 203-233
Soziale Integration und Aggression, in: Plädoyers für die Trieblehre. Gegen die Verarmung sozialwissenschaftlichen Denkens, Tübingen: Edition diskord, S. 11-45.

*Anschrift: Prof. Dr. Karola Brede, Sigmund Freud-Institut, Myliusstr. 20, D-60323 Frankfurt. e-mail: SFI-K.Brede@t-online.de*

**Rita Casale**, Dr. phil., seit 1. 2. 2001 Habilitationsstelle am Institut für Allgemeine Erziehungswissenschaft der Johann Wolfgang Goethe-Universität. Lehrbeauftragte an der Philosophischen Fakultät, Fachbereich Erziehungswissenschaften der Universität Halle-Wittenberg. Sie hat Philosophie und Geschichte in Bari (Italien), Freiburg und Paris studiert. 1997 hat sie eine Dissertation in Philosophie (Universität Turin) abgeschlossen, mit dem Titel: „Heideggers Nietzsche-Erfahrung: Zwischen Nihilismus und Seinsfrage". Lehr- und Forschungsgebiete: Philosophie des 19. und 20. Jahrhunderts, Geschlechterforschung, Ästhetik und Pädagogik im 18 Jahrhundert.

Aktuelle Veröffentlichungen:

Casale, Rita: Heterotopien statt Utopien: M. Foucault als Kritiker der Utopie, in: Forum für Interdisziplinäre Forschung, 18, 1998, S. 59-72.
Casale, Rita: Pierre Leroux; Vilfredo Pareto; Maria Zambrano; In: Großes Werklexikon der Philosophie, Hrsg. von F. Volpi, Kröner Verlag, 1999, Bd. 2., S. 908-910; S.1126-1127; S.1621-1622.
Casale, Rita/Baratta, Giorgio: Arte e politica: la funzione cognitiva dell'immaginazione. Testi inediti di Herbert Marcuse (1945-1979), L'Indice, 1999 [Herausgabe und Übersetzung].

Casale, Rita: Die Verwandlung der Philosophie in eine historische Diagnostik der Differenzen. In: Helma Lutz und Norbert Wenning (Hrsg.): Unterschiedlich verschieden. Differenz in der Erziehungswissenschaft, Opladen: Leske + Budrich 2001, S. 9-30.

*Anschrift: Dr. Rita Casale, Bruchfeldstr. 22, 60528 Frankfurt am Main; e-mail: casale@em.uni-frankfurt.de*

**Helga Cremer-Schäfer**, Prof. Dr. arbeitet als Hochschullehrerin am Institut für Sozialpädagogik und Erwachsenenbildung an der Johann Wolfgang Goethe-Universität Frankfurt am Main. Arbeitsschwerpunkte sind: die Arbeitsweise und das Verhältnis helfender und strafender Institutionen; öffentliche Diskurse über Jugend und ihre Kontrolle, über Kriminalität und Gewalt; Analysen von Prozessen sozialer Ausschließung und Strategien der Bewältigung von Ausschluß-Situationen.

Themennahe Veröffentlichungen:

Cremer-Schäfer, Helga, Kriminalität als ein ideologischer Diskurs und der Moral-Status der Geschlechter, in: Kriminologie und Geschlechterverhältnis. 5. Beiheft des Kriminologischen Journals, 1995, S. 120-142.

Cremer-Schäfer, Helga, Sie klauen, schlagen, rauben, in: Heiner Barz (Hg.), Pädagogische Dramatisierungsgewinne. Jugendgewalt. Analphabetismus. Sektengefahr, Frankfurter Beiträge zur Erziehungswissenschaft, Frankfurt 2000, S. 81-108.

Cremer-Schäfer, Helga /Steinert, Heinz, Straflust und Repression. Zur Kritik der populistischen Kriminologie, Münster 1998.

*Anschrift: Prof. Dr. Helga Cremer-Schäfer, Johann Wolfgang Goethe-Universität Frankfurt am Main, Fachbereich Erziehungswissenschaften, Institut für Sozialpädagogik und Erwachsenenbildung, Postfach 11 19 32, D-60054 Frankfurt am Main; e-mail: Cremer-Schäfer@em.uni-frankfurt.de*

**Marion E.P. de Ras**, Prof. Dr. phil., ist Hochschullehrerin im Fachbereich Sociology and Social Policy, Women's and Gender Studies, an der Waikato University in Hamilton, New Zealand. Zur Zeit vertritt sie die Professur von Brita Rang für Historisch-pädagogische Geschlechterforschung an der Johann Wolfgang Goethe-Universität in Frankfurt am Main. Arbeitsschwerpunkte sind: Genese und Konstruktionen weiblicher und männlicher Lebensphasen 1600-2000; Diskurse um Körper, Sexualität und Gesundheit; soziale und kulturelle Jugend- und Frauenbewegungen; Wissenschaftstheorie.

Themennahe Veröffentlichungen:

de Ras, M.E.P. and Lunenberg, M. (1993) (eds), Girls, Girlhood and Girls' Studies in Transition. Amsterdam: Het Spinhuis Publishers
de Ras, M.E.P. and Grace, V. (1997) (eds), Bodily Migrations, Sexualized Genders and Medical Discourses, Palmerston North: Dunmore Press
de Ras, M.E.P. (1999) "Female Youth: Gender and Life Phases from a Historical and Sociocultural Perspective." In: The New Zealand Journal of Women's Studies, Vol. 15, nr.2, Spring 1999, pp. 147-160
de Ras, M.E.P. de (2003) Body, Femininity and Nationalism. Girls in the German Youth Movement 1900-1935 Routledge, London and New York. Forthcoming

*Anschrift: Prof. Dr. Marion de Ras, Johann Wolfgang-Goethe-Universität Frankfurt am Main, Fachbereich Erziehungswissenschaften, Institut für Allgemeine Erziehungswissenschaft, Postfach 11 19 32, D - 60054 Frankfurt am Main; e-mail: Mepderas@em.uni-frankfurt.de*

**Heidemarie Kemnitz**, PD Dr., arbeitet als Oberassistentin im Institut für Allgemeine Pädagogik an der Humboldt-Universität zu Berlin. Arbeitsgebiete sind Historische Bildungsforschung und Schulpädagogik, insbesondere Theorie und Geschichte der Schule und des Lehrerberufs, Mädchen- und Frauenbildung im 19. und 20. Jahrhundert.

Ausgewählte Veröffentlichungen zur Mädchenbildung:

Mädchenbildung in der DDR? Wahrnehmungen und Reflexionen eines nicht existenten Themas. In: Zeitschrift für Pädagogik 41 (1995), S. 81-99.
"Jungen und Mädchen auf einer Bank". Zum Umgang mit der Koedukation in der DDR. In: Horstkemper, Marianne/Kraul, Margret (Hrsg.): Koedukation: Erbe und Chancen. Weinheim 1999, S. 82-100.

*Anschrift: Dr. Heidemarie Kemnitz, Humboldt-Universität zu Berlin, Institut für Allgemeine Pädagogik, Unter den Linden 6, Sitz: Geschwister-Scholl-Straße 7, 10099 Berlin; e-mail: heidemarie.kemnitz@educat.hu-berlin.de*

**Vera King**, Dr. phil, arbeitet als wissenschaftliche Assistentin im Institut für Sozialisationsforschung und Sozialpsychologie am Fachbereich Gesellschaftswissenschaften der Johann Wolfgang Goethe-Universität Frankfurt am Main. Arbeitsschwerpunkte: Jugend- und Adoleszenzforschung, Geschlechter- und Generationenverhältnisse, hermeneutische Sozialforschung, Methoden der Forschungssupervision.

Aktuelle Buchveröffentlichungen:

2000a: hrsg. gemeinsam mit Hans Bosse: Männlichkeitsentwürfe. Wandlungen und Widerstände im Geschlechterverhältnis. Campus: Frankfurt/Main
2000b: hrsg. gemeinsam mit Burkhardt Müller: Adoleszenz und pädagogische Praxis. Bedeutungen von Geschlecht, Generation und Herkunft in der Jugendarbeit. Lambertus: Freiburg

*Anschrift: Dr. Vera King, Johann Wolfgang Goethe-Universität Frankfurt am Main, Fachbereich Gesellschaftswissenschaften, Institut für Sozialisationsforschung und Sozialpsychologie, Postfach 11 19 32, 60054 Frankfurt am Main*

**Anja May**, M.A., ist wissenschaftliche Mitarbeiterin am Institut für Allgemeine Erziehungswissenschaft und am Cornelia Goethe Centrum für Frauenstudien und die Erforschung der Geschlechterverhältnisse der Johann Wolfgang Goethe-Universität in Frankfurt am Main. Ihre Arbeitsschwerpunkte liegen im Bereich der historisch-pädagogischen Geschlechterforschung. Sie arbeitet an einer Dissertation zur Bedeutung des Erziehungsromans von Frauen um 1800 für die Geschichte der Mädchenerziehung und Frauenbildung.

*Anschrift: Anja May, Johann Wolfgang Goethe-Universität Frankfurt am Main, Fachbereich Erziehungswissenschaften, Institut für Allgemeine Erziehungswissenschaft, Postfach 11 19 32, D - 60054 Frankfurt am Main; e-mail: Anja.May@em.uni-frankfurt.de*

**Vera Moser**, Dr. phil., Hochschulassistentin am Fachbereich Erziehungswissenschaften der J.W. Goethe-Universtität Frankfurt, Institut für Sonderpädagogik. Forschungsschwerpunkte: Theoriebildung der Sonderpädagogik; Geschlecht und Behinderung als erziehungswissenschaftliche Kategorien

Themennahe Veröffentlichungen:

Rendtorff, Barbara/Moser, Vera (Hrsg.): Geschlecht und Geschlechterverhältnisse in der Erziehungswissenschaft, Opladen 1999
Moser, Vera: Geschlechterforschung in der Sonderpädagogik, in: Rendtorff/Moser 1999, S. 247-263
Moser, Vera: Disziplinäre Verortungen. Zur historischen Ausdifferenzierung von Sonder- und Sozialpädagogik, Z.f.Päd. 46(2000)2, S. 175-192

*Anschrift: Dr. Vera Moser, Johann Wolfgang Goethe-Universität Frankfurt am Main, Fachbereich Erziehungswissenschaften, Institut für Sonderpädagogik, Postfach 11 19 32, D-60054 Frankfurt am Main; e-mail: V.Moser@em.uni-frankfurt.de*

**Brita Rang**, Prof. Dr., ist Professorin am Institut für Allgemeine Erziehungswissenschaft an der Goethe-Universität Frankfurt am Main und Mitbegründerin des Cornelia Goethe Centrums. Ihre Arbeitsschwerpunkte fallen in den Bereich der historischen Bildungsforschung, insbesondere der historisch-pädagogischen Geschlechterforschung. Zeitlicher Fokus ist die Frühe Neuzeit und inhaltlicher die Geschichte wissenschaftlicher Frauenbildung. Die Entwicklung pädagogischer Theoriebildung, wie auch die Historie von Kindheit, Jugend und Familie bilden weitere Schwerpunkte.

Aktuelle Veröffentlichungen:

La historia de la Pedagogía. Perspectivas del desarrollo de la historiografía en la República Alemana desde 1945. In: Ethos Educativos. Jg. XVII (12/ 2000), no. 21, S. 28-38
An unidentified Source of John Locke's 'Some Thoughts concerning Education'. In: Pedagogy, Culture and Society, 9 (2001), 2, S. 249-277
Eine mitteleuropäische Pädagogik? Konzeptualisierungen der Lehrertätigkeit in den ersten Jahrzehnten der niederländischen Republik (1585-1630). In: Erziehungswissenschaft in Mitteleuropa. Hrg. von der ungarischen Akademie der Wissenschaften (Red. A. Neméth und K. Horn), Budapest 2001

*Anschrift: Prof. Dr. Brita Rang, Johann Wolfgang Goethe-Universität Frankfurt am Main, Fachbereich Erziehungswissenschaften, Institut für Allgemeine Erziehungswissenschaft, Postfach 11 19 32, D-60054 Frankfurt am Main; e-mail: rang@em.uni-frankfurt.de*

**Sven Sauter**, Dr. phil., ist wissenschaftlicher Mitarbeiter am Institut für Sonderpädagogik an der Johann Wolfgang Goethe-Universität Frankfurt am Main. Arbeitsschwerpunkte: Adoleszenz und Migration, Qualitative Methoden und reflexive Praxisforschung.

Aktuelle Veröffentlichungen:

Sauter, Sven: Wir sind 'Frankfurter Türken'. Adoleszente Ablösungsprozesse in der deutschen Einwanderungsgesellschaft. Frankfurt: Brandes & Apsel, 2000.
Sauter, Sven: Gefährliche Fremdheit. Bedrohungsphantasien und Rettungsmotive in der bundesdeutschen Ausländerforschung In: Smaus, G./Althoff, M./Cremer-Schäfer, H./Reinke, H./Löschper, G. (Hrsg.): Integration und Ausschließung – Kriminalpolitik und Kriminalität in Zeiten gesellschaftlicher Transformation. Baden-Baden: Nomos, 2001

*Anschrift: Dr. Sven Sauter, Johann Wolfgang Goethe-Universität Frankfurt am Main, Fachbereich Erziehungswissenschaften, Institut für Sonderpädagogik, Postfach 11 19 32, D-60054 Frankfurt am Main; e-mail: S.Sauter@em.uni-frankfurt.de*

# Frankfurter Beiträge zur Erziehungswissenschaft
Fachbereich Erziehungswissenschaften der
Johann Wolfgang Goethe-Universität

*Reihe Kolloquien:*

Frank-Olaf Radtke (Hg.)
**Die Organisation von Homogenität – Jahrgangsklassen in der
Grundschule**
Kolloquium anläßlich der 60. Geburtstage von Gertrud Beck und Richard
Meier, Frankfurt am Main 1998

Frank-Olaf Radtke (Hg.)
**Lehrerbildung an der Universität – Zur Wissensbasis pädagogischer
Professionalität**
Dokumentation des Tages der Lehrerbildung an der Johann Wolfgang
Goethe-Universität, Frankfurt am Main 1999

Heiner Barz (Hg.)
**Pädagogische Dramatisierungsgewinne – Jugendgewalt.
Analphabetismus. Sektengefahr**
Frankfurt am Main 2000

Gertrud Beck, Marcus Rauterberg, Gerold Scholz, Kristin Westphal (Hg.)
**Sachen des Sachunterrichts
Dokumentation einer Tagungsreihe 1997 – 2000**
Frankfurt am Main 2001

Brita Rang und Anja May (Hg.)
**Das Geschlecht der Jugend – Dokumentation der Vorlesungsreihe
Adoleszenz: weiblich/männlich? im Wintersemester 1999 / 2000**
Frankfurt am Main 2001

*Reihe Forschungsberichte:*

Thomas Höhne/Thomas Kunz/Frank-Olaf Radtke
**Bilder von Fremden – Formen der Migrantendarstellung als der „anderen Kultur" in deutschen Schulbüchern von 1981-1997**
Frankfurt am Main 1999 (auch veröffentlicht unter: www.rz.uni-frankfurt.de/~bfischer/vw-zwischenber.pdf)

Uwe E. Kemmesies
**Umgang mit illegalen Drogen im ‚bürgerlichen' Milieu (UMID).
Bericht zur Pilotphase**
Frankfurt am Main 2000

*Reihe Monographien:*

Matthias Proske
**Pädagogik und Dritte Welt – Eine Fallstudie zur Pädagogisierung sozialer Probleme**
Frankfurt am Main 2001

www.ingramcontent.com/pod-product-compliance
Lightning Source LLC
Chambersburg PA
CBHW071050280326
41928CB00050B/2165